CANJA DE GALINHA
para a alma

JACK CANFIELD,
MARK VICTOR HANSEN
& AMY NEWMARK

CANJA DE GALINHA
para a alma

HISTÓRIAS PARA AQUECER O CORAÇÃO
PELOS PRÓXIMOS VINTE ANOS

Prefácio de Heidi Krupp

Tradução
Marina Góes

RIO DE JANEIRO, 2021

Copyright © 2013 by Chicken Soup for the Soul Publishing, LLC. All rights reserved.
Título original: Chicken Soup for the Soul 20th Anniversary Edition — All Your Favorite Original
Stories Plus 20 Bonus Stories for the Next 20 Years

CSS, Chicken Soup for the Soul, and its Logo and Marks are trademarks of Chicken Soup for the
Soul Publishing LLC.

Todos os direitos desta publicação são reservados à Casa dos Livros Editora LTDA.
Nenhuma parte desta obra pode ser apropriada e estocada em sistema de banco de dados
ou processo similar, em qualquer forma ou ameio, seja eletrônico, de fotocópia, gravação etc.,
sem a permissão do detentor do copyright.

Diretora editorial: *Raquel Cozer*

Gerente editorial: *Alice Mello*

Editor: *Ulisses Teixeira*

Copidesque: *André Sequeira*

Revisão: *Thaís Carvas*

Capa: *Renata Vidal*

Diagramação: *Abreu's System*

CIP-Brasil. Catalogação na Publicação
Sindicato Nacional dos Editores de Livros, RJ

C224c

Canfield, Jack, 1944-
  Canja de galinha para a alma / Jack Canfield, Mark Victor
Hansen, Amy Newmark; tradução Marina Goés; prefácio
Heide Krupp. – 1. ed. – Rio de Janeiro: Harper Collins, 2020.
  368 p.

  Tradução de: Chicken soup for the soul 20th anniversary
  edition: all your favorite original stories plus 20 bonus
  stories for the next 20 years
  ISBN 9786555110418

  1. Autorrealização. 2. Autoconhecimento. 3. Técnicas de
autoajuda. I. Hansen, Mark Victor. II. Newmark, Amy. III. Goés,
Marina. IV. Título.

20-65127
  CDD: 158.1
  CDU: 159.923.2

Camila Donis Hartmann – Bibliotecária – CRB-7/6472

Os pontos de vista desta obra são de responsabilidade de seu autor, não refletindo necessariamente a
posição da HarperCollins Brasil, da HarperCollins Publishers ou de sua equipe editorial.

HarperCollins Brasil é uma marca licenciada à Casa dos Livros Editora LTDA.
Todos os direitos reservados à Casa dos Livros Editora LTDA.
Rua da Quitanda, 86, sala 218 — Centro
Rio de Janeiro, RJ — CEP 20091-005
Tel.: (21) 3175-1030
www.harpercollins.com.br

Sumário

Prefácio 11

Introdução.. 17

Como tudo começou... 19

❶
Sobre o amor

Minha alma gêmea 28

O espírito do amor 38

Amor: a principal força criadora 43

Tudo de que me lembro.. 45

A música do coração... 48

Amor verdadeiro 50

O juiz que gostava de abraçar 52

Pode acontecer aqui? 56

Quem você é faz a diferença 59

Um de cada vez.. 61

O presente.. 63

Um irmão assim 64

Sobre coragem.. 66

Grande Ed.. 67

O amor e o taxista 70

Um gesto simples 73

O sorriso 75

Amy Graham.. 78

Uma história para o Dia dos Namorados 81

Carpe diem! 84

Eu conheço você, você parece comigo! 89

Uma necessidade bem delicada 93

Bopsy 95

Vendem-se filhotinhos 99

❷
Aprendendo o amor-próprio

Minha médica interior 102

Não há nada de errado com você... 107

O monge sábio 110

Minha irmã, minha amiga.. 114

O Buda de ouro... 117

Comece com você mesmo 119

Nada além da verdade 120

Cobrindo todas as bases 121

Meu testemunho de autoestima 123

A moça da sacola.. 125

Resposta/Aptidão.. 127

Regras para ser humano 130

❸
Criando filhos

Rotina de treinamento 134

Vendo milagres.. 137

As crianças são reflexos do seu meio.................................... 141

Por que escolhi como pai o homem que me gerou................. 143

A escola animal 150

Um toque 152

Eu te amo, filho... 155

Quem você é tem tanta importância quanto aquilo que você faz..... 158

Uma perfeita família americana 159

Desembucha!...164

Um legado de amor 167

❹

Sobre aprendizados

Arrogância controlada 170

Eu sou felicidade 173

Uma luz na escuridão 175

Uma visita ao meu avô 178

Um futuro pra mim 181

Agora eu gosto de mim..182

Todas as coisas boas 183

Você é um prodígio 187

Aprendemos fazendo...188

A mão...189

O garotinho..190

Eu sou professor..195

❺

Viva os seus sonhos

Meu próprio caminho..200

Acho que eu posso! 204

Descanse em paz: o velório do "eu não consigo"......................207

A história do 333...211

Não há mais vans 214

Pedir, pedir, pedir...218

A terra andou por você? 221

O adesivo de Tommy...223

Se não pedir, você não ganha. Mas se pedir, você ganha 227

A busca de Rick Little..231

A magia de acreditar..236

O livro de desejos de Glenna 237

Mais um item assinalado na lista...240

A hora é essa, baby! O seu amor chegou!.........................246

Disposto a pagar o preço 249

Todo mundo tem um sonho 252

Corra atrás do seu sonho 255

A caixa 257

Estímulo..261

Walt Jones 262

Você é forte o bastante para suportar críticas?...................267

Arriscar 268

Tente algo diferente 269

Sirva sorrindo...271

❻
Superando obstáculos

A página em branco..274

Obstáculos 277

Tenha em mente 278

John Corcoran: o homem que não conseguia ler.................281

Não tenha medo de fracassar 285

Abraham Lincoln não desistiu 286

Lição de um filho 288

Fracasso? Nada disso! Apenas contratempos.......................292

Para eu ser mais criativo, falta...296

Todo mundo pode fazer alguma coisa..................................300

Sim, você pode...303

Corra, Patti, corra..305

O poder da determinação 308

Fé..310

Ela salvou 219 vidas 312

Você vai me ajudar?..316

Só mais uma vez..319

A grandeza está ao seu redor — aproveite-a! 321

❼
Sabedoria eclética

Em uma fração de segundo 324

Para conectar, precisamos nos desconectar? 328

Como abandonar os hábitos ruins 331

Uma das expressões mais tristes 333

Temos um acordo! 336

Tire um momento para enxergar de verdade 338

Se eu pudesse viver minha vida de novo 342

Sachi 344

O presente do golfinho 345

O toque da mão do mestre 347

Posfácio 349

Conheça os colaboradores deste livro 353

Conheça os colaboradores da série original 357

Conheça os autores 365

Agradecimentos 367

Prefácio

Hoje, todos somos contadores de histórias. Qualquer pessoa pode usar uma plataforma para se expressar, e, como as redes sociais deram voz a todos, tudo ficou mais fácil. Usar Twitter, Facebook, Pinterest e blogs para compartilhar novidades em tempo real é a palavra de ordem. Não basta saber que aquele casal de amigos está esperando um bebê — podemos assistir ao parto ao vivo e ver um tweet com a foto do recém-nascido um minuto depois de ele vir ao mundo. Ficamos sabendo o que nossa família, nossos colegas e as celebridades comeram no jantar, o momento em que conseguem um emprego, quando vão para a clínica de reabilitação... nós *esperamos* que tudo seja compartilhado.

Assuntos pessoais tornam-se públicos — às vezes, intencionalmente; às vezes, não. Ficamos por dentro das novidades nos reality shows, lemos posts confusos em blogs e também acessamos a mais recente versão dos resumos acadêmicos: os 280 caracteres (ou menos) do Twitter. Esses meios não são apenas nossas fontes de informações ou de fofocas, mas as formas pelas quais nos conectamos uns aos outros e tentamos compreender o mundo ao nosso redor. Por outro lado, com toda essa conectividade fica muito fácil perdemos a nossa essência.

Contar histórias sempre foi uma forma excelente de transmitir sabedoria, mas isso precisa ser feito com base em reflexões e de forma organizada para oferecer uma mensagem prática. É aí que este livro entra: cumprindo o papel de um amigo gentil, competente e sensato cujas histórias podem fazer diferença na sua vida e na daqueles ao seu redor.

Quando *Canja de galinha para a alma* foi publicado pela primeira vez, vinte anos atrás, o gênero da autoajuda começava a se popularizar. Naquela época, a maioria dos autores e palestrantes contava a própria história em terceira pessoa, compartilhava relatos de conhecidos ou valia-se de metáforas e alegorias para explicar a metodologia que seria capaz de ajudar as pessoas e aperfeiçoar determinados aspectos da vida. A experiência pessoal? Bem, essa era aceitável apenas atrás de portas fechadas, no consultório do analista. É claro que já existiam grupos de apoio para todos os nichos — emagrecimento, vícios, luto —, mas publicar um relato pessoal na internet, em uma página que pode ser vista e compartilhada além do alcance de um ambiente controlado? Não era comum.

Canja de galinha para a alma mudou essa realidade. Graças às histórias e lições compartilhadas em primeira pessoa, nos tornamos mais abertos, passamos a nos aceitar melhor. Este livro pioneiro mudou nosso modo de enxergar a autoajuda. Hoje, as pessoas — especialmente os pensadores a quem recorremos em busca de inspiração, de insights e de salvação —, permitem-se demonstrar suas fraquezas publicamente. Fazer com que as pessoas que escutam uma história também se tornarem mais fortes é um gesto de empoderamento, pois nos tornamos receptivos a elas — e, a partir disso, podemos nos aprimorar.

Ao menos, foi o que aconteceu comigo. *Canja de galinha para a alma* é um livro que me acompanha ao longo da vida. Eu tinha 26 anos quando tive contato com ele pela primeira vez, e era produtora e assistente de publicidade do programa *20/20*, da ABC News. Eu trabalhava com e para Barbara Walters e adorava meu emprego, mas não tinha muita certeza do que queria ser quando crescer. Pensava em me tornar publicitária, abrir meu próprio negócio. Era uma encruzilhada. Eu queria entender o que era aquilo que eu sentia e, para isso, precisava de ajuda, de orientação; mas, tive de fazer isso sozinha, recorrendo aos livros. *Canja de galinha para a alma* foi aquele que mais me tocou.

Eu me lembro de cada uma das histórias do primeiro livro da série. Usei referências contidas neles em alguns momentos da vida. Quando li a história de Tony Robbins sobre o Dia de Ação de Graças, cheguei até a tentar trabalhar com ele. No fim das contas, acabei conseguindo e, até hoje, trabalho com diversos pensadores do século XXI que me encantam e inspiram todos os dias.

Como a maioria das pessoas, desejo ter uma vida melhor e quero — quero não, preciso — escutar histórias que me façam encarar a mim mesma e perguntar: "Compreender este fato pode me tornar melhor em que sentido?" E foi assim que este livro me motivou a fazer mais em prol do mundo, para torná-lo um lugar melhor e mais feliz. Além disso, *Canja de galinha para a alma* me deu coragem para compartilhar a minha visão a respeito de tudo, desde os meus desafios profissionais até a dificuldade de ser mãe nessa vida louca e maravilhosa de publicitária. Faço isso por mim, e também para ajudar as pessoas.

Fiquei imensamente feliz quando Amy Newark, editora, coautora e coordenadora da série, me convidou para colaborar com esta edição revisada do livro original, como comemoração dos 20 anos de publicação. Estou tendo a chance de retribuir — à minha maneira — e de dar uma forcinha aos jovens de 26 anos que também precisam encontrar seu caminho.

É uma honra escrever o prefácio desta edição comemorativa e ter selecionado as 20 histórias extras — relatos que agora fazem parte do conjunto original do best-seller que eu adoro. Você vai encontrar relatos que coletei com amigos e clientes, as melhores mentes da área de autoajuda, e tenho certeza de que as experiências desses pensadores do século XXI serão inspiradoras, tornando este livro relevante, proveitoso e absolutamente encantador por mais duas décadas!

Fico muito feliz de poder apresentar a você essas pessoas e suas histórias. Alguns nomes dispensam apresentações, pois há muitos anos nos ajudam a sermos melhores: Deepak Chopra, Tony Robbins e o dr. Oz (todos compartilharam relatos inéditos), além de don Miguel Ruiz, autor do best-seller internacional *Os quatro compromissos*.

Outras vozes são novas, de indivíduos que, creio eu, passarão a ser como velhos amigos para o leitor: Darren Hardy, editor da revista SUCCESS, criou um negócio multimilionário e, hoje, ajuda outras pessoas a tentarem realizar esse progresso; Eric Handler, editor e cofundador do blog *Positively Positive* que, todos os dias, inspira milhões a viverem mais intensamente; Gabrielle Bernstein, cuja história de superação do vício impulsionou sua carreira como autora de best-sellers e defensora dos direitos das mulheres; Kriss Carr, autora e defensora de causas relacionadas a saúde, mais conhecida pela estonteante série *Crazy Sex Cancer*; Mastin Knipp, responsável pelo site, pela newsletter e pelo perfil no Twitter *The Daily Love*, fonte calorosa de inspiração para as novas gerações; e a incrível voz por trás das pílulas de sabedoria do *Tiny Buddha*, Lori Deschene.

Contamos também com o autor e pastor Ver. Michael Beckwith, fundador do Agape International Spiritual Center na Califórnia, uma igreja do movimento espiritual Novo Pensamento; o celebrado poeta, e autor de quatro livros, MK Asante, chamado pela CNN de "mestre em contar histórias"; Nick Ortner, autor e CEO do The Tapping Solution, uma técnica focada em um modo de viver sem estresse; Robert Holden, cujos estudos sobre positividade, espiritualidade e felicidade no Reino Unido foram repercutidos em inúmeros livros e em dois documentários da BBC; e Tory Johnson, que ajuda milhões de pessoas com seus livros e participações no programa *Good Morning America*, da ABC. Esta nova edição não ficaria completa, no entanto, sem as histórias dos criadores do livro, Jack Canfield e Mark Victor Hansen, e de sua editora e líder criativa, Amy Newmark.

Cada um desses pensadores sabe o que significa baixar a guarda, mostrar-se vulnerável e compartilhar um relato pessoal que pode, verdadeiramente, auxiliar os leitores. Eles agora fazem parte do grupo formado pelos colaboradores da edição original, compondo um livro que o leitor vai querer ter sempre por perto, na bolsa ou na maleta do trabalho, na mesa de cabeceira ou em iPads, Nooks e Kindles, sempre ao alcance das mãos.

É interessante que "canja de galinha para alma" seja um título que funciona em várias partes do mundo; nas dezenas de idiomas para os quais foi traduzido, vendendo milhões de cópias, e sempre colocado de forma literal. O conceito da canja de galinha como um mantra curativo não só do corpo, mas também da alma, aparentemente é universal. Ela é mais do que uma comida — é o que nossa mãe nos oferece quando ficamos doentes; é a epítome daquilo que chamamos de comida reconfortante (ou comida do coração, que nos faz nos sentir bem); é recomendada por médicos para curar o corpo e a mente. É claro que isso não tem a ver com a sopa, nem com a galinha — mas sim, com o carinho e a sensação reconfortante de saber que alguém se preocupa com a gente.

Canja de galinha para a alma é exatamente sobre isso: histórias que nos dão força e nos ajudam a crescer, que nos nutrem e nos oferecem o poder de viver o novo. É um livro de receitas sobre como aproveitar a vida, extrair o melhor de si mesmo e compartilhar essas descobertas com quem é importante para nós — mesmo que sejam pessoas que ainda vamos conhecer.

Heidi Krupp

Introdução

Temos conhecimento de tudo que precisamos saber para pôr um fim ao sofrimento emocional desnecessário que muitas pessoas enfrentam nos dias de hoje. Autoestima elevada e um modo de vida eficiente estão disponíveis para qualquer um disposto a dedicar tempo a conquistá-los.

É difícil transpor para a palavra escrita o espírito de uma apresentação ao vivo. As histórias que contamos todos os dias precisam ser reescritas cinco vezes para funcionarem tão bem na página quanto funcionam aos ouvidos. Quando estiver lendo essas narrativas, por favor, esqueça tudo o que você aprendeu sobre leitura dinâmica. Desacelere. Escute as palavras com o coração e com a mente. Saboreie cada passagem. Permita-se ser tocado por elas. Pergunte-se "o que esse relato desperta em mim? O que essa mensagem sugere para a minha vida? Que sentimento ou ação o livro provoca no meu ser?" Desenvolva uma relação pessoal com cada uma dessas experiências.

Algumas histórias vão falar mais alto aos seus ouvidos. Outras terão um significado mais profundo. Algumas farão você chorar. Outras, sorrir. Algumas transmitirão uma sensação calorosa que irá tomá-lo por inteiro. Outras podem atingi-lo bem no meio da testa. A única reação possível é a *sua*. Deixe que ela venha, independente de qual for.

Não tenha pressa para terminar. Leia no seu tempo. Aproveite. Saboreie. Leve isso ao encontro do seu âmago. Este livro é o resultado de milhares de horas de seleção entre "as melhores das melhores" histórias coletadas ao longo de quarenta anos de experiência.

Acrescentamos vinte histórias inéditas, a essa edição comemorativa, delineadas no começo de cada capítulo e no sumário. Ficamos felizes por trazer o conhecimento e os insights dos maiores pensadores da atualidade nesta nova edição. Estamos confiantes de que será tão relevante pelos próximos vinte anos quanto foi pelas duas décadas anteriores.

Uma última coisa: ler um livro como este é um pouco parecido com fazer uma refeição só com sobremesas. Sem legumes, sem verduras, sem pão. Tudo aqui é feito de essência, com pouquíssima futilidade.

Caso se sinta compelido a compartilhar alguma dessas histórias, vá em frente. Se alguma delas o fizer se lembrar uma pessoa, telefone para ela e conte-a. Deixe que essas experiências o impulsionem a fazer o que vier à sua mente. O objetivo delas é esse: inspirar e motivar.

Para editar muitas delas, retornamos à fonte primária do relato, e pedimos que a pessoa contasse ou escrevesse a seu próprio modo; estas, portanto, serão narradas com a voz do autor, e não com a nossa. Fizemos isso com todas as histórias que pudemos. Para as contadas por palestrantes e treinadores, incluímos ao final do livro uma lista de nomes, endereços e telefones para que você possa entrar em contato com eles se assim desejar. Também disponibilizamos uma seção com uma biografia breve de cada um dos novos autores incluídos nesta edição.

Esperamos que você goste de ler este livro tanto quanto nós gostamos de escrevê-lo.

Como tudo começou

O seu manuscrito que acaba de voltar de outro editor é um pacote precioso. Não o considere rejeitado. Pense simplesmente que você o endereçou ao "profissional capaz de apreciar o meu trabalho" e o pacote voltou com um carimbo dizendo "destinatário se mudou". Apenas continue procurando o endereço certo.
Barbara Kingsolver

Fui professor a minha vida inteira — primeiro do ensino médio e, ao longo das últimas quatro décadas, palestrante e coach de desenvolvimento humano. Em geral passo duas semanas por mês viajando, voando de cidade em cidade para ministrar workshops de um dia de duração ou cursos de uma semana.

Com isso, aprendi muito cedo que, se você quer que um determinado princípio ou conceito seja assimilado, é preciso ilustrá-lo com uma história comovente. Assim, venho coletando e contando muitas histórias para reforçar os pontos que ensino em meus seminários: a importância de agir com base no amor, de acreditar em si mesmo, de sempre seguir o coração, de confiar na intuição, de estabelecer objetivos ambiciosos, de superar obstáculos e de nunca, jamais, desistir dos próprios sonhos.

Em 1991, uma coisa estranha aconteceu. Um dia, do nada, uma pessoa me perguntou: "Aquela história que você contou sobre a escoteira que vendeu 3.526 caixas de biscoito em um ano está em algum livro? Minha filha precisa ler." E no dia seguinte, outra pessoa veio até mim: "Aquela história sobre o garoto e o cachorrinho... Está em algum livro? Queria ler para o meu filho." E isso continuou dia após dia ao longo do mês seguinte. "Minha equipe precisa ouvir aquela história sobre o garoto que teve a perna amputada e se tornou um astro do tênis. Preciso mostrar que eles não têm desculpas para não se destacar." "Aquela história que você contou sobre o garoto que sofreu queimaduras em um acidente de moto está em algum livro? Quero mandar para o meu filho que está na faculdade." Todos os dias as pessoas me faziam a mesma pergunta: "Essa história está em algum livro?"

Certa vez, durante um voo de Boston para Los Angeles, a cidade onde eu morava, tive um insight repentino. Foi como se Deus desse uma batidinha na minha cabeça e dissesse "Acorda! Você tem que reunir todas essas histórias em um livro!" Durante o restante do voo, listei cada uma que eu já havia usado em alguma palestra ou workshop. Quando aterrissamos, tinha contabilizado setenta.

Naquela noite, decidi redigir duas por semana, até ter todas no papel. Então, todo dia, mais ou menos entre 22 horas e meia-noite, eu trabalhava em algum texto, escrevendo e reescrevendo até me dar por satisfeito. Em pouco menos de um ano, tinha colocado no papel as setenta histórias que listara no avião e mais algumas que fui coletando ao longo daqueles meses.

Foi mais ou menos nessa época que marquei de tomar um café da manhã com meu amigo Mark Victor Hansen. Logo no começo da conversa, ele me perguntou se eu estava trabalhando em algum novo projeto. Quando contei sobre o livro, ele imediatamente me disse: "Quero fazer isso com você."

"Mark", falei, "Eu praticamente já acabei de escrever o livro. Qual o sentido disso?"

"Simples", respondeu ele. "Em primeiro lugar, acho que deveriam ser 101 histórias em vez de 75. Quando estive na Índia como representante estudantil, aprendi que 101 é um número de realização. Segundo, uma das melhores histórias que você tem fui eu que contei. E terceiro, eu sou muito bom em propaganda e marketing, e acho que formaríamos um time incrível."

Então eu disse que ele poderia contribuir com as vinte e seis histórias que faltavam. Se fossem realmente boas, ele teria meu aval. Eu amo o Mark e sabia que ele era excelente em vender e promover algo. Fiel à sua palavra, em menos de um mês ele apresentou as histórias que faltavam para que tivéssemos o número combinado. E então, tudo que precisávamos era que algum editor comprasse a ideia.

Cerca de uma semana depois, nós dois conhecemos o agente literário Jeff Hermann em uma festa em Palm Springs, Califórnia. Quando contamos sobre o livro, ele se mostrou muito animado. Perguntou qual era o título. Engraçado... Finalizar o livro tinha nos absorvido tanto que sequer tivemos o trabalho de pensar neste detalhe. Fizemos um rápido brainstorming ali na festa, mas nada pareceu captar a essência do que tínhamos produzido. Como Mark e eu somos adeptos da meditação, combinamos de, ao longo do mês seguinte, passar ao menos meia hora toda manhã refletindo em busca do título.

Nos dois primeiros dias, não tivemos sucesso. Nada veio. Então, na terceira manhã de meditação, de repente eu vi um quadro negro enorme, daqueles de sala de aula. A mão de alguém surgiu — eu imaginei que esse alguém era Deus — e escreveu "canja de galinha" no quadro. Eu perguntei para a mão: "Mas que diabos 'canja de galinha' tem a ver com o livro?"

A mão respondeu: "Quando você era criança e ficava doente, sua avó preparava canja de galinha."

"Esse livro não é sobre ficar doente", respondi.

"As pessoas estão doentes na alma. Elas vivem resignadas, com medo, sem esperança. Ele vai ajudá-las a superar tudo isso."

Comecei a refletir. *Canja de galinha para a alma. Hummm... Canja de galinha para a alma. É isso!* Fiquei todo arrepiado imediatamente. *Canja de galinha para a alma — Histórias para reanimar o espírito!* Uau, gostei. Fiquei ainda mais arrepiado. Eu estava empolgado. Abri os olhos e corri para contar para a minha esposa. Ela também ficou arrepiada. Então telefonei para Mark, que também ficou arrepiado. Na ocasião, ele me disse que alguns amigos acreditavam que esse arrepio era sinal de uma inspiração divina. Pareceu exatamente isso para mim.

Telefonamos para o nosso agente, que também ficou arrepiado. Já com o livro e o título, fomos para Nova York conversar com alguns editores em uma temporada muito fria e cheia de vento, típica de fevereiro, para tentar vender nossa ideia.

Infelizmente, ninguém ficou arrepiado. Encontro após encontro, afirmavam que coletâneas como a nossa não vendiam, que as histórias eram muito "boazinhas", muito "Poliana", muito positivas, e que o título — que evoluíra para *Canja de galinha para a alma — 101 histórias para abrir o coração e reanimar o espírito —*, idiota.

Desapontados, é claro, retornamos para o hotel e nos preparamos para o voo de volta ao sul da Califórnia. Mas, antes de partir, fomos à catedral de St. Patrick na Quinta Avenida e, embora nenhum de nós seja católico, acendemos uma vela e pedimos a Deus que nos ajudasse a encontrar uma editora.

Algumas semanas depois, nosso agente nos telefonou e disse que todos os editores com quem ele havia conversado desde que voltamos de Nova York também haviam rejeitado o livro. E então ele avisou que estava saindo do projeto por estar convencido de que não seria capaz de vendê-lo.

Perguntamos então o que era necessário para que um editor publicasse uma obra. A resposta foi: "Eles precisam ter certeza absoluta de que vão conseguir vender vinte mil exemplares. Isso garante que vão recuperar o dinheiro investido depois da edição, produção, impressão, distribuição e marketing. Se eles souberem que podem vender essa quantidade, definitivamente estarão dispostos a publicar."

Isso nos deu uma ideia. Como palestrávamos para grupos grandes toda semana — alguns com até mil pessoas —, poderíamos imprimir um formulário de pré-venda e pedir que as pessoas se comprometessem por escrito a comprar um ou mais exemplares quando o livro fosse publicado.

Ao longo das semanas seguintes, colocamos sobre cada cadeira de todos os auditórios onde palestramos aquilo que chamamos de "Formulário de Comprometimento de Compra". Ao fim de cada evento, pedíamos que as pessoas o preenchessem com nome, endereço e quantos exemplares elas gostariam de comprar. Como contávamos muitas das histórias ao longo das apresentações, as pessoas sabiam a qualidade do material que haveria no livro, então quase todas se comprometiam. Raymond Aaron, um coach de sucesso no Canadá, comprometeu-se a comprar 1.700 exemplares, um para cada aluno. (Para nossa alegria, ele cumpriu sua promessa.) Não demorou muito para que tivéssemos caixas e mais caixas cheias de formulários preenchidos, somando mais de 20 mil livros! Àquela altura, também tínhamos uma pilha com quase cem cartas de rejeição, aparentemente uma de cada grande editora dos Estados Unidos.

Naquele momento, o livro havia se tornado uma "divina obsessão" para nós. Graças aos muitos feedbacks positivos que recebemos do público de nossos workshops, sabíamos que as histórias eram inspiradoras, motivacionais, transformadoras, que tinham poder curativo, e estávamos comprometidos a levá-las para mais pessoas. Independentemente de quantas rejeições recebêssemos, não desistiríamos.

Um dia, um amigo nosso sugeriu que fôssemos à convenção da Associação Americana de Livreiros [American Bookselers Association, em inglês] em Anaheim, Califórnia, não muito longe de onde morávamos, e fizéssemos aquilo que mais tarde ficaríamos conhecendo como rodar o salão. Mais de quatro mil profissionais estariam no evento e bastava ir aos stands das editoras perguntar se teriam interesse em publicar nosso material. Com duas mochilas cheias de cópias encadernadas das nossas trinta melhores histórias, partimos para o centro de convenções de Anaheim em busca de um editor.

Por dois dias muito longos, rodamos o salão. Nossas pernas e pés estavam doloridos, a cabeça atordoada de tanto repetir os mesmos argumentos de venda. "Sabemos que o livro vai vender porque já temos os formulários que garantem a compra de vinte mil exemplares", dizíamos ao mostrar os papéis preenchidos. Por algum motivo, ainda não estávamos decolando. Acho que os editores nunca tinham visto um caso como o nosso. Até então, autor algum coletara promessas de compra por escrito. Talvez os profissionais não confiassem que realmente tínhamos os vinte mil formulários.

Ao fim do segundo dia, no entanto, Peter Vesgo e Gary Seidler, da HCI, uma editora pequena da Flórida, aceitou levar uma das nossas amostras e ler quando chegasse em casa. E com muita felicidade, semanas depois, atendemos a ligação de Peter e Gary. Os dois não paravam de falar o quanto tinham amado o que leram! "O livro de vocês fez a gente rir e chorar. Nós amamos, queremos publicá-lo." Eles afirmaram que ficaram arrepiados enquanto liam!

Perguntamos quantos exemplares eles achavam que poderíamos vender. "Uns vinte e cinco mil, se tivermos sorte."

"Nós pensamos diferente", dissemos. "Queremos vender cento e cinquenta mil até o Natal e um milhão e meio em um ano e meio."

Ouvimos as risadas do outro lado da linha. Os dois achavam que éramos totalmente loucos.

O livro foi, enfim, publicado no fim de junho de 1993. Todas as pessoas que se comprometeram a comprá-lo compraram, mas, depois disso, as vendas empacaram. Mark e eu fomos até Ron Scolastico, um amigo muito sábio, e pedimos seu conselho. Ron disse: "Se todos os dias você pegar um machado e fizer cinco cortes bem feitos no tronco de uma árvore, em algum momento, até a maior árvore da floresta vai desabar."

Depois dessa conversa, Mark e eu criamos aquela que chamamos de "Regra dos cinco". Todos os dias faríamos cinco coisas para promover e vender nosso livro. Num dia mandamos exemplares para cinco críticos de jornal. Em outro, telefonamos para cinco empresas de marketing perguntando se não gostariam de adquirir e distribuir exemplares entre os colaboradores para motivá-los. Depois, enviamos uma caixa cheia de livros para o júri do julgamento de O.J. Simpson. Uma semana depois, recebemos uma carta simpática do juiz Lance Ito agradecendo o presente, e o episódio virou notícia, gerando uma publicidade boa para nós.

Um dia, na fila do caixa do supermercado, avistei um livrinho vermelho na prateleira. Era o *Livro de endereços das celebridades*, uma lista de endereços e telefones das estrelas do cinema e da televisão. Passamos semanas enviando cinco exemplares por dia para as celebridades de Hollywood, torcendo para que gostassem e divulgassem para os amigos e fãs.

Uma dessas cópias foi parar nas mãos da produtora do programa *O toque de um anjo*. Ela achou a leitura tão emocionante que recomendou *Canja de galinha para a alma* para todos os roteiristas, os atores e a equipe técnica. A história acabou virando assunto no *The Hollywood Reporter* e se espalhou pelo país, gerando um boca a boca ainda maior.

Resultado: tínhamos vendido 135 mil exemplares antes do Natal e 1,3 milhões em um ano e meio. O livro que havia sido rejeitado por 144 editores, no fim das contas, acabou vendendo dez milhões de exemplares. E então nosso editor parou de rir e pediu que escrevêssemos uma continuação. Para sua surpresa, estávamos prontos para isso. Quando ela estava prestes a ir para a gráfica, fomos informados de que, por especificidades da formatação, algumas páginas no fim ficariam em branco. Quando nosso editor perguntou se gostaríamos de preenchê-las com algo, enviamos o seguinte parágrafo:

Compartilhe o que há em seu coração com o resto do mundo. Se você tem um texto, um poema ou um relato (seu ou de outra pessoa) que poderia estar no próximo volume de Canja de galinha para a alma, *envie para nós.*

Mal sabíamos o movimento que estávamos desencadeando. Começamos a receber centenas de cartas todos os dias. Todo mundo parecia ter uma história para contar. Nem todas estavam nos moldes necessários, mas o volume das aptas foi o suficiente para ajudar a criar os primeiros seis volumes da série.

Em dado momento, Marci Shimoff sugeriu uma edição destinada às mulheres, que batizamos de *Chicken Soup for the Woman's Soul*.[1] Já minha irmã, Kimberly Kirberger, foi quem teve a ideia para a série *Chicken Soup for the Teenage Soul*.[2] O veterinário Marty Becker sugeriu uma edi-

---

[1] Em tradução literal: "Canja de galinha para a alma feminina"; no Brasil, lançado como "Histórias para aquecer o coração das mulheres". (*N. do E.*)

[2] Em tradução literal: "Canja de galinha para alma adolescente"; no Brasil, lançado como "Histórias para aquecer o coração dos adolescentes". (*N. do E.*)

ção com histórias para as pessoas apaixonadas por animais. Junto com sua parceira de escrita, Carol Kline, desenvolvemos mais uma série do *Canja de galinha para a alma*. E, como se diz, o resto é história.

Muitos anos depois do lançamento original do livro, nosso primeiro editor, Peter Vergo, contou que ele também estivera em Nova York em 1992, na época muito preocupado com a queda acentuada de vendas da editora. Disse que fora à catedral de St. Patrick, acendera uma vela e rezara, pedindo a Deus que colocasse em seu caminho um autor ou um livro que mudasse o rumo dos negócios. Ao ouvir essa história, mais uma vez, todos ficaram arrepiados!

Jack Canfield

Sobre o amor

Chegará o dia em que, depois de tê-la subordinado ao espaço, aos ventos, às marés e à gravidade, haveremos de subordinar à Deus a energia do amor. Neste dia, pela segunda vez na história da humanidade, descobriremos o fogo.

Teilhard de Chardin

Minha alma gêmea

O amor deve ser tanto luz quanto chama.
Henry David Thoreau

Sou um homem que tem um casamento mais do que feliz. Sou um homem que tem um casamento felicíssimo. Não é todo mundo que pode dizer isso. O que Crystal e eu temos é algo que chamo de "relacionamento de chama gêmea". Ouvimos pouco a respeito disso porque, além de ser algo íntimo, trata-se de um tipo raro e ideal de relação. Parece irreal para a maioria das pessoas, que, em geral, só tem contato com esse tipo de relacionamento nas páginas dos romances, como um sonho inalcançável.

Chamas gêmeas espelham-se positivamente em uma harmonia divina e maravilhosa que perdura o tempo todo, sem cessar. Esses parceiros vivenciam um destino prazeroso, quase imaculado. Desejam que o outro seja, faça e tenha as mesmas coisas que desejam para si mesmo. Pensam de modo parecido em muitos aspectos e, ao mesmo tempo, equilibram pontos fortes e pontos fracos.

Em um relacionamento de chama gêmea, as qualidades individuais de cada um complementam a dinâmica do amor. Não há espaço para competição, não há menosprezo do parceiro apenas para manter um posicionamento moral; pelo contrário, faz-se uso da gentileza, da compaixão, do amor incondicional, da ternura. E, assim como quando as chamas de duas velas se tocam, a chama gêmea compreende que é dessa forma que dois indivíduos se unem, e essa união não faz de si apenas duas vezes mais brilhante, e sim infinitamente mais brilhante.

Crystal e eu achamos prazeroso o total compromisso com nosso relacionamento. Para nós, ele é a rocha que sustenta nossas vidas e sobre a qual fluímos com muita naturalidade; é mais importante do que nossa profissão, nossas relações familiares e de amizade, nossa religião e qualquer outra oferta do mundo externo.

Por ser colaborador da série emblemática *Canja de galinha para a alma* e palestrante profissional de agenda lotada e por sempre aparecer na televisão, uma pergunta que ouço o tempo todo é: "Como você encontrou sua alma gêmea?" Mas, aquela que mais aparece é, na verdade: "Como eu posso encontrar a minha também? Vocês dois parecem tão perfeitos. Esse amor, essa felicidade absurda, a amizade inexplicável, a vida harmoniosa. Como vocês conseguem isso estando juntos 24 horas por dia, 365 dias por ano?"

Por escutar com muita frequência essa pergunta maravilhosa, escolhi respondê-la de modo aberto e honesto. Torço para que isso ajude você a expandir seu jeito de amar, de pensar, de ser, e que isso também o auxilie a, de dentro para fora, se transformar na alma gêmea de alguém. Se está em busca dessa mudança em uma relação que já existe ou se ainda não encontrou sua alma gêmea, espero que meus conselhos inspirem você a acreditar que ambas as coisas são possíveis. O primeiro insight que gostaria de enfatizar é: antes de qualquer coisa, seja exatamente aquilo que procura no outro.

Em uma relação de chama gêmea, entende-se que, juntas, as duas partes do casal criam o hoje, o amanhã e o futuro. É essencial que se mantenha um ambiente livre de bagagens do passado. A vida e os gatilhos emocionais continuarão acontecendo, e, por isso, minha esposa e eu dedicamos a primeira hora de cada manhã orando e meditando juntos. Nesse momento, vislumbramos de que modo gostaríamos de compartilhar o resto das nossas vidas e como poderíamos maximizar nosso amor e nossa experiência.

Mas aí surge a seguinte pergunta: "Como eu cheguei até aqui?" Ao longo da vida, vi meus pais concordando e discordando, mas o que predominava no relacionamento deles era o amor e a preocupação mútuos, e agiam da mesma forma para com os filhos. Para os dois, a família e o relacionamento estavam acima dos desentendimentos e dos altos e baixos da vida. Eu, por minha vez, achava que isso acontecia em todos os casamentos. Meus pais eram parceiros e contornavam diferenças com gentileza e consideração.

Meu primeiro casamento, no entanto, foi uma experiência bastante diferente. Embora minha ex-mulher tenha sido uma parte importante da minha vida por muitos anos, ao longo do tempo nossa relação se tornou complicada e conflituosa. E, depois de 27 anos oferecendo tudo que eu era capaz, senti que precisava pôr um fim naquele relacionamento. De algum modo, eu senti ter perdido um pouco da minha essência e que, se permanecesse ali, o que havia sobrado dela também se esvairia. Então, dei entrada no pedido de divórcio.

Mesmo cercado de amigos e fãs, era assustador e solitário não estar mais casado. Nesse momento, percebi que a busca por um relacionamento harmonioso sempre fora a prioridade máxima da minha vida, e isso explica eu ter mantido uma relação disfuncional por tanto tempo. De algum modo, eu achava que seria capaz de reverter aquele quadro.

Enquanto refletia em busca de uma forma de recomeçar, e lutava contra uma leve depressão em face daquela que parecia ser uma perda horrível, um pensamento há muito tempo plantado por Deus em meu coração retornou: minha alma gêmea ainda estava em algum lugar lá fora, e eu iria encontrá-la. Comecei, então, a mentalizar um novo ideal de perfeição, mesmo que ele só existisse em um canto secreto dentro da minha cabeça.

Em muitos dos meus livros e conselhos que dei ao longo dos anos, meu método de ensino foi por meio dos princípios de manifestação: *descubra exatamente o que você quer... escreva isso detalhadamente em um papel... visualize para poder realizar...* etc.

Foi o que eu fiz! Sentei e escrevi 267 coisas que eu desejava encontrar em uma futura alma gêmea. E, como a lista parecia beirar o impossível, compartilhei com apenas dois colegas de trabalho. Então, escondi o arquivo.

Pouco tempo depois, fui convidado para palestrar em uma conferência de escritores amadores em Los Angeles. Já no palco, avistei uma mulher de aparência radiante no meio da plateia. A primeira impressão foi irresistível, e assim permaneceu até o fim. Essa era a boa notícia. A má é que havia um cara sentado ao lado dela. Após o intervalo para o lanche, mais uma vez me vi diante daquela presença estonteante. Dessa vez, no entanto, desacompanhada. Fiquei radiante. Quando perguntei a respeito dela, descobri que era divorciada, solteira e que se chamava Crystal.

No começo da noite, durante o evento exclusivo para convidados, as pessoas queriam falar comigo sobre a palestra, e faziam uma chuva de perguntas quando avistei Crystal do outro lado do salão. Para minha alegria completa, uma pessoa balançou os braços loucamente e, sem querer, derrubou uma taça de vinho na sua calça branca. Rapidamente, afastei-me do grupo ao meu redor e corri até ela, oferecendo ajuda para tentar diminuir o estrago com um pouco de água tônica que poderíamos conseguir na cozinha do hotel. Eu conhecia bem o lugar, já estivera ali inúmeras vezes. Havia chegado o meu momento a sós com ela. Finalmente!

Depois de limpar a mancha de vinho, perguntei se ela já havia jantado. Crystal disse que ainda não. Então, gentilmente, perguntei se gostaria de me acompanhar, usando a desculpa de ir embora porque as centenas de pessoas que tinham ido ao evento não nos deixariam em paz. Ela concordou e partimos rumo a um restaurante fenomenal em Hollywood.

Chegando lá, vendo que a fila estava enorme, fui em direção à porta. O *maître*, ignorando nossa presença, cochichou: "Quem é essa?"

Ao que respondi:

— Você não sabe?

— Não tenho certeza.

— A rainha da Dinamarca — respondi, brincando.

— Está falando sério?

Eu ergui as sobrancelhas para ele.

— Ok. E você, quem é?

Minha resposta era decisiva para conseguirmos uma mesa. Então, pensando em transformar aquele momento em uma lembrança memorável, respondi:

— Quem viaja com a rainha?

O sujeito pensou por um momento, e soltou:

— O rei... Você não é o...

Sorrindo, assenti. Fomos levados à melhor e mais reservada mesa do restaurante.

Uma vez acomodados, começamos a rir do que havia acabado de acontecer! Enquanto contávamos sobre nossas vidas, o tempo voou. Nosso coração e alma pareceram entrar em uma sintonia que nunca havíamos sentido, uma experiência completamente nova para ambos. Estávamos em êxtase. A mera presença do outro causava um formigamento. Três anos depois, sob as majestosas montanhas vermelhas do Arizona, nos casamos.

Cerca de seis meses idílicos depois, eu organizava a área de trabalho do computador quando esbarrei em um documento chamado "Requisitos para uma Alma Gêmea". Fiquei tentado. Queria ver o quão perto eu havia chegado das características, virtudes e qualidades que tanto havia desejado em alguém.

Impressionante. Percebi que Deus havia se manifestado — e superado — meu ideal de parceira perfeita. Crystal era tudo que eu havia desejado, e mais. Meus sonhos e minhas preces tinham sido atendidos.

Aqui, compartilho 112 dos requisitos que imaginei na lista original. E faço isso desejando que possa inspirá-lo a conquistar o mesmo, ou além. Se você já for casado, recomendo que escreva todas as coisas possíveis que você desejaria em um relacionamento ideal, e veja o quão perto você está de se tornar a pessoa dos seus sonhos. Se vocês dois fizerem isso, quem sabe, futuramente, sintam-se à vontade para compartilhar e comparar as listas, criando uma oportunidade para se amarem ainda mais. Pessoas insatisfeitas com o casamento, em geral, não estão comunicando com clareza suas verdades e necessidades mais importantes.

Recomendo que você faça esta relação de tópicos. A minha servirá apenas como um modelo, uma forma de inspirar e delinear seus propósitos. Lembre-se: aquilo que você deseja também deseja você. E mais importante, não se esqueça de que é preciso que você mesmo seja tudo aquilo que almeja em outra pessoa. Quando fiz a minha lista, graças ao conselho dos dois amigos de trabalho, soube que eu precisaria ter as características que eu queria e me esforçar para torná-las realidade.

A pergunta que você sempre deve se fazer quando questionar seus desejos e necessidades é: "quem eu preciso ser para atrair esse/essa homem/mulher? Será que eu posso oferecer esses atributos?"

Eis os meus Requisitos para uma Alma Gêmea:

1. Disponível
2. **Com um beijo bom e um toque agradável***
3. **Valores semelhantes**
4. Uma pessoa de grande força
5. Amigável
6. Elegante
7. Inteligente
8. Personalidade conservadora
9. **Sexo excelente**
10. Aventureira
11. **Que more nos arredores da Califórnia, que esteja disposta a se mudar para cá ou que entre em um acordo comigo sobre onde morar**
12. Viajada e disposta a viajar ainda mais
13. **Que me ame muito e demonstre isso**
14. Que busque evolução pessoal e espiritual
15. **Que goste da minha atividade profissional**
16. **Que seja bonita e se cuide**
17. **Que sejamos prioridade um para o outro**
18. Animada e entusiasmada com a vida e suas experiências
19. Saudável e que cuide da saúde
20. Preocupada com autodesenvolvimento
21. **Feliz**
22. **Esguia e radiante**
23. **Personalidade marcante**
24. **Que tenha um papo excelente**

25. Sábia
26. Espirituosa
27. Maravilhosa
28. Imaginativa
29. Magnânima
30. Filantrópica por natureza
31. **Uma companhia divertida**
32. **Que tenha um belo sorriso**
33. **Limpa, bem arrumada e com um perfume naturalmente agradável**
34. **Que inspire cada vez mais o amor**
35. Cooperativa
36. Financeiramente esclarecida
37. **Que gaste pouco (menos do que ganha)**
38. **Que tenha criado alguns dos seus meios de vida**
39. Que se conheça
40. Flexível
41. Com boas habilidades sociais
42. Que goste de se divertir e divertir aos outros
43. Brincalhona e aventureira
44. Adora dançar
45. Vibra por abundância
46. Gosta de criar lembranças inesquecíveis
47. Alguém com quem eu poderia conversar por décadas
48. Uma pessoa cheia de ideias
49. Que quer ajudar o mundo
50. Extremamente apaixonada por seus propósitos
51. Sofisticada
52. Alguém com quem eu tenha uma conexão espiritual profunda e crescente
53. Que sejamos almas gêmeas
54. Adora fazer exercícios e alongamentos; tem necessidade de trabalhar diariamente aspectos da saúde do corpo como força, flexibilidade e equilíbrio

55. Tem vontade de conhecer mundo
56. **Estimula o crescimento dos outros**
57. **Desenvolve práticas espirituais profundas**
58. **Medita**
59. Criativa
60. Não fuma
61. Não bebe
62. Não usa drogas
63. Pratica caridade
64. De bons modos
65. Pró-orgânicos e alimentação saudável
66. Que seja adorada pelos meus amigos, que eles admirem sua personalidade e adorem sua companhia
67. Que ame meus filhos e netos e que nossos filhos se deem bem (caso ela seja mãe)
68. Cultural, politica, financeira, social, emocional e espiritualmente consciente
69. Que me faça sentir completamente amado
70. **Que tenha os próprios negócios**
71. Que seja amada, respeitada, admirada e apreciada pelas pessoas que trabalham comigo
72. Para quem minha carreira seja um aspecto secundário
73. Que me ajude a conhecer e expandir minha forma de amar
74. Com quem eu compartilhe gostos semelhantes em quase tudo
75. Enérgica e entusiasmada
76. Mente sã e corpo são
77. Sempre com uma aparência renovada
78. Mente jovem e que pense em ser jovem para sempre
79. Limpa e bem arrumada
80. Que tenha uma mentalidade singular
81. Que ame todos os meus aspectos
82. Disciplinadora
83. Não seja ciumenta

84. **Monogâmica**
85. Encantadora
86. Procure o lado bom das coisas
87. De uma alegria genuína
88. Que tenha vivido experiências profundas
89. Com brilho nos olhos
90. Ansiosa para aprender
91. Que goste de estar a serviço
92. Atitude mental positiva
93. Que goste de socializar
94. Extraordinária
95. **Que sinta orgulho de estar comigo e vice-versa**
96. Ótimo senso de design nos âmbitos pessoal, profissional, decorativo etc.
97. **Que se vista bem**
98. Bonita de se ver
99. De uma postura espiritual tranquila, digna, cheia de graça
100. Adorável
101. **Se entrega total e completamente ao outro**
102. **Trabalha em prol do próprio bem-estar**
103. Concordamos mutuamente com os mesmos limites
104. **Minha melhor e mais próxima amiga**
105. Leal
106. Confiável
107. Fiel
108. Íntegra
109. Honesta
110. Compassiva
111. Apaixonada
112. Capaz de se integrar

* **Tópicos em negrito são absolutamente indispensáveis.**

Portanto, você sabe o que eu tinha em mente antes de conhecer Crystal. Naquele lugar secreto dentro da minha cabeça, eu sabia que ela existia; caso contrário, eu não teria uma visão tão clara, tão objetiva. Eu sabia que ela estava em algum lugar por aí e que a cada passo que eu dava nos aproximávamos mais.

Mark Victor Hansen

O espírito do amor

Tudo no universo está dentro do você. Peça tudo a si mesmo.
Rumi

No Ocidente, o que, em geral, chamamos de amor é mais uma sensação do que um poder. Pode ser deliciosa, arrebatadora e capaz de fazer coisas impossíveis aos demais sentimentos. Em consonância, amor e espírito podem realizar qualquer coisa. Amor, poder e espírito tornam-se unos.

Todos os mestres espirituais — Buda, Krishna ou Maomé — foram mensageiros do amor, e o poder maravilhoso de suas mensagens transformou o mundo. Talvez a magnitude desses profetas tenha nos tornado reticentes. Não aceitamos o poder que este sentimento consegue criar em nós e, por isso, demos as costas ao que em nós é divino.

Amor é o espírito em si. O espírito em si é o Eu.

O Eu e o espírito são a mesma coisa. Perguntar "O que é o espírito?" é só outra forma de perguntar "Quem sou Eu?" Não existe espírito fora do indivíduo; nós somos ele. E por que não estamos conscientes disso? Somos, embora apenas parcialmente, como aquele que vê um copo d'água, mas não o oceano todo. Nossos olhos apenas veem, mas, em espírito, testemunhamos. Nossos pensamentos existem porque, em espírito, tudo sabemos. Amamos as pessoas porque nosso espírito é amor infinito.

Restaurar essa dimensão do amor exige abandonar a noção de um ser limitado, com habilidade finita de amar e, assim, recuperar um Eu de amor infinito. O seu Eu verdadeiro está totalmente desperto, cheio de criatividade, de espírito. Nesses termos, o amor é liberto de todas as lembranças e imagens do passado. A fonte do verdadeiro sentimento está além do ilusório, é um campo de potencial ilimitado.

E esse potencial é você.

O que é o Caminho?

A coisa mais valiosa que você pode oferecer em qualquer relacionamento é o seu potencial espiritual. É isso que podemos dar quando começamos a vivenciar uma história de amor em seu nível mais profundo. Assim como a semente é necessária para o crescimento da árvore, seu potencial espiritual é a semente para que o mesmo ocorra com o amor. Nada é mais precioso do que isso. Ver a si mesmo com olhos amorosos faz com que seja natural enxergar o outro desse modo. Assim como declara o poeta Rumi, nos tornamos capazes de dizer ao ser amado:

Você é o segredo do mistério de Deus.
Você é o reflexo de sua beleza divina.

O caminho para o amor é algo que escolhemos trilhar conscientemente, e toda pessoa que algum dia já se apaixonou conhece o primeiro passo dessa trilha. O despertar da capacidade espiritual tem sido a maior preocupação de todos os videntes, santos, profetas, mestres e sábios da história da humanidade. Suas jornadas são cuidadosamente orientadas em busca do Eu, um ponto de vista bem distante da nossa visão do amor enquanto envolvimento emocional, cheio de complicações.

Na Índia, o caminho espiritual é chamado Sadhana, e, embora um número muito pequeno de pessoas abra mão da vida considerada normal para percorrer o mundo em busca da iluminação (tornando-se monges, ou sadhus), todos os indianos, desde a mais antiga civilização védica até hoje, consideram a própria vida o Sadhana, um caminho em busca do Eu. Embora esse Eu pareça dissociado de quem somos, na verdade, trata-se de algo que está interligado em tudo aquilo que pensamos, sentimos ou fazemos. Se pararmos para pensar, o fato de não nos conhecermos profundamente é algo fantástico. A busca por esta sabedoria, como diziam os sábios vedas, é como um peixe tentando respirar fora d'água. E enquanto perdurar essa busca pelo Eu, existirá o Sadhana.

O objetivo dessa jornada é transformar o estado da nossa consciência de separação em um estado de unidade. Quando unos, percebemos apenas amor, manifestamos apenas amor, somos apenas amor.

Enquanto essa transformação interna ocorre, cada caminho encontrará sua manifestação no mundo real. Na Índia, a natureza de cada pessoa irá guiá-la rumo ao mais adequado para a busca por satisfação. Alguns indivíduos são naturalmente orientados para a intelectualidade e, portanto, seguem o caminho do conhecimento, ou Gyana. Outros, são mais religiosos e trilham o caminho da adoração, chamado Bhakti. Aqueles cuja motivação é mais voltada para o mundo externo, encaixam-se no caminho da ação, ou Karma.

Esses caminhos não são excludentes entre si; em um cenário ideal, o dia a dia de cada um alterna períodos de estudo, adoração e serviço. Assim, todas as abordagens se integram em um caminho maior. No entanto, é completamente possível ser absorvido por apenas uma delas. No caso de Gyana, toda a existência será centrada na leitura das escrituras sagradas, na contemplação e nos debates elevados. Aquele que aplica seu tempo meditando, entoando cânticos ou em rituais dentro do templo, leva a vida segundo Bhakti. E, por fim, quem realiza trabalhos sociais e se aplica mental e fisicamente na busca da purificação, realizando os desígnios de Deus nas atividades mundanas, segue a vida segundo o Karma. Mesmo entre os subgrupos mais tradicionais da Índia moderna, esses caminhos se flexibilizaram, abrindo espaço para estilos de vida em que estudo e trabalho tem pouca ou nenhuma relação com as aspirações espirituais do indivíduo.

O que isso tudo significa para uma pessoa do Ocidente que nunca esteve em contato com o Sadhana? A meu ver, trilhar o caminho espiritual é tão natural e poderoso que a vida de cada um, independentemente da cultura em que está inserido, a obedece. A estrada é apenas uma maneira de abrir-se para o espírito, para Deus, para o amor. Todos são objetivos que apreciaríamos, mas nossa cultura não nos oferece meios organizados e consolidados para atingi-los. Na verdade, nunca fomos confrontados com um cenário espiritual tão desorganizado, tão caótico.

O que nos restou foram apenas os relacionamentos. O desejo de amar e de ser amado é poderoso demais para ser extinto e, por sorte, o caminho espiritual se baseia nessa necessidade insaciável. Quando falamos em caminho para o amor não estamos nos valendo meramente de uma metáfora; esse caminho reaparece de muitas formas na história da espiritualidade. A versão mais antiga é a tradição devocional da Índia védica — Bhakti —, na qual todas as formas de amor servem, em última instância, ao propósito de buscar Deus. Os sufis da cultura islâmica seguem uma linhagem devocional própria. Rumi, a quem cito com frequência, foi mais do que poeta; foi um grande professor do caminho que trilhou. Para ele, Deus era o mais perfeito e desejável mestre do amor, e era possível sentir na própria pele Seu toque:

Quando está frio e chove,
És mais belo

E a neve me aproxima
Ainda mais dos Teus Lábios.

O Mistério Interior, nunca nascido,
Tu és esse frescor, e agora estou Contigo.

Jesus Cristo, em seus ensinamentos supremos, percorreu outra versão do caminho: "Ama ao próximo como a ti mesmo". E sempre falava de um Deus que era um pai amoroso. A versão cristã da estrada é, portanto, um relacionamento que se dá muito mais entre pais e filhos, ou entre o pastor e suas ovelhas, do que entre dois amantes (mas não podemos esquecer a imagem do Cristo enquanto noivo e da alma do fiel enquanto noiva).

Não falta tradição. É possível dizer que em muitas religiões as bases do ensinamento do amor parecem ter enfraquecido, transformando-o em algo mais idealizado do que praticado. Mas, apesar do colapso das lições tradicionais, ainda persiste a centelha do sentimento que une duas pessoas e, a partir dela, pode-se criar um caminho.

Assim como basta uma chama para consumir toda a floresta, basta uma centelha de amor para que você o vivencie em toda a sua plenitude e glória, tanto nos aspectos mundanos quanto divinos. O amor é o espírito e todas as experiências orientadas por ele, por mais insignificantes que pareçam, são convites a participar da dança do universo. Dentro de cada história, há esse chamado atraente dos deuses e deusas.

Em outros tempos, até as paixões mais fugazes tinham um significado espiritual; a proximidade de Deus era levada muito a sério. Mas depois de Freud, a psicologia nos garante que a paixão é uma ilusão — que o êxtase desse sentimento não é real. Precisamos aprender a aceitar a natureza temporária das paixões, deixar de lado a "projeção fantasiosa" de que seremos imortais e invulneráveis como nos fazem crer. Precisamos ser céticos quanto às palavras de um Walt Whitman arrebatado:

"Eu sou o parceiro e o companheiro dos povos, todos tão imortais e insondáveis como eu. (Eles não têm ciência de sua imortalidade, mas eu tenho.)"

Deepak Chopra

Amor:
a principal força criadora

Espalhe o amor por onde for: primeiro, dentro do próprio lar. Ame seus filhos, sua esposa ou seu marido, seu vizinho da porta ao lado... Não permita que alguém saia de sua presença sem se sentir melhor e mais feliz. Seja a prova viva da bondade de Deus; bondade em sua expressão, em seus olhos, em seu sorriso, bondade em seu abraço caloroso.

Madre Teresa

Um professor de sociologia de Baltimore levou seus alunos até um bairro pobre da cidade, para ouvirem as histórias de duzentos adolescentes locais. Pediu que eles escrevessem um prognóstico do futuro de cada um daqueles jovens. Todas as avaliações diziam o mesmo: "Eles não têm a menor chance." Vinte e cinco anos depois, outro professor de sociologia teve acesso a esse estudo e pediu que seus alunos procurassem saber o que havia acontecido com aqueles indivíduos. Com exceção de vinte que haviam se mudado ou morrido, descobriu-se que 176 dos 180 remanescentes haviam se tornado administradores de negócios, advogados, médicos — todos com relativo grau de sucesso.

O docente ficou tão abismado que decidiu levar o projeto além. Por sorte, todos os entrevistados na pesquisa original ainda moravam na região, o que permitiu que perguntasse diretamente a eles: "A que você atribui o seu sucesso?" Todas as respostas vieram carregadas de emoção: "Teve uma professora..."

Ela ainda estava viva, mas já era idosa. O professor de sociologia logo foi atrás dela, ainda muito cheia de vida, e a perguntou qual fórmula mágica ela havia usado para impulsionar aqueles jovens de origem tão humilde para o sucesso.

Os olhos da mulher brilharam e ela abriu um sorriso carinhoso. "É muito simples, na verdade", disse. "Eu amava aqueles meninos."

Eric Butterworth

Tudo de que me lembro

Existe uma algo de reconfortante no poder do amor. Ele tornará suportável
o que de outro modo incomodaria a mente ou magoaria o coração.
William Wodsworth

Quando meu pai falava comigo, sempre começava a conversa dizendo "Eu já disse hoje o quanto eu te adoro?" Eu retribuía esse afeto e, em seus últimos anos, quando ele já começava a perder a vitalidade, nos tornamos ainda mais próximos... se é que isso era possível.

Aos 82 anos, meu pai estava pronto para partir e eu, para deixá-lo ir, para que seu sofrimento chegasse ao fim. Nós rimos e choramos e demos as mãos, verbalizamos nosso amor e então concordamos que havia chegado a hora. Pedi a ele: "Pai, depois que você se for, me mande um recado dizendo que está bem." Ele riu diante daquele pedido absurdo; meu pai não acreditava em um pós-vida. Eu mesmo não tinha certeza se acreditava, mas tivera até então muitas experiências que me convenceram ser possível receber alguns sinais vindos "do além".

Nós dois tínhamos uma conexão tão profunda que senti no meu peito a dor do ataque cardíaco que o levou. Lamentei muito que a equipe médica, em sua sabedoria árida, não tenha permitido que eu segurasse sua mão no momento em que partiu.

Dia após dia, eu rezava pedindo por um sinal, mas nada acontecia. Todas as noites, antes de dormir, eu pedia por um sonho. Ainda assim, passaram-se quatro meses intermináveis e eu não havia experimentado nada além do luto. Minha mãe havia morrido cinco anos antes, em decorrência do Alzheimer, e, mesmo eu tendo filhas já crescidas, me sentia desamparado feito uma criança.

Um dia, deitado na maca de um massoterapeuta, esperando para ser atendido em uma sala escura e silenciosa, fui tomado por uma saudade imensa do meu pai. Comecei e me perguntar se não havia sido exigente demais ao pedir que ele me enviasse um sinal. Percebi que minha mente estava em estado de hiperfoco e, naquele momento, experimentei uma clareza inédita e comecei a elencar sequências longas de imagens mentais. Cheguei a pensar que pudesse estar sonhando, mas logo me dei conta de que estava o mais distante possível de um estado onírico. Cada pensamento que surgia era como uma gota perturbando a superfície calma de um lago, e cada momento de paz que passava me deixava maravilhado. Pensei: "Eu venho tentando controlar as mensagens vindas do além. Preciso parar com isso imediatamente."

De repente, vi o rosto da minha mãe — de antes de o Alzheimer reduzir sua lucidez, sua humanidade e cinquenta quilos de seu corpo. Seu lindo cabelo grisalho, que coroava o rosto de expressão tão doce. Minha mãe estava tão perto, era tão real, que tive a impressão de que poderia tocá-la se esticasse o braço. Sua aparência era a mesma de uma década antes. Senti até o cheiro do perfume favorito dela, *Joy*. E ali parada e em silêncio, ela parecia esperar alguma coisa. Como era possível que, pensando no meu pai, minha mãe tivesse surgido? Me senti culpado por não ter pedido para vê-la também.

E disse: "Ah, mãe. Eu sinto tanto que você tenha sofrido com essa doença horrível."

Ela inclinou a cabeça levemente para o lado, como se sinalizasse que havia assimilado o que eu acabara de dizer. Nesse momento ela sorriu — um sorriso lindo — e falou com muita clareza: "O amor é tudo de que me lembro." E então desapareceu.

A sala de repente ficou fria e comecei a tremer. Naquele momento, eu soube muito profundamente que o amor que compartilhamos é tudo que importa, é tudo que permanece. O sofrimento vai embora, mas o amor perdura.

Aquelas palavras foram as mais importantes que já ouvi na vida e aquele momento ficará guardado para sempre no meu coração.

Até hoje não vi nem ouvi nada do meu pai, mas tenho certeza de que algum dia, quando eu menos esperar, ele vai surgir e dizer: "Eu já disse hoje o quanto eu te adoro?"

Bobbie Probstein

A música do coração

Para o pai que envelhece, nada é mais querido do que uma filha.
Eurípides

Era uma vez um grande homem que se casou com a mulher dos seus sonhos. Como fruto do amor deles, criaram uma garotinha cheia de vida e alegria a quem o homem amava muito.

Quando ela era bem pequena, ele a pegava no colo, cantarolava alguma coisa e, juntos, dançavam pela sala. O homem dizia "amo você, minha garotinha".

Quando ela ficou um pouquinho maior, o homem a abraçava e dizia "amo você, minha garotinha". Ao que ela respondia, contrariada: "eu não sou mais uma garotinha." O homem ria, e retrucava "Bem, você vai ser sempre a minha garotinha".

Ela, que não-era-mais-tão-garotinha, então saiu de casa para ganhar o mundo. À medida que aprendia mais sobre si mesma, também foi aprendendo mais sobre aquele homem. Quando enxergou sua própria força, viu também o quão grandioso e forte ele era. E um de seus pontos mais marcantes era a habilidade de expressar o amor pela família. Independentemente da parte do mundo em que ela estivesse, ele telefonava e dizia "amo você, minha garotinha".

Até que um dia, a garotinha que não-era-mais-tão-garotinha recebeu um telefonema. O homem tivera um derrame e uma das sequelas era a afasia, explicaram para ela. Ele não conseguia mais falar e não dava para ter certeza se compreendia o que lhe diziam. Já não podia mais sorrir, gargalhar, caminhar, abraçar ou dizer "amo você, minha garotinha".

Então ela decidiu voltar para casa. Quando entrou no cômodo e o avistou, ele parecia menor, nem um pouco forte. Ele, ao perceber a presença da garotinha, tentou falar, mas não conseguiu.

Ela então fez a única coisa que poderia naquele momento: subiu na cama e se deitou ao lado dele. As lágrimas rolavam pela face de ambos e a garotinha colocou os braços ao redor dos ombros sem vida do pai.

Com a cabeça em seu peito, pensou em muitas coisas. Lembrou-se dos momentos maravilhosos que haviam passado juntos e como sempre se sentira protegida e amada pelo pai. E sentiu-se muito triste por estar perdendo as palavras de amor que ao longo da vida tanto a confortaram.

Foi aí que ela escutou um som vindo de dentro dele: as batidas do coração. O coração era a música que deixaria as palavras vivas para sempre. Ele seguia ali, batendo sem vacilar, sem dar a mínima para os danos causados ao resto do corpo. E ali, com a cabeça sobre o peito dele, a magia aconteceu. A garotinha ouviu o que precisava ouvir.

O coração do homem pulsava as palavras que ele nunca mais poderia pronunciar:

Amo você, minha garotinha, amo você, minha garotinha, amo você, minha garotinha.

E, nesse instante, ela ficou em paz.

Patty Hansen

Amor verdadeiro

Beleza sem grandeza é anzol sem isca.
Ninon de l'Enclos

Moses Mendelssohn, avô de um renomado compositor alemão, não era um homem bonito. Nem de longe. Além da estatura baixa, tinha uma corcunda horrível.

Certo dia, visitou um mercador em Hamburgo que tinha uma filha adorável chamada Frumtje. Moses se apaixonou perdidamente, mas a aparência estranha daquele homem causou repulsa na jovem.

Antes de partir, Moses reuniu toda a sua coragem e subiu a escada que levava ao quarto dela em busca de uma última oportunidade de lhe falar. Frumtje era linda como uma miragem, mas deixava-o profundamente triste quando se recursava a encará-lo. Depois de algumas tentativas durante a conversa, Moses perguntou:

— Você acha que os casamentos são programados no céu?

— Acredito — respondeu ela, ainda olhando para baixo. — E você?

— Eu também — disse Moses. — Sabe, no céu, toda vez que um menino nasce, o Senhor anuncia com qual mulher ele irá se casar. Quando nasci, Ele apontou aquela que seria minha futura esposa e, em seguida, disse: "Mas ela será corcunda." Naquele exato momento eu supliquei a ele: "Senhor, uma mulher corcunda seria uma tragédia. Por favor, faça com que eu seja corcunda e ela seja linda."

Frumtje, enfim, olhou nos olhos de Moses, intrigada com alguma lembrança muito profunda. Nesse momento, estendeu a mão para ele, sabendo que logo se tornaria sua esposa devotada.

Barry e Joyce Vissell

O juiz que gostava de abraçar

Em vez de encher meu saco, me dê um abraço!
Adesivo de para-choque

Lee Shapiro é um juiz aposentado. Também é uma das pessoas mais genuinamente amáveis que conhecemos. Em certo ponto da carreira, Lee percebeu que o amor é a coisa mais poderosa que existe. E então, começou a dar abraços. Ele oferecia abraços a todo mundo. Os colegas logo o apelidaram de "o juiz do abraço" (o oposto do "juiz da forca", imagino). No para-choque do seu carro, um adesivo diz "Em vez de encher meu saco, me dê um abraço!"

Há cerca de seis anos, Lee criou aquilo que batizou de Kit do Abraço. Do lado de fora está escrito "Meu coração por um abraço" e, dentro, há trinta coraçõezinhos bordados e autoadesivos. Lee saca seu kit e oferece a qualquer pessoa um exemplar em troca de um abraço.

Ele ficou tão conhecido por essa prática que, frequentemente, é convidado para palestrar em convenções e conferências, nas quais compartilha sua mensagem sobre amor incondicional. Certa vez, quando compareceu a um evento em São Francisco, a imprensa local provocou Lee, dizendo: "É fácil distribuir abraços em uma conferência à qual as pessoas vieram por vontade própria. Isso nunca funcionaria no mundo real."

Desafiaram o juiz do abraço a tentar o mesmo pela cidade. Acompanhado de uma equipe do telejornal local, Lee foi para a rua. A primeira pessoa que ele abordou era uma transeunte qualquer.

— Oi. Eu sou Lee Shapiro e o pessoal me chama de juiz do abraço. Estou trocando esses coraçõezinhos por um abraço...

— Ah, claro! — respondeu a mulher, aceitando o abraço.

— Fácil demais — disse para Lee o apresentador que o acompanhava.

O juiz olhou ao redor e avistou uma fiscal de parquímetro que, naquele momento, estava tendo um trabalhão para multar a proprietária de uma BMW. Foi até ela, acompanhado da equipe de TV, e falou:

— Você parece estar precisando de um abraço... Bem, eu sou o juiz do abraço e vim aqui te oferecer o meu.

A fiscal aceitou.

O apresentador então lançou o desafio final:

— Está vindo um ônibus ali. Motoristas de ônibus são os caras mais durões de toda a cidade de São Francisco. Vamos ver se você consegue fazer ele te abraçar.

Lee aceitou o desafio.

Quando o ônibus parou junto ao meio-fio, ele disse:

— Oi. Eu sou Lee Shapiro e o pessoal me chama de juiz do abraço. Bem, sei que o seu trabalho deve ser um dos mais estressantes do mundo e hoje estou aqui oferecendo abraços para ajudar a aliviar um pouco a tensão das pessoas. Gostaria de um abraço?

O sujeito, que devia ter 1,90 metro e pesava uns cem quilos, levantou-se do assento, saiu do ônibus e disse:

— Por que não?

Lee então o abraçou, deu um coraçãozinho para ele e acenou quando o motorista foi embora com seu ônibus. O pessoal da equipe de TV ficou sem palavras. Por fim, o apresentador disse:

— Admito que estou muito impressionado.

Um dia, Nancy Johnston, uma amiga de Lee, apareceu na porta da casa dele. Ela trabalha profissionalmente como palhaça e, naquele momento, usava sua fantasia completa, maquiagem e tudo.

— Lee, pegue alguns kits e vamos fazer uma visita ao hospital.

Chegando lá, os dois distribuíram aos pacientes alguns chapéus feitos de balão de gás, coraçõezinhos e abraços. Lee sentia-se desconfortável. Ele nunca havia abraçado doentes terminais, pessoas com deficiência mental severa ou tetraplégicos. Aquilo era um passo maior, definitivamente. Aos poucos, no entanto, o movimento foi ficando mais fácil e a dupla conquistou a companhia de médicos, enfermeiros e funcionários do hospital, que iam com eles de ala em ala.

Depois de algumas horas, chegaram à última. Eram 34 pacientes, os piores casos que Lee já vira. A cena era tão triste que ele sentiu um pesar enorme. Mas, uma vez que o compromisso deles era compartilhar amor e fazer a diferença, os amigos começaram a percorrer a ala com a equipe médica, todos eles com seus próprios chapéus de balão e coraçõezinhos colados na lapela.

Lee chegava, então, ao último paciente, Leonard. Ele usava um babador branco, e a saliva escorria pelo seu peito. Diante daquela imagem, Lee virou para Nancy e disse:

— Vamos embora Nancy. De jeito nenhum nós vamos conseguir abraçá-lo.

— Ah, Lee, pare com isso. Ele é um ser humano também, não é?

Nancy colocou um chapéu de balão na cabeça de Leonard. Lee prendeu um coraçãozinho no babador; e então respirou fundo, se inclinou e deu um abraço em Leonard.

De repente, Leonard começou a balbuciar o mais alto que pôde:

— Eeeeeeh! Eeeeeee!

Os outros pacientes próximos começaram a bater nos objetos que tinham ao alcance. Quando Lee se virou para a equipe em busca de explicação, viu que cada um dos médicos, enfermeiros e funcionários chorava. Ele, então, se dirigiu à chefe da enfermagem:

— O que está acontecendo?

O juiz jamais esquecerá a resposta:

— Essa é a primeira vez em 23 anos que estamos vendo Leonard sorrir. Como é simples fazer a diferença na vida de alguém.

Jack Canfield e Mark Victor Hansen

Pode acontecer aqui?

Precisamos de quatro abraços por dia para sobreviver, oito abraços por dia para nos sustentar e doze abraços por dia para evoluir.
Virginia Satir

Em nossos seminários e workshops, sempre dizemos às pessoas para que se abracem. A maioria responde "É proibido abraçar as pessoas no meu local de trabalho". Será que é mesmo?

Compartilho aqui uma carta enviada por alguém que participou do nosso seminário.

Caro Jack,

Comecei esse dia me sentindo bastante apático. Rosalind, minha amiga, perguntou se eu tinha abraçado hoje. Grunhi alguma coisa em resposta, mas ao longo da semana fiquei pensando sobre abraços e tudo mais. Dei uma olhada no folheto que recebi no seminário, "Como manter vivas as lições aprendidas aqui", e me causava arrepio a parte de abraçar e ser abraçado, algo que eu sequer conseguia imaginar no ambiente de trabalho.

De todo modo, decidi instituir o "dia do abraço" no meu emprego e comecei a abraçar os clientes que vinham ao meu balcão. Foi muito bom ver o quanto isso animava as pessoas. Um dos alunos do MBA subiu no balcão e fez uma dancinha. Algumas pessoas voltavam para pedir outro abraço. Dois funcionários da manutenção da Xerox, que passavam sempre por ali sem conversar um com o outro, ficaram tão surpresos com aquilo que começaram a rir e foram embora batendo papo.

A sensação era de que eu tinha abraçado todo mundo na Escola de Negócios Wharton [Wharton Bussines School, em inglês] e, além disso, fosse lá o que existisse de errado comigo no começo da manhã (até certa dor física), desaparecera. Peço desculpas pela carta tão longa, mas é que estou muito empolgada. E o mais legal de tudo foi que, em determinado momento, tinham umas dez pessoas se abraçando em frente ao meu balcão. Eu não conseguia acreditar.

Com amor,

Pamela Rogers

P.S.: Na volta para casa, abracei um policial na 37th Street. Ele disse "Uau! Ninguém nunca abraça a gente. Tem certeza de que não está a fim de me atirar alguma coisa em vez disso?"

Charles Faraone, outro aluno do nosso seminário, mandou para a gente o seguinte comentário sobre abraçar:

Abraçar é...

Abraçar é sinal de saúde. Ajuda o sistema imunológico, auxilia na melhora do quadro de depressão, reduz o estresse e ajuda a dormir. Aumenta nossa energia, rejuvenesce e não tem efeito colateral desagradável. Abraçar nada mais é do que uma droga milagrosa.

É completamente natural. Além disso, sua doçura é orgânica, contém zero ingredientes artificiais, não polui o meio ambiente e, portanto, é ecologicamente responsável, além de 100% integral.

Um abraço é o presente ideal. Perfeito para qualquer ocasião, divertido de dar e receber, demonstra consideração com o outro, já vem embalado e é, logicamente, totalmente retornável.

Abraçar é praticamente perfeito. A bateria não acaba nem oxida, não engorda, não exige pagar mensalidade, é antifurto e sem taxas inclusas.

Abraçar é um recurso com poderes mágicos subutilizado. Quando abrimos o coração e os braços, incentivamos os outros a fazerem o mesmo.

Pense nas pessoas que fazem parte da sua vida. Existe algo que você gostaria de dizer a elas? Abraços que adoraria dar? Mas você está aí parado, torcendo para que deem o primeiro passo? Por favor, não faça isso! Tome atitude!

Jack Canfield

Quem você é faz a diferença

*Para muitas pessoas remando contra marés ruins que o restante
do mundo desconhece, bastam alguns elogios e um pouquinho
de incentivo para que conquistem seu objetivo.*
Jerome Fleishman

Uma professora de Nova York decidiu homenagear sua turma de formandos contando a diferença que cada um havia feito. Seguindo um processo desenvolvido por Helice Bridges, de Del Mar, Califórnia, ela chamou seus alunos à frente da classe, um por um. Primeiro, dizia que ele havia feito diferença para ela e para toda a turma. Logo após, oferecia um laço azul no qual se lia, em letras douradas, "Quem eu sou faz a diferença".

Depois, a professora propôs um projeto para a turma, a fim de ver o impacto que o reconhecimento pessoal teria dentro de uma comunidade. Deu a cada um deles mais três laços e pediu que propagassem a dinâmica daquela cerimônia. Feito isso, deveriam acompanhar os resultados, ver quem havia homenageado quem e trazer esse relatório para ser apresentado em sala.

Um dos alunos ofereceu o laço ao executivo júnior de uma empresa da região que lhe dera alguns conselhos sobre plano de carreira. O executivo prendeu o laço na camisa e, então, o jovem deu os outros dois laços para ele, dizendo:

— Estamos fazendo esse trabalho na escola sobre reconhecimento, e queria pedir para que você procurasse alguém que gostaria de celebrar, e entregasse o laço também. Peça para a essa pessoa que faça o mesmo para que o fluxo continue. Depois, por favor, me conte o que aconteceu.

Mais tarde naquele mesmo dia, o executivo se encontrou com o chefe que, por sinal, era considerado um sujeito meio ranzinza. Ele pediu que o chefe se sentasse e contou sobre a profunda admiração que sentia por ele, devido a sua criatividade genial. O superior pareceu bastante surpreso. O sujeito então perguntou se ele aceitaria o laço azul, se permitia que ele o colocasse em sua lapela. Para sua surpresa, a resposta que ouviu foi: "Ora, mas é claro."

O executivo o prendeu bem acima do coração do chefe. Quando entregou a ele o laço que restava, disse:

— Será que você me faria um favor? Pode aceitar esse último e oferecer para alguém que você admira? O garoto que o doou para mim está fazendo um trabalho para a escola, a ideia é manter em curso esse ciclo de reconhecimento, descobrir como isso afeta as pessoas.

Naquela noite, o chefe sentou-se com seu filho de 14 anos.

— Aconteceu uma coisa incrível hoje. Eu estava na minha sala e, de repente, um dos executivos juniores entrou, disse que me admirava e me deu esse laço azul, que tem escrito "Quem eu sou faz a diferença", por ser um gênio criativo. Imagina só? Eu, um gênio criativo... Aí ele prendeu esse laço na minha lapela, e me pediu que fizesse o mesmo com outra pessoa. No carro, voltando para casa, fiquei pensando em quem eu gostaria de homenagear e você me veio à mente.

"Minha rotina é muito corrida, sei que quando chego em casa não dou muita atenção a você. E que às vezes grito por causa das notas da escola e por seu quarto estar sempre uma bagunça, mas, hoje, de alguma forma, eu só quero estar aqui com você e dizer que... Bem, que você faz a diferença para mim. Ao lado da sua mãe, você é a pessoa mais importante da minha vida. Você é um garoto maravilhoso e eu te amo!"

Assustado, o garoto chorava copiosamente. Tremendo dos pés à cabeça, ele olhou para o pai em meio às lágrimas e disse:

— Eu estava pensando em me matar amanhã, pai. Achei que você não me amasse. Agora eu não preciso mais fazer isso.

Helice Bridges

Um de cada vez

Todos nós sentimos que aquilo que fazemos é uma mera gota no oceano.
Mas o oceano seria menor se não contasse com essa gota.
Madre Teresa

Um amigo nosso caminhava ao pôr do sol por uma praia deserta no México. Ao avistar um homem ao longe, percebeu que ele se abaixava, pegava algo da areia e lançava ao mar. Repetiu esse movimento inúmeras vezes.

Chegando ainda mais perto, nosso amigo percebeu que o homem recolhia estrelas-do-mar trazidas até a areia pela maré e, uma por uma, as devolvia ao oceano.

Nosso amigo ficou intrigado. Parou junto a ele e disse:

— Boa tarde, amigo. Eu estava aqui me perguntando o que você está fazendo...

— Estou devolvendo as estrelas-do-mar. Estamos na maré baixa, sabe? Então todas elas são trazidas à areia. Se eu não devolvê-las, elas vão morrer sem oxigênio.

— Entendo — respondeu meu amigo —, mas deve haver milhares de estrelas-do-mar na areia dessa praia. Você não tem como devolver todas. São muitas. Além disso, percebe que provavelmente isso está acontecendo em centenas de outras praias ao longo da costa? Percebe que isso aqui não vai fazer diferença?

O homem sorriu, abaixou-se, pegou mais uma e jogou de volta para as ondas.

— Fez a diferença para essa!

Jack Canfield e Mark Victor Hansen

O presente

Quão belo pode ser o dia que é tocado pela gentileza!
George Elliston

Um ônibus seguia por uma estradinha esburacada no sul do país.

Em um dos assentos, um senhor muito magro segurava algumas flores recém-colhidas. Do outro lado do corredor, uma jovem olhava sem parar para o buquê. De repente, ele ficou de pé para sair do ônibus. Por impulso, colocou as flores no colo da moça.

— Percebi que você gostou muito das flores — explicou ele —, e acho que minha esposa ficaria feliz se você ficasse com elas. Vou dizer que dei o buquê para você.

A jovem as aceitou e observou o homem saltar do ônibus e caminhar rumo ao portão de um pequeno cemitério.

Relato de Bennett Cerf

Um irmão assim

Às vezes, ser irmão é melhor do que ser super-herói.
Marc Brown

Meu amigo Paul ganhou de presente de Natal do irmão um carro. No dia 24 de dezembro, quando ele saiu do escritório, um menino de rua estava rodeando o automóvel, admirado.

— Esse carro é seu, moço?

Paul assentiu.

— Ganhei de presente de Natal do meu irmão.

O menino ficou abismado.

— Então foi presente e você não precisou gastar dinheiro com ele? Caramba, eu queria...

O garoto se interrompeu.

É claro que Paul sabia o que o menino queria. Ele queria um irmão assim. Mas o que o menino disse deixou Paul completamente desnorteado:

— Eu queria — continuou o garoto —, poder ser um irmão assim.

Admirado, meu amigo olhou para o menino e, por impulso, perguntou:

— Quer dar uma volta comigo?

— Nossa, eu adoraria.

Depois de um pequeno passeio, o menino virou para Paul e, com os olhos brilhando, disse:

— Moço, o senhor se incomodaria de passar na frente da minha casa?

Paul deu um sorrisinho. Achou ter entendido o que o menino queria: mostrar para os vizinhos que estava chegando em casa em um carrão. Só que, mais uma vez, estava errado.

— O senhor pode parar ali perto daqueles degraus? — pediu o menino.

Então saltou do carro e desapareceu. Passado um tempinho, Paul ouviu ele voltando, mas com alguma lentidão. Carregava no colo o irmão paraplégico. Depois, sentou o outro menino no degrau mais alto, meio que apertou o irmão em um abraço e apontou para o carro.

— Olha lá, cara. Exatamente como eu disse para você lá dentro. Ele ganhou esse carro de presente de Natal do irmão, não gastou nem um centavo. Um dia eu vou dar um igualzinho a esse para você... E aí você vai poder ver com seus próprios olhos as vitrines de Natal tão bonitas das quais eu sempre falo.

Paul saiu do carro e colocou o jovem paraplégico no banco do carona. O outro, ainda com os olhos brilhando, sentou-se ao lado dele e os três partiram rumo a um passeio inesquecível.

Naquela véspera de Natal, Paul entendeu a mensagem de Jesus ao dizer "Há benção maior em dar..."

Dan Clark

Sobre coragem

Um irmão é um amigo que a natureza nos deu.
Jean Baptiste Legouvé

— Então você me acha corajosa? — perguntou ela.

— Sim, acho.

— Bem, talvez eu seja, mas só porque eu tive professores que me inspiraram. Vou contar sobre um deles. Muitos anos atrás, quando eu trabalhava como voluntária no Stanford Hospital, conheci Liza, uma menina que sofria de uma doença grave e rara. Sua única chance de sobrevivência seria fazendo uma transfusão de sangue doado pelo irmão de cinco anos, que, milagrosamente, sobrevivera à mesma enfermidade e desenvolvera os anticorpos necessários. O médico explicou a situação para o garotinho e perguntou se ele estaria disposto a doar sangue para a irmã. O pequeno hesitou por um breve instante, então respirou fundo e disse 'sim, eu vou doar se isso for salvar a vida da Liza'.

"Enquanto a transfusão acontecia, o menininho, deitado em um leito ao lado da irmã, sorria. Todos nós sorríamos, na verdade, ao ver as bochechas dela recuperarem a cor. A face do pequeno, no entanto, ficou pálida e ele parou de sorrir. Virou-se para o médico e, com a voz trêmula, perguntou: 'Eu vou começar a morrer agora?'

"Por ser tão pequeno, o irmão havia entendido errado o que o médico dissera: ele entendera que doaria todo o seu sangue para Liza.

"Então, sim, eu sou corajosa — acrescentou ela —, mas só porque tive professores que me inspiraram."

Dan Millman

Grande Ed

A sabedoria é a nossa recompensa por todas as vezes em que escutamos quando preferiríamos ter falado.
Doug Larson

Quando cheguei à cidade para apresentar um seminário sobre administração pragmática, fui jantar com algumas pessoas cujo objetivo era me explicar o tipo de público a quem eu me dirigiria.

O líder do grupo, um homem corpulento e de voz retumbante, chamava-se Grande Ed. Durante o jantar, ele me disse que trabalhava solucionando problemas em uma grande multinacional. Sua função era ir até as subsidiárias e demitir o executivo no comando daquela seção.

— Joe — disse ele —, eu estou realmente ansioso para a sua palestra amanhã. Os caras precisam escutar um cara durão como você. Aí eles vão entender que minha abordagem é correta.

Grande Ed sorriu e me deu uma piscadinha.

Sorri de volta. Eu sabia que meu discurso seria diferente do que ele esperava.

No dia seguinte, ele assistiu ao seminário inteiro, mas saiu sem falar comigo.

Três anos depois, retornei àquela cidade para fazer outra apresentação sobre administração para um grupo similar ao anterior. Lá estava Grande Ed de novo. Por volta das 10 horas, ele se levantou de súbito e perguntou em voz alta:

— Joe, posso dizer umas palavrinhas para esse pessoal?

Eu sorri e falei:

— É claro. Um sujeito do seu tamanho pode dizer o que quiser, Ed. E assim ele começou:

— Todos aqui me conhecem e alguns sabem o que aconteceu comigo. Mesmo assim, eu gostaria de compartilhar essa história com cada um de vocês. Joe, acho que você também vai gostar de escutar o que eu tenho a dizer.

"Quando ouvi você sugerir que, para nos tornarmos verdadeiramente pragmáticos, precisamos aprender a dizer às pessoas mais próximas o quanto as amamos, achei tudo uma grande bobagem sentimentaloide. Eu me perguntava o que diabos isso tinha a ver com ser pragmático. Na ocasião, você disse que ser durão é ser como couro, que ser inflexível é ser como granito, mas que a mente pragmática é aberta, resiliente, disciplinada e obstinada. Eu não conseguia entender o que amor tinha a ver com isso.

"Naquela noite, sentado diante da minha esposa na sala de estar, seu discurso ainda martelava na minha cabeça. Que tipo de coragem seria necessário para dizer a ela o quanto eu a amava? Qualquer um seria capaz de fazer isso, não? Você também havia dito que era preciso fazer isso em um momento corriqueiro, não na intimidade do quarto. Então me vi pigarreando, abrindo a boca para falar e hesitando. Minha esposa olhou para mim e perguntou o que eu havia dito. Respondi 'ah, nada'. Aí me levantei, fui em sua direção e tirei o jornal da mão dela. 'Alice, eu te amo', disse, nervoso. Ela ficou paralisada por um instante. As lágrimas começaram a rolar por suas bochechas, e ela disse: 'Ed, eu também te amo. Mas essa é a primeira vez em 25 anos que você me diz isso dessa forma.'

"Passamos um tempo conversando sobre como o amor, quando em quantidade suficiente, pode atenuar todo tipo de tensão e, no calor do momento, decidi telefonar para o meu filho mais velho, que morava em Nova York e com quem eu nunca tivera uma boa comunicação. Quando ele atendeu, eu disparei: 'Filho, vou entender se você achar que estou bêbado, mas não estou. Só liguei para dizer que te amo.'

"Houve um silêncio do outro lado da linha, até que ele falou: 'Pai, acho que eu sempre soube disso, mas com certeza é bom ouvir. Saiba que eu também te amo.' Então batemos um bom papo, e depois telefonei para meu outro filho, o caçula, que morava em São Francisco. Ele e eu sempre fomos mais próximos, mas ainda assim eu disse que o amava e tivemos uma conversa excelente, como nunca antes.

"Naquela noite, deitado na cama, percebi que todas as coisas que você dissera naquele primeiro seminário, aquelas coisas sobre administração e tudo mais, tinham um significado extra. E que eu seria capaz de colocá-lo em prática se eu realmente entendesse e vivenciasse o amor pragmático.

"Comecei a ler sobre o assunto. Percebi quantas pessoas incríveis tinham muito a dizer, Joe, e comecei a perceber a aplicação prática desse conceito na minha vida pessoal e profissional.

"Como muitos de vocês aqui sabem, eu realmente mudei meu modo de agir com as pessoas no trabalho. Passei a ouvir mais do que falar, e a realmente assimilar o que ouço. Aprendi a tentar me concentrar nos pontos fortes das pessoas em vez de me afundar em seus pontos fracos. Comecei também a descobrir o prazer verdadeiro de fortalecer a autoconfiança das pessoas. Mas, talvez a coisa mais importante de todas tenha sido começar a entender que estimular as pessoas a usar suas habilidades a fim de um objetivo comum é uma excelente maneira de demonstrar o quanto as amamos.

"Então, Joe, esse é o meu jeito de dizer obrigado. Foi tudo sem querer, mas coloquei em prática! Hoje sou vice-presidente da empresa e meus colegas me veem como um líder essencial. É isso, pessoal. Escutem o que esse cara tem a dizer!"

Joe Batten

O amor e o taxista

É impossível viver um dia perfeito sem fazer algo
por alguém que não pode retribuir.
John Wooden

Certa vez, peguei um táxi com um amigo em Nova York. Quando saltamos, meu amigo disse ao motorista:

— Obrigada pela corrida. Você dirige muito bem.

O sujeito ficou atônito por um instante, então disse:

— Ah, você faz o tipo engraçadinho, é?

— Não, meu caro. Não estou zombando de você. Só fiquei admirado com a sua calma para dirigir neste tráfego pesado.

— Aham — disse o motorista, antes de ir embora.

— O que foi isso? — perguntei.

— Estou tentando trazer de volta o amor para essa cidade — explicou ele. — Acho que só isso pode salvar Nova York.

— Como você sozinho poderia salvar esta metrópole?

— Eu não estou sozinho. Acho que eu fiz aquele cara ganhar o dia. Vamos supor que ele faça vinte corridas depois de mim. Ele vai ser legal com todo mundo porque alguém foi legal com ele. E aí todos vão ser mais gentis com seus funcionários, com seus vendedores ou atendentes, ou até com a própria família. Essa atitude positiva pode se espalhar até umas mil pessoas. Parece bom, não acha?

— Mas aí você está contando com que o taxista passe a gentileza adiante.

— Eu não estou contando com isso — respondeu ele. — Eu sei que esse sistema não é infalível, mas eu vou lidar com umas dez pessoas diferentes hoje. Se dessas eu conseguir alegrar ao menos três, posso estar influenciando indiretamente a atitude de mais de três mil pessoas.

— Parece bom na teoria — admiti —, mas não sei se funciona na prática.

— A gente não perde nada se não funcionar. Não me tomou tempo algum dizer para aquele cara que ele tinha feito um bom trabalho. Nem dei uma gorjeta maior ou menor por isso. Se o que eu disse entrou por um ouvido e saiu pelo outro, e daí? Amanhã vou tomar outro táxi e posso tentar alegrar o dia de outro motorista.

— Você é meio maluco...

— Bem, isso mostra que você não entende nada. Eu fiz todo um estudo. O que os funcionários dos correios mais sentem falta, além de dinheiro, é que as pessoas nunca reconhecem que eles estão fazendo um bom trabalho.

— Mas eles não estão fazendo.

— Não estão porque acham que ninguém liga para isso. Por que as pessoas simplesmente não fazem um elogio?

Nesse momento, passávamos por um canteiro de obras onde cinco operários estavam almoçando. Meu amigo parou.

— Trabalho incrível esse que vocês estão fazendo, hein? Deve ser bem difícil e perigoso.

Os operários olharam para ele com desconfiança.

— Quando fica pronto?

— Em junho — grunhiu um dos homens.

— Uau, impressionante. Vocês devem estar bem orgulhosos.

Seguimos andando.

— Eu não vejo ninguém parecido com você desde *Dom Quixote*.

— Quando aqueles caras processarem o que eu disse, vão se sentir bem com as minhas palavras. E, de alguma forma, a cidade vai se beneficiar da felicidade deles.

— Mas você não pode ficar fazendo isso sozinho — protestei. — Você é um só.

— O mais importante é não deixar isso me desestimular. Fazer o pessoal dessa cidade voltar a agir com gentileza não é um trabalho fácil, mas quem sabe se eu conseguir alguns correligionários...

— Você acabou de piscar para uma mulher bem sem graça... — falei.

— Aham, eu sei — retrucou ele. — Mas se ela for professora, aposto que a turma vai ter um dia incrível hoje.

Art Buchwald

Um gesto simples

Todo mundo pode ser excepcional... porque todo mundo
pode servir ao próximo. Não é preciso ter diploma para servir.
Não precisa saber conjugar os verbos. Basta um coração
cheio de graça e de uma alma movida pelo amor.
Martin Luther King

Mark voltava da escola a pé quando viu o garoto à frente dele tropeçar e derrubar todos os livros que carregava, além de dois casacos, taco, luvas, bola de beisebol e um pequeno toca-fitas. Mark se abaixou e o ajudou a recolher os pertences espalhados. Como seguiam na mesma direção, também o ajudou a carregar as coisas. Na caminhada, descobriu que o nome do garoto era Bill, que ele amava videogame, beisebol e história, que estava tendo bastante dificuldade em outras matérias e que tinha acabado de terminar um namoro.

Ao chegar à casa de Bill, ele convidou Mark para tomar uma Coca-Cola e assistir a alguma coisa na TV. Passaram uma tarde agradável, deram risada e bateram papo até a hora do convidado ir embora. Continuaram a se encontrar na escola, almoçavam vez por outra, até que ambos terminaram o ensino fundamental. Acabaram na mesma escola no ensino médio, e mantiveram breve contato durante o período. Quando o esperado último ano chegou, três semanas antes da formatura, Bill chamou Mark para conversar.

Ele relembrou o dia em que, anos atrás, os dois haviam se conhecido.

— Você já se perguntou por que naquele dia eu estava carregando um monte de coisas? Bem, a questão é que eu tinha esvaziado meu armário na escola e não queria deixar minha bagunça para trás. Eu tinha pegado escondido alguns remédios para dormir da minha mãe e ia me suicidar. Mas depois da nossa tarde, da conversa e das risadas, percebi que se eu me matasse eu teria perdido aquela oportunidade e as muitas outras que poderiam surgir. Então, Mark, naquele dia você fez muito mais do que apenas me ajudar a recolher as coisas. Você salvou a minha vida.

John W. Schlatter

O sorriso

Sorria para as pessoas, sorria para sua esposa ou marido,
para seus filhos. Sorria para as pessoas, independentemente de quem seja,
e isso aumentará ainda mais o amor entre vocês.
Madre Teresa

Muitos americanos conhecem *O pequeno príncipe*, o livro incrível de Antoine de Saint-Exupéry. Essa obra fabulosa, elaborada com esmero, funciona tão bem para crianças quanto uma fábula é capaz de provocar reflexões nos adultos. Mas poucas pessoas conhecem as outras obras do autor, seus romances e contos.

Saint-Exupéry foi um piloto que morreu em combate contra os nazistas na Segunda Guerra Mundial. Antes disso, no entanto, combatera os fascistas na Guerra Civil Espanhola. E então escreveu uma história fascinante baseada nessa experiência, chamada *O sorriso* [*Le sourire*, em francês]. Não se sabe ao certo se sua intenção era autobiográfica ou ficcional, mas, eu prefiro acreditar na primeira opção.

Saint-Exupéry relata ter sido capturado pelo inimigo e jogado em uma cela. Pelos olhares de desdém e pelo tratamento grosseiro que vinha recebendo dos carcereiros, tinha certeza de que seria executado no dia seguinte. A partir desse ponto, vou contar a história com minhas próprias palavras exatamente como me lembro.

"Eu estava certo de que me matariam, então fiquei muito nervoso e perturbado. Vasculhei meus bolsos em busca de algum cigarro que tivesse escapado da revista pela qual havia passado. Tive sorte, mas minhas mãos trêmulas mal eram capazes de levar o cigarro à boca. E eu não tinha fósforos; isso eles haviam confiscado.

"Pelas barras da cela, vi o carcereiro, mas ele não fez contato visual. Afinal, ninguém dá atenção para um objeto insignificante, um cadáver. Perguntei a ele: 'Ei, por favor, você tem fósforo?' O homem olhou para mim, deu de ombros e veio acender meu cigarro.

"Quando ele se aproximou e riscou o fósforo, sem querer nossos olhares se cruzaram. E então eu sorri. Não sei por que fiz aquilo. Talvez por nervosismo, talvez por ser muito difícil não sorrir quando ficamos assim tão perto de alguém. Seja como for, sorri. Naquele momento, foi como se uma faísca cruzasse o espaço que separava nossos corações, nossas almas. Minha expressão escapuliu pelas barras da cela e, mesmo contra a vontade do outro, fez surgir um sorriso nos lábios dele também. Depois de ter acendido o cigarro, ele continuou perto de mim, admirando meus olhos, sem deixar de demonstrar simpatia.

"Eu continuava sorrindo, tomando ciência de que eu tinha à minha frente uma pessoa, não apenas um carcereiro. O jeito com que ele me olhava também pareceu ganhar outros contornos.

— Você tem filhos? — perguntou ele.

— Sim, sim. Olhe.

"Tirei a carteira do bolso e, nervoso, procurei as fotos da minha família. Ele também mostrou as fotos de seus *niños* e começou a me contar sobre os planos e as esperanças que tinha para o futuro deles. Fiquei com os olhos cheios d'água. Disse a ele que temia não encontrar minha família novamente e não ter a chance de vê-los crescer. O homem começou a chorar.

"E então, de repente, sem dizer mais nada, ele destrancou minha cela e, em silêncio, me conduziu para fora. Seguimos para fora da prisão, sempre em silêncio, e por rotas menos visadas, para fora da cidade. Quando chegamos na divisa, ele me liberou. E então, ainda sem dizer nada, deu as costas e retornou à cidade.

"Minha vida foi salva por um sorriso."

Isso mesmo, um sorriso. Essa conexão tão simples, tão espontânea e tão natural entre as pessoas. Conto essa história porque gosto de fazer as pessoas considerarem que, por baixo de todas as camadas que sobrepomos para proteger quem somos, proteger nossa dignidade, nossos títulos, nossas posições, nosso status e nossa necessidade de passar determinada imagem — por baixo de tudo isso está nosso eu verdadeiro e essencial. Algo que não temo chamar de alma. Creio verdadeiramente que, quando existe esse reconhecimento recíproco, não há espaço para inimizade. Não há espaço para o ódio, a inveja e o medo. Com tristeza, concluo que essas camadas que vamos depositando sobre nós ao longo da vida isolam e distanciam a gente, impedindo uma conexão verdadeira com o outro. A história de Saint-Exupéry fala desse momento mágico em que duas almas se reconhecem.

Vivi poucos momentos como esse. Quando nos apaixonamos, acontece. Ou quando olhamos para um bebê. Por que sorrimos para esses pequenos? Talvez por estarmos diante de alguém que ainda não construiu essas camadas, alguém cujo sorriso sabemos ser totalmente verdadeiro, sem qualquer malícia. E então essa alma recém-nascida em nós reconhece, e sorri de volta.

Hanoch McCarthy

Amy Graham

Em face da doença, o mais importante é não perder o coração.
Nikolai Lenin

Depois de um voo de Washington que durou a noite inteira, cheguei exausto à Igreja Mile High, em Denver. Eu deveria conduzir três cultos e ministrar um workshop sobre prosperidade e consciência. Quando entrei no prédio, o dr. Fred Vogt veio até mim.

— Você já ouviu falar na fundação Make-A-Wish?

— Já.

— Bem, Amy Graham foi diagnosticada com leucemia terminal. Disseram que ela teria apenas três dias de vida. O último pedido dela é assistir a um culto seu.

Fiquei em choque. Júbilo, admiração e dúvida me atingiram ao mesmo tempo. Eu não conseguia acreditar. Sempre achei que os jovens com pouco tempo de vida pediriam coisas como ir à Disney, conhecer o Stallone, o Mr. T ou o Schwarzenegger. Com certeza nenhum gostaria de passar seus últimos dias escutando Mark Victor Hansen falar. Por que uma jovem com pouquíssimo tempo de vida iria querer escutar um palestrante motivacional? Meus devaneios foram interrompidos de repente...

— Aqui está ela — disse Voigt, levando a mão frágil de Amy ao encontro da minha.

Diante mim, a adolescente de 17 anos usava um turbante em tons muito vivos de vermelho e laranja, escondendo o couro cabeludo desnudo por conta da quimioterapia. Sua postura era recurvada, frágil.

— Meus dois objetivos eram me formar no ensino médio e assistir ao seu sermão. Os médicos achavam que eu não conseguiria realizar ambos. Achavam que eu não teria forças. Então me deram alta, para que eu pudesse ficar com a minha família... Esses aqui são minha mãe e meu pai — disse Amy.

Meus olhos estavam cheios d'água. Eu estava engasgado, abalado, completamente tocado por aquela cena. Mesmo assim, pigarreei, dei um sorriso e disse:

— Você e seus pais são nossos convidados. Obrigado por quererem estar aqui.

Enxugamos as lágrimas, demos um abraço e nos separamos.

Assisti a vários seminários sobre cura nos Estados Unidos, no Canadá, na Malásia, na Nova Zelândia e na Austrália. Ouvi os melhores especialistas em cura em ação e estudei, pesquisei, escutei, ponderei e questionei o que, por que e como funcionava.

Naquele domingo à tarde, palestrei meu seminário na presença de Amy e seus pais. O local estava lotado, mais de mil pessoas na plateia, todas ansiosas para aprender, evoluir e se tornarem melhores.

Humildemente, perguntei se gostariam de ouvir a respeito de um processo de cura que poderia ser útil pela vida inteira. Ali, de cima do palco, tive a impressão de que todos haviam erguido a mão. Era unânime: todo mundo queria aprender.

Pedi que esfregassem as mãos vigorosamente e depois afastassem as palmas apenas alguns centímetros, para sentir a energia de cura. Depois, dividi todo o grupo em duplas para que cada um pudesse mandar essa energia emanando de si para o outro.

— Se você precisa ser curado, aceite essa cura aqui e agora.

Com todas aquelas pessoas alinhadas ali, entramos em um êxtase. Expliquei que todos temos uma energia curativa, um potencial curativo. E que 5% de nós derramam essa energia através das mãos com tamanha intensidade, que poderiam muito bem fazer disso uma profissão.

— Hoje cedo fui apresentado à Amy Graham, uma jovem de 17 anos cujo último desejo era assistir a este seminário. Gostaria que Amy subisse aqui e que todos vocês enviassem sua energia de cura para ela. Talvez a gente possa ajudar... E isso não foi ideia dela. Estou fazendo isso por livre e espontânea vontade, porque me parece a coisa certa a ser feita.

— Isso aí! Isso aí! Isso aí! — respondeu a plateia.

O pai a conduziu até o palco. A quimioterapia, o repouso e a falta total de atividade física haviam deixado Amy debilitada. (Os médicos a haviam proibido de caminhar pelas duas semanas anteriores.)

Pedi que todas as pessoas esfregassem as mãos e enviassem energia de cura para ela. Depois disso, o salão explodiu em lágrimas, todos aplaudindo de pé.

Duas semanas depois Amy me telefonou. Estava em remissão completa e recebera alta. Dois anos depois ela me ligou novamente para contar que tinha se casado.

Aprendi a nunca subestimar o poder de cura que todos nós temos. Ele está sempre ao nosso alcance para o propósito de um bem maior. Basta nos lembrarmos de usá-lo.

Mark Victor Hansen

Uma história para o Dia dos Namorados

Em geral damos por garantidas as coisas
que mais merecem a nossa gratidão.
Cynthia Ozick

Larry e Jo Ann eram um casal comum. Viviam em uma casa comum, em uma rua comum. Como qualquer casal comum, batalhavam para ajustar os pontos e fazer o melhor para os filhos.

Eram comuns também em outro aspecto: tinham suas brigas. A maioria delas sobre o que havia de errado no casamento e de quem era a culpa.

Até que, certo dia, a coisa mais extraordinária do mundo aconteceu.

— Sabe, Jo Ann, eu tenho uma cômoda mágica com gavetas. Toda vez que abro alguma, está cheia de meias e cuecas — disse Larry. — Queria agradecer a você por ter mantido essas gavetas assim todos esses anos.

Jo Ann olhou para o marido por cima da borda dos óculos.

— O que você quer, Larry?

— Nada. Só queria que você soubesse que eu sou grato por estas gavetas mágicas.

Aquela não era a primeira vez que Larry fazia algo esquisito, então Jo Ann deixou isso para lá. Alguns dias depois, ele teve a mesma atitude.

— Jo Ann, obrigada por ter colocado a numeração certinha dos cheques na contabilidade do mês. Você acertou 15 dos 16. Um recorde.

Sem conseguir acreditar no que tinha ouvido, a esposa ergueu os olhos do que costurava.

— Larry, você vive reclamando que eu faço isso errado. Qual é o motivo dessa mudança repentina?

— Não tem motivo. Só queria que você soubesse que sou grato pelo seu esforço.

Jo Ann balançou a cabeça negativamente e voltou para a costura.

— O que deu nesse homem? — murmurou para si.

Em todo caso, no dia seguinte, quando ela preencheu um cheque na mercearia, consultou o canhoto para confirmar que havia registrado a numeração correta.

— Por que diabos eu agora estou me importando com essa besteira? — perguntou a si mesma.

Jo Ann tentou deixar para lá, mas o comportamento esquisito de Larry ficou ainda mais frequente.

— Jo Ann, que jantar maravilhoso — disse ele, em certa noite. — Muito obrigada por todo esse trabalho. Aposto que nesses últimos 15 anos você deve ter preparado umas 14 mil refeições para mim e para as crianças.

E então:

— Jo Ann, uau! A casa está um brinco. Deve ter dado um trabalhão. Ou:

— Jo Ann, obrigada por você existir. Eu adoro a sua companhia.

A esposa começava a se preocupar. "Cadê o sarcasmo, as críticas?", pensava ela.

Seu temor de que alguma coisa estranha estivesse acontecendo com Larry foi confirmado pela filha de 16 anos, Shelly, que reclamou para a mãe:

— O pai ficou doido, mãe. Ele simplesmente me disse que estou ótima. Mesmo com toda a maquiagem e as minhas roupas largadas, ele disse isso. O pai não é sim. O que tem de errado com ele?

Fosse lá o que estivesse errado, não passava. Dia após dia, Larry continuava focado nos aspectos positivos.

Com o passar das semanas, Jo Ann foi ficando mais acostumada com o comportamento atípico do marido e, às vezes, até retrucava um "obrigada" meio ressentido. Ela se orgulhava de sempre encarar as coisas com naturalidade, mas em um dia, algo muito peculiar aconteceu, algo que a deixou completamente desconcertada.

— Descanse um pouquinho — disse Larry. — Pode deixar que eu lavo a louça. Por favor, deixe essa panela de lado.

(Pausa muito, muito longa.)

— Obrigada, Larry. Obrigada mesmo!

Jo Ann passou a andar com um passo mais leve, a autoconfiança lá em cima, de vez em quando até cantarolava. Os momentos de tristeza pareciam menos frequentes. "Gosto bastante desse novo Larry", pensava.

Esse seria o fim da história, se um tempo depois não tivesse acontecido outro evento totalmente extraordinário. Desta vez, foi Jo Ann quem falou:

— Larry, queria agradecer por você nos proporcionar tantas coisas com o seu trabalho ao longo desses anos. Acho que nunca disse o quanto sou grata por isso.

Apesar da sua insistência, Larry nunca revelou o que motivara sua mudança drástica de comportamento. Permanecerá um daqueles mistérios da vida. Mas um pelo qual eu sou grata.

Aham, sou eu. Jo Ann.

Jo Ann Larsen
Deseret News

Carpe diem!

Qual é o problema em ter opiniões diferentes?
Não é assim que se colhe os frutos?
Frank Scully

Se há alguém que é um excelente exemplo de coragem ao expressar opiniões, esse alguém é John Keating, o professor vanguardista representado por Robin Williams no filme *Sociedade dos poetas mortos*. Nessa obra-prima da sétima arte, ele leciona em um colégio interno só para homens, para uma classe extremamente disciplinada, tensa e espiritualmente impotente, mas quer inspirá-los a viver uma vida extraordinária.

São jovens, como Keating deixa claro para os próprios, que perderam de vista seus sonhos e suas ambições e estão vivendo as agendas e expectativas criadas pelos pais. Planejam se tornar médicos, advogados e banqueiros porque foi isso que seus pais disseram que deveriam fazer. Mas esses garotos ressentidos sequer refletiam a respeito do chamado que vem do coração.

Uma das primeiras cenas do filme mostra Keating falando com a turma no corredor da escola, onde, atrás de um vidro, se veem troféus e fotos de ex-alunos. E então, diz ao grupo: "Garotos, olhem só essas fotos. Esses jovens que vocês estão vendo tinham a mesma chama no olhar que vocês. Planejavam conquistar o mundo e fazer de suas vidas algo magnífico. Isso foi há setenta anos. Agora já estão todos mortos e enterrados. Mas quantos deles realmente realizaram seus sonhos? Será que realmente fizeram o que queriam fazer?" Então Keating se inclina sobre o grupo aglomerado e sussurra de forma certeira: "Carpe diem! Aproveitem o dia!"

Em um primeiro momento, os alunos não sabem como lidar com esse professor esquisito, mas logo começam a ponderar sobre a importância daquelas palavras. Começam a respeitar e reverenciar Keating por ter lhes dado uma nova perspectiva — ou por fazê-los retornar à perspectiva original.

Todos andamos por aí com essa espécie de cartão de aniversário que gostaríamos de oferecer — nossa expressão íntima de alegria, criatividade ou vivacidade que fica escondida na manga.

Um dos personagens do filme, Knox Overstreet, tem uma paixonite aguda por uma garota belíssima. O único problema é que ela é namorada de um atleta popular na escola. Knox é perdidamente apaixonado, mas lhe falta confiança para a abordagem. Até que se lembra do conselho do professor: carpe diem! E nesse momento, ele percebe que não pode continuar apenas sonhando — se quiser ficar com ela, vai precisar fazer algo a respeito. E assim ele faz. De modo objetivo e poético, Knox declara seus sentimentos mais profundos. O que acontece é que ele toma um fora, leve um soco no nariz do namorado da jovem e enfrenta reveses constrangedores. Mas ele não está disposto a desistir daquele sonho, então continua seguindo seu coração. Em dado momento, ela sente o quão verdadeiro é aquele sentimento e se permite sentir o mesmo por ele. Embora Knox não seja especialmente bonito ou popular, a sinceridade de suas intenções acaba conquistando a garota. Ele havia feito algo extraordinário.

Eu mesmo tive a chance de praticar essa abordagem. Uma vez, fiquei apaixonado por uma garota linda que conheci em uma pet shop. Ela era mais nova, tinha um estilo de vida bem diferente do meu e não tínhamos muito assunto, mas, de alguma forma, nada disso parecia importar. Eu gostava de encontrá-la e, quando estávamos juntos, sentia aquela faísca. Ela também parecia gostar da minha companhia.

Quando fiquei sabendo que o aniversário dela se aproximava, decidi convidá-la para sair. Ali, prestes a ligar para ela, fiquei sentado encarando o telefone por meia hora. Então disquei e desliguei antes da chamada completar. Eu me sentia um garoto, oscilando entre a alegre expectativa e o medo da rejeição. O tempo todo eu ouvia uma voz me dizendo que ela não gostava de mim e que seria muita prepotência chamá-la para sair. A questão é que eu estava empolgado demais com a ideia de estar com ela para deixar esse medo me impedir. Por fim, consegui reunir coragem e fiz o convite. Ela agradeceu, mas disse que já tinha planos.

Caí do cavalo. A mesma voz que me dissera para não ligar, também me mandou desistir antes de passar por outra vergonha daquelas. No entanto, eu estava obstinado a descobrir o porquê dessa atração. Havia outras emoções dentro de mim às quais eu queria dar vazão. Aquela mulher me fazia sentir alguma coisa, e eu precisava extravasar esse sentimento.

Então fui ao shopping e comprei um cartão de aniversário bem bonito, no qual escrevi um recado poético. Passei na esquina da pet shop, mas, quando cheguei perto da porta, a voz interna me alertou "Mas e se ela não gostar de você? E se ela te der um fora?" Me sentindo vulnerável, enfiei o cartão dentro da camisa. Decidi que só entregaria se ela me desse algum sinal; se ela agisse normalmente, eu deixaria o cartão para lá. Assim eu não estaria correndo risco, e poderia evitar o constrangimento de ser rejeitado.

Conversamos um pouco e não percebi qualquer tipo de sinal da parte dela. Desconfortável, comecei a caminhar para fora da loja.

Quando cheguei perto da porta, no entanto, outra voz falou comigo. Um sussurro, não muito diferente do proferido por Keating no filme. "Lembre-se de Knox Overstreet. Carpe diem!" Neste exato momento, fui confrontado pela vontade de expressar completamente o que eu sentia e pelo medo de encarar a insegurança de despir meus sentimentos. Mas como eu poderia sair por aí dizendo às pessoas para viver o que acreditavam, quando eu mesmo não agia assim? Além do mais, qual era a pior coisa que poderia acontecer? Qualquer mulher ficaria feliz em receber um cartão de aniversário poético como aquele. Decidi aproveitar o dia. No momento em que tomei a decisão, senti a coragem irromper por minhas veias. De fato, o propósito é uma coisa poderosa.

Eu me sentia em paz e satisfeito comigo mesmo como não acontecia há muito tempo... Aquilo me ensinou a abrir meu coração e a oferecer o meu amor sem esperar nada em troca.

Tirei o cartão de dentro da camisa e, dando meia-volta, fui até o balcão e entreguei a ela. Ali, com a mão estendida, eu me senti muito vivo, muito empolgado... e muito assustado. (Fritz Perls diz que o medo é "a empolgação com falta de ar".) Mas mesmo assim eu fiz.

E quer saber? Ela não ficou muito impressionada. Disse apenas "obrigada" e colocou o cartão de lado, sem sequer abri-lo. Eu desmoronei. Um misto de decepção e rejeição. Não ter resposta alguma era ainda pior do que uma resposta ruim.

Despedi-me educadamente e saí da loja. E então uma coisa incrível aconteceu: eu me sentia animadíssimo. Fui tomado por uma onda fortíssima de satisfação pessoal, algo que me tomou por inteiro. Expressar meus sentimentos tinha sido fantástico! Eu tinha conseguido superar o medo e me jogar. Eu sei que foi um pouco sem jeito, mas mesmo assim. (Emmet Fox dizia: "faça até se estiver trêmulo, só não deixe de fazer!") Coloquei meu coração à prova mesmo sem a garantia do resultado. Não ofereci esperando algo em troca. Expus meus sentimentos para ela sem esperar uma resposta específica.

A dinâmica necessária para fazer qualquer relação dar certo: nunca deixar de expressar o amor que sentimos.

Toda essa empolgação deu lugar a uma sensação calorosa. Eu me sentia em paz e satisfeito comigo mesmo como não acontecia há muito tempo. O propósito de toda aquela experiência ficou claro: eu precisava aprender a abrir meu coração e oferecer o meu amor sem desejar nada em troca. Não teve a ver com começar um relacionamento com a garota da pet shop, mas sim, com aprofundar minha relação comigo mesmo.

E eu consegui. Sei que Keating teria ficado orgulhoso, mas, acima de tudo, *eu* estava orgulhoso.

Depois desse dia não voltei a vê-la com frequência, mas a experiência mudou a minha vida. Com aquela interação, pude enxergar com clareza a dinâmica necessária para fazer qualquer relação, e talvez até o mundo como um todo, dar certo: nunca deixar de expressar o amor que você sente.

Costumamos achar que não ser amado é o que machuca, mas não. O que machuca é não amarmos. Nascemos para isso. Podemos dizer até que somos máquinas divinas de amar: funcionamos melhor quando amamos. O mundo nos faz crer que nosso bem-estar depende de sermos amados. Mas, a meu ver, essa é uma visão deturpada e que causa vários dos nossos problemas. A verdade é que nosso bem-estar depende do quanto amamos. Não tem a ver com receber; tem a ver com oferecer!

Alan Cohen

Eu conheço você, você parece comigo!

Esperamos pelo tempo em que o Poder do Amor substituirá o Amor pelo Poder. Nosso mundo enfim conhecerá a benção da paz.
William Ewart Gladstone

Stan Dale é um dos nossos amigos mais próximos. Ele ministra um seminário sobre amor e relacionamentos chamado "Sexo, Amor e Intimidade". Alguns anos atrás, a fim de descobrir como os soviéticos verdadeiramente são, ele levou 29 pessoas até a União Soviética para um período de duas semanas. Quando escreveu sobre essa experiência em sua newsletter, ficamos duplamente comovidos com a história, que compartilhamos a seguir:

Caminhando por um parque na zona industrial de Carcóvia, avistei um velho veterano russo da Segunda Guerra Mundial. É um tipo facilmente identificável graças às medalhas e brasões que ostenta orgulhosamente na camisa e no paletó. Não se trata de um gesto baseado no ego, mas sim, no modo como o país tem de honrar aqueles que ajudaram a salvar a Rússia dos nazistas, mesmo que vinte milhões de cidadãos tenham sido mortos. Eu me aproximei daquele senhor ali sentado ao lado da esposa e disse *"Druzhba i mir"* ["Amizade e paz"]. O homem olhou para mim, primeiro incrédulo, e pegou o botton que tínhamos feito para aquela ocasião. Nele, havia a imagem das bandeiras soviética e americana sobre mãos gentis e, abaixo da imagem, a palavra amizade em russo. "*Americanski?*", perguntou ele. "*Da, Americanski. Druzhba i mir*", respondi. Ele segurou minhas duas mãos como se fôssemos amigos que há muito não se viam, e repetiu "*Americanski!*". Na segunda vez, havia reconhecimento e amor no tom de sua voz.

Passei um tempo ouvindo o casal falar em russo, como se eu compreendesse absolutamente tudo, e eu em inglês, como quem imagina ser compreendido. Sabe de uma coisa? Nós três não entendemos uma só palavra, mas com certeza entendemos um ao outro. Demos abraços, sorrimos, choramos, o tempo todo repetindo "*Druzhba i mir, Americanski*", "Eu amo vocês e tenho muito orgulho de poder estar aqui. Não queremos guerra. Eu amo vocês!"

Uns cinco minutos depois nos despedimos e me juntei às outras seis pessoas do grupo para seguirmos adiante. Após mais 15 minutos, tendo nos afastado uma boa distância, o velho veterano nos alcançou. Ele veio até mim, tirou sua medalha da Ordem de Lênin (provavelmente seu bem mais valioso) e prendeu no meu casaco. Então me deu um beijo nos lábios, acompanhado dos abraços mais carinhosos e cheios de amor que eu já recebera. Chorando, olhamos um nos olhos do outro por um longo tempo, e dissemos "*Dossvedanya*" ["Adeus"].

Esta história simboliza toda a nossa viagem de "Diplomacia cidadã" à União Soviética. Todos os dias nos encontrávamos e interagíamos com centenas de pessoas em todos os cenários prováveis e improváveis. Nem nós, nem os russos, jamais seremos os mesmos. Existem hoje centenas de crianças nas três escolas que visitamos que não estarão tão dispostas a enxergar os americanos como uma gente que deseja jogar uma bomba atômica sobre eles. Nesses encontros, dançamos, cantamos e brincamos com crianças de todas as idades, abraçando, beijando e trocando presentes. Eles nos deram flores, bolos, bottons, quadros, bonecos; mas, mais importante do que isso, ofereceram o coração e a mente aberta.

Mais de uma vez recebemos convites para festas de casamento e acho que nem um parente teria sido recebido, cumprimentado e festejado com tanto carinho quanto nós fomos. Abraçamos, beijamos e bebemos

— champagne, *schnapps*, vodca — com os noivos, e também com os pais e todo o resto da família.

Em Kursk, fomos recebidos por sete famílias russas que se ofereceram para nos guiar por uma tarde agradabilíssima de comidas, bebidas e bate papo. Quatro horas depois, ninguém queria ir embora. Nosso grupo agora tinha uma família completa na Rússia.

Na noite seguinte, retribuímos a festa para a nossa "família" no hotel em que estávamos hospedados. Tivemos música ao vivo até quase meia-noite, e adivinhem só? Mais uma vez comemos, bebemos, conversamos, dançamos — cada uma das músicas como se nos amássemos muito, e era exatamente isso que sentíamos — e choramos na hora da despedida.

Eu poderia passar a vida toda contando essas experiências e ainda assim não seria capaz de ilustrar de forma exata qual era a sensação. Como você se sentiria ao chegar a um hotel em Moscou e encontrar um recado na recepção, em russo, de um tal de Mikhail Gorbachev que havia telefonado para dizer que sentia muito por não poder encontrá-lo no final de semana porque estaria viajando, mas que, por isso, havia organizado para que nosso grupo participasse de uma mesa redonda com duas horas de duração e meia dúzia de membros do Comitê Central? Conversamos muito abertamente sobre tudo, até sexo.

Como você se sentiria se um grupo de senhoras com suas *babushkas* descesse dos prédios para nos abraçar e beijar? Como se sentiria se seus guias, Tanya e Natasha, dissessem ao grupo inteiro que nunca tinham conhecido alguém como vocês? E, na hora de partir, nós trinta chorávamos porque estávamos apaixonados por aquelas mulheres maravilhosas, e elas por nós. Pois é, como você se sentiria? Provavelmente, se sentiria como nós.

É claro que cada um vivenciou isso à sua maneira, mas a experiência coletiva dá por certa ao menos uma coisa: o único modo de garantir a paz mundial é adotando todas as pessoas do planeta como "família". Temos de abraçá-las e beijá-las. E dançar e brincar com elas. E também nos sentar, conversar, chorar e andar juntos. Quando fazemos isso, nos tornamos capazes de enxergar que, de fato, todos somos bonitos e nos completamos de um modo tão incrível, que se nos abandonarmos seremos mais pobres. E aí, o significado da frase "Eu conheço você, você parece comigo!" se expande a ponto de se tornar: "Essa é a minha família e vou ficar ao lado dela haja o que houver!"

Stan Dale

Uma necessidade
bem delicada

Faço carinho nela e ela retribui ronronando.
Terri Guillemets

Ao menos uma vez por dia nosso gato preto, já velhinho, age de um jeito que passamos a entender como um pedido especial. Ele não quer comida, nem sair, nem nada do tipo. Trata-se de uma necessidade bem diferente. Se você estiver com uma das mãos dando sopa, ele pula em cima dela; se não estiver, provavelmente, ele vai ficar com um olhar pidão até que você libere uma das duas. E aí o corpo dele começa a vibrar antes mesmo que a gente comece a fazer um carinho nas costas, dar uma coçadinha no queixo ou repetir várias vezes que gatinho bonzinho ele é. Esse motorzinho interno fica funcionando sem parar; ele se contorce todo em busca de uma posição confortável e estica as patinhas se espreguiçando. Às vezes, o ronronar sai do controle e ele chega a roncar. Ele nos observa com os olhos arregalados de adoração, depois dá aquela piscadinha lenta, o sinal mais claro de confiança para um gato.

Então, aos poucos, ele vai se acalmando. Se sente que está tudo bem, talvez tire um cochilo no seu colo. Mas pode ser que também decida sair andando para cuidar da própria vida. Seja como for, está bom para ele.

Nossa filha costuma ser clara ao dizer "O Pretinho está pedindo carinho".

Aqui em casa ele não é o único com essa necessidade: minha esposa e eu também precisamos de carinho. Sabemos que essa não é uma demanda exclusiva de uma faixa etária específica. Mas, por ser pai e professor, em geral, associo isso às crianças, com sua necessidade constante e impulsiva de um abraço, de colo, da mão estendida, de se enfiar embaixo do edredom; e não por haver alguma coisa errada, não para remediar qualquer questão, simplesmente, porque crianças são assim.

Há muitas coisas que eu gostaria de poder fazer por todas elas. Mas, se tivesse que escolher uma só, seria isso: garantir que todas, em qualquer lugar, ganhassem ao menos uma boa dose de carinho diariamente.

Crianças, assim como os gatos, também precisam ronronar.

Fred T. Wilhelms

Bopsy

Acho que nenhum símbolo representa mais a nossa humanidade
do que o caminhão de bombeiro.
Kurt Vonnegut

A mãe de 26 anos olhava para o filho que morria em decorrência da leucemia. Embora tivesse o coração cheio de tristeza, também sentia uma determinação poderosa. Como qualquer pai ou mãe, ela queria que o filho crescesse e realizasse todos os seus sonhos. Mas isso não seria possível. A leucemia não ia permitir. Ainda assim, o desejo de ver esses sonhos se tornarem realidade permanecia.

Ela pegou a mão do filho e perguntou:

— Bopsy, você já pensou no que gostaria de ser quando crescer? Você sonha com as coisas que gostaria de realizar na vida?

— Eu sempre penso em ser bombeiro quando crescer, mãe.

A mãe sorriu.

— Bem, vamos ver se a gente consegue realizar esse sonho.

Mais tarde naquele mesmo dia, a mãe foi até o batalhão dos bombeiros de Phoenix mais próximo da sua casa, no Arizona, e conheceu Bob, um bombeiro cujo coração era tão grande quanto a própria cidade. Ela contou a ele sobre o último desejo do filho de 6 anos, e perguntou se seria possível que o levassem para dar uma volta de caminhão pelo quarteirão.

Bob disse:

— Olha, dá para fazer algo ainda melhor. Se você aprontá-lo para as sete da manhã na quarta-feira, podemos fazer dele bombeiro por um dia. Ele virá até aqui para almoçar com o pessoal, sair para atender os chamados, a coisa toda! E se você disser o tamanho que ele veste, providenciaremos o uniforme completo, com chapéu de verdade e tudo, nada de chapéu de brinquedo, com o emblema do Corpo de Bombeiros de Phoenix. E também a capa impermeável amarela e as galochas. Tudo isso é fabricado aqui na cidade mesmo, então é fácil conseguir.

Três dias depois, Bob foi buscar Bopsy no hospital. O menino vestiu o uniforme e o bombeiro o conduziu do leito até o caminhão com escada mecânica. Sentado no banco de trás, de onde ajudou o motorista a manobrar para que fossem ao batalhão, Bopsy estava nas nuvens.

Houve três chamadas naquele dia e o menino participou de todas. Andou em caminhões diferentes, na van dos paramédicos e até no carro do chefe do batalhão. Tudo isso sendo filmado por uma equipe de TV local.

Bopsy ficou tão tocado pela realização desse sonho, por ter recebido aquela quantidade tão generosa de atenção e amor, que viveu três meses além do que os médicos pensaram ser possível.

Até que em uma noite seus sinais vitais caíram drasticamente. A enfermeira chefe, que acreditava no conceito do tratamento paliativo de que ninguém deve morrer sozinho, telefonou para a família de Bopsy. Ela, então, se lembrou também do dia que ele havia passado com os bombeiros. Ligou para o chefe do batalhão perguntando se poderia mandar algum de seus homens uniformizado, para estar ao lado da criança quando ela fizesse a passagem. O chefe respondeu:

— Podemos fazer algo ainda melhor. Estaremos aí em cinco minutos. Pode me fazer um favor? Quando ouvir as sirenes e vir as luzes, pode anunciar pelo alto falante de que não se trata de um incêndio, mas sim, do corpo de bombeiros que veio visitar um de seus membros mais importantes? E então abra a janela do quarto dele, tudo bem? Obrigado.

Cinco minutos depois, o caminhão parou na frente do hospital. A escada mecânica foi içada até o quarto de Bopsy, no terceiro andar, e 14 homens e duas mulheres uniformizados entraram pela janela. Com a permissão da mãe, todos o abraçaram e o pegaram no colo, e disseram o quanto ele era amado

Em seu último suspiro, o garotinho olhou para o chefe dos bombeiros e perguntou:

— Chefe, eu realmente sou um bombeiro agora?

— Você é sim, Bopsy.

E com essas palavras, ele sorriu e fechou os olhos pela última vez.

Jack Canfield e Mark Victor Hansen

Vendem-se filhotinhos

O julgamento não nos permite ver o bem
que se esconde atrás das aparências.
Wayne Dyer

O dono de uma loja pendurou uma placa do lado de fora na qual se lia "Vendem-se filhotinhos". Anúncios desse tipo atraem as crianças pequenas e, é claro, logo um garotinho apareceu diante da loja.

— Por quanto você está vendendo os filhotes?

— Algo em torno de trinta e cinquenta dólares — respondeu o dono.

O garoto remexeu no bolso e tirou alguns trocados.

— Tenho dois dólares e 37 centavos. Posso dar uma olhadinha neles, por favor?

O homem sorriu e assoviou. Ao sinal, Lady veio correndo do canil pelo corredor da loja, acompanhada de cinco bolinhas de pelo, a última delas em boa desvantagem. Imediatamente o garotinho viu o filhote que mancava e perguntou:

— O que aconteceu com aquele ali?

O homem explicou que, depois de examinar o cachorrinho, o veterinário descobriu que ele tinha o quadril solto. O bichinho sempre mancaria, sempre seria defeituoso. O garotinho se animou ao ouvir aquilo.

— Eu quero comprar esse.

— Não, nada de comprar. Se você quer esse cachorrinho, eu dou para você.

O garotinho ficou bastante chateado. Olhou bem nos olhos do dono da loja, apontou o dedo, e disse:

— Eu não quero que você me dê. Esse vale tanto quanto os outros e eu vou pagar o valor certo. Vou dar os dois e 37 agora e depois cinquenta centavos todo mês até pagar tudo.

O dono da loja rebateu:

— Pense bem, você não vai querer esse. Ele nunca vai poder correr nem pular nem brincar como os outros filhotes.

Nesse momento o garotinho se abaixou e puxou a barra da calça para cima, revelando o defeito na perna e o suporte de metal que a mantinha no lugar. Então olhou para o dono da loja e respondeu com doçura:

— Bem, eu também não corro muito bem e acho que ele vai precisar de alguém que entenda como é!

Dan Clark

Aprendendo o amor-próprio

*Oliver Wendell Holmes uma vez foi a uma reunião onde
ele era o homem mais baixo entre os presentes.
"Dr. Holmes", chamou um amigo, "O senhor deve se
sentir bem baixinho aqui perto de nós, grandões".
"Realmente", respondeu Holmes. "Sou uma moedinha
de dez em meio às moedinhas de um."*

Minha médica interior

Nosso guia interior — quando lhe damos ouvidos —
é melhor do que qualquer pessoa poderia ser.
Jane Austen

Meu despertar aconteceu no dia 14 de fevereiro de 2003. "Feliz Dia dos Namorados, você tem cânSSer".[1] Desse jeito errado mesmo, para retomar meu controle sobre a situação. Naquela época, eu tinha 31 anos e trabalhava como atriz e fotógrafa, estava morando em Nova York e tentando organizar a vida, encontrar um rumo. Algumas vezes, dava muito certo; outras, eu mal conseguia pagar por uma refeição de fast-food.

Nesse Dia D pessoal, eu me vi deitada em uma mesa de exame gelada enquanto uma enfermeira chamada Mildred fazia o ultrassom na minha barriga. Dores abdominais excruciantes e dificuldade para respirar haviam me obrigado a procurar meu clínico geral. Era a mesma dor que eu havia sentido três anos antes, porém, mais intensa desta vez.

O olhar preocupado da enfermeira me fez perguntar o que ela estava vendo.

— Não posso dizer — respondeu, com frieza. — Você vai precisar falar com o médico.

Tudo bem, eu podia esperar mais alguns minutos.

O médico entrou.

---

[1] Nos Estados Unidos, o Dia dos Namorados é comemorado em 14 de fevereiro, em homenagem a São Valentim. (*N. do E.*)

— A parede do seu fígado está com várias lesões — disse ele.

Eu não fazia ideia do que isso queria dizer. Achei que lesões eram a mesma coisa que cortes e fiquei me perguntando como eu poderia ter feito isso com o meu fígado. Sim, eu apreciava uns drinques, além de outras substâncias recreativas, mas esse não era um resultado adverso demais para algumas estripulias?

O médico então me explicou melhor. As lesões eram tumores, um amontoado horroroso que fez com que meu fígado ficasse como um queijo suíço na imagem do ultrassom. Mas não era só isso: havia uns dez tumores nos pulmões também. Para completar, o câncer (um tipo raro de sarcoma) era inoperável; nada de cirurgia, radioterapia, quimioterapia e — agora sim o nocaute — sem histórico de cura. Opa, alguém traz a garrafa de vinho branco!

Em questão de segundos eu havia passado de uma jovem com toda uma vida pela frente para uma jovem doente que não sabia quanto tempo de vida ainda tinha ou se voltaria a ter uma vida normal novamente.

Após esse dia, vieram uma segunda e uma terceira opiniões, além de horas infinitas na Universidade Google. Descobri rapidamente que as doenças são um nicho de mercado e que se eu quisesse passar pelo furacão câncer com sucesso, precisaria eu mesma aprender a tomar as rédeas e cuidar da minha situação. Adeus, Broadway. Olá, carreira na Preciso Salvar a Minha Vida Ltda! Da noite para o dia eu havia me tornado CEO da minha própria saúde, e os médicos seriam meus funcionários.

Encontrei alguns candidatos qualificados, outros bem ruins. O médico que sugeriu transplantar três órgãos foi rejeitado na mesma hora. Que indelicadeza, né? O outro que me deu um prazo de dez anos de vida também não conseguiu o emprego. Embora minha doença estivesse em estágio avançado, em geral, o tipo de câncer que eu tenho se manifesta de três formas: agressivo desde o primeiro dia; de crescimento lento e menos doloroso (era o tipo pelo qual eu rezava), e de crescimento lento que se torna agressivo com o tempo. Por não saber qual era o meu, transplantar órgãos e encher meu corpo de química parecia prematuro.

Corri muito atrás do funcionário que seria o meu braço direito até, enfim, encontrá-lo. Sinceramente, se não fosse por meu oncologista, talvez eu não estivesse aqui hoje. E, adivinhem só o que ele confirmou? Que o meu câncer era de crescimento lento e que, por isso, eu dispunha de algo que todos os pacientes desejam na essência — tempo. A excelente notícia me permitiu escolher um tipo radical de tratamento: fazer nada. Meu oncologista concordou.

— Nossa abordagem vai ser observar e esperar. Vamos esperar que o câncer dê o primeiro passo.

Excelente! Mas que tal se nossa abordagem fosse observar e SOBRE-VIVER? E se *eu* desse o primeiro passo? Mesmo que meu caso fosse incurável, eu ainda assim poderia ser saudável? Será que eu poderia redefinir o conceito de saudável para que ele incluísse alguém como eu? Quem sabe eu pudesse chamar aquilo que tinha de desequilíbrio, em vez de câncer. E se eu pudesse encontrar sua origem? Talvez, apenas talvez, eu conseguisse ajudar meu corpo contribuindo com a saúde em vez de com a doença. É claro que havia muito a aprender, mas, naquele momento, voltei a respirar. A alegria retornava e a curiosidade começava a borbulhar.

Não seria uma batalha: seria a maior aventura da minha vida.

Fazendo investigações e experimentações muito profundas, encontrei minha Médica Interior. Ela é inteligente e altamente intuitiva (assim como a sua ou o seu), e a prescrição que fez para mim foi bem simples:

— Renove a sua vida com tranquilidade, garota. Leve a sério o aprendizado do autocuidado. Você vale o esforço. É tempo de descansar e de se reabastecer e se renovar. Você tem o poder de criar uma vida que transcenderá até os seus sonhos mais loucos. Mesmo tendo câncer. Confie em mim. Vamos nessa!

Meu Deus, como não amar essa criatura?

O mercado Whole Foods se tornou o meu novo conceito de farmácia. Se eu sabia o que estava fazendo quando comecei? Claro que não! Eu andava pela loja feito uma doida, enchendo o carrinho com livros, DVDs, suplementos, pozinhos, poções e todo tipo de produto orgânico que estivesse ao alcance. Couve? Ok! Um vegetal verde-escuro folhoso, deve ser bom pra mim! Mas — no fundo, no fundo — eu me perguntava o que diabos eu faria com aquele troço esquisito. Se o câncer não me matasse, aquela planta certamente o faria.

Com o tempo eu fui pegando o jeito e acabei me apaixonando pela cozinha. Como muitas pessoas, eu não fazia a menor ideia de que uma dieta anti-inflamatória — cheia de vitaminas, minerais, fitoquímicos, antioxidantes e tudo mais — poderia ser tão deliciosa. Cuidar de mim mesma deixou de ser uma tarefa irritante, e se transformou em um objetivo espiritual. Hábitos como a meditação me ajudaram a lidar com os animais selvagens correndo dentro da minha cabeça. Praticar exercícios com regularidade se tornou uma válvula de escape para o estresse. E dormir, uma prática sagrada e inegociável.

Eu mencionei que abandonei minha carreira de atriz? Meu novo eu ansiava por algo diferente. Tinha passado muitos anos fingindo ser uma pessoa que não sou, sendo rejeitada inúmeras vezes e me maltratando por não ser boa o suficiente. Quando aprendi a valorizar minha saúde, percebi que havia me tornado maior do que a minha carreira; ela já não era mais compatível com o meu ritmo de vida. Alguma coisa melhor viria se eu parasse de tentar interferir e, simplesmente, deixasse a alma trabalhar.

Dez anos depois, sou abençoada com a capacidade de palestrar para milhares de pessoas que, por meio dos meus livros, do meu filme e do meu site, buscam ter mais saúde. Ajudar indivíduos do mundo todo preencheu minha vida de significado e gratidão — o melhor dos remédios. Embora eu ainda tenha câncer, meu organismo segue estável. Isso pode mudar a qualquer momento, mas eu não foco nesse "momento". O que importa é o dia de hoje, e no dia de hoje me sinto melhor do que nunca. Mais do que isso, me sinto feliz.

Todos nós gostaríamos de mudar algum aspecto da nossa existência. E todos nós também podemos decidir se permitiremos que isso nos atrapalhe. Transforme seus obstáculos em direcionamento. A dor em oportunidade. Alguma dose de sofrimento será sempre inevitável. O que faz a diferença é nosso modo de lidar com ele. Você prefere permitir que seu sofrimento o devore ou navegar com ele até a luz?

Não cabe a alguém dar a você a permissão para viver. Mude agora. Ame agora. Viva apaixonadamente agora. Esse direito valiosíssimo é seu de nascença; corra atrás dele!

Kris Carr

Texto adaptado pela autora de seu livro *Crazy Sexy Diet* de Kris Carr. Copyright © 2011 por Kris Carr. Reproduzido sob a permissão de skirt!, um selo da Globe Pequot Press.

Não há nada de errado com você

Ninguém permanece exatamente como era quando se reconhece.
Thomas Mann

A história a seguir descreve um dos momentos mais afetuosos e simbólicos da minha vida.

Conheci Peter em um acampamento de verão do Instituto Real Nacional de Pessoas Cegas [Royal National Institute of Blind People, em inglês], em Hampshire, na Inglaterra. Para quem não conhece, esta é uma instituição de caridade que oferece informações, apoio e aconselhamento a quase 2 milhões de pessoas no Reino Unido com perda de visão. Eu estava dando uma aula sobre autoestima para um grupo de cinquenta adolescentes, e Peter era um dos alunos. Era uma turma normal de qualquer escola, com os criativos, rebeldes, divertidos, barulhentos, desafiadores e cheios de energia. Eram garotos normais — e todos tinham deficiência visual.

Peter era um dos poucos quietinhos, sentava-se no fundo da sala. Era meio chinês, meio inglês, cerca de 15 anos, alto e magro. Muitas piadinhas circulavam pelo grupo, a maioria sobre mim. Peter ria muito delas, mas nunca falava nada. Quando a aula acabou, todos saíram menos ele.

— Sr. Holden.

— Pode me chamar de Robert.

— Podemos conversar?

— É claro.

Peter parecia incomodado. Estava pensativo, retraído. Conversamos amenidades por um tempo enquanto caminhávamos pelo campo de esportes nos fundos do prédio.

— Sinto que posso confiar em você, Robert.

— É um elogio e tanto — disse a ele.

— Preciso perguntar uma coisa que eu tenho deixado para lá a vida toda.

Impossível estar preparado para a frase de Peter quando ela veio.

— Eu preciso saber se tem alguma coisa errada comigo.

— Como assim?

— Eu nasci cego, nunca me vi. Como confio no senhor, preciso que me diga se eu sou bonito ou não.

Com todo o meu coração, eu disse a Peter que ele era perfeito e muito bonito.

— Está falando sério?

— Claro.

Peter me abraçou.

— Não tem nada de errado comigo?

— Não!

— Nem um pouquinho errado?

— Nem um pouquinho.

— Mas e o meu hálito? Eu comi pizza no almoço — disse ele, rindo.

— Eu adoro alho — rebati.

Nós dois rimos e choramos. Raras vezes eu me sentira tão comovido. Ver o alívio daquele garoto foi uma alegria imensa.

Passei seis anos aperfeiçoando uma profissão que foca em descobrir o que há de errado com as pessoas. Nós aceitamos os "patinhos feios" e com alegria vamos arrancando deles distúrbios, disfunções, neuroses, psicoses, síndromes e estereótipos. Mas a psicologia é obcecada por diagnóstico. Todos os dias inventamos novos rótulos, descobrimos novas doenças e novos tratamentos para esses "patinhos feios". Nunca os enxergamos como cisnes.

O medo de que exista algo de errado com você é seu maior obstáculo para a felicidade. Na verdade, é o único. Enquanto você achar que tem algo imperfeito ou ruim em si mesmo, que alguma coisa está faltando ou não é suficientemente boa em você, sua vida vai refletir esse sentimento. É o tipo de coisa que faz parecer com que todas as pessoas o rejeitam, que o mundo bloqueia seu caminho, que o destino é cruel, que a vida está contra você e que você está sendo punido por alguma força maior. Mas, na verdade, é você mesmo que está se condenando e sabotando tudo que há de bom. Como tudo na vida demanda esforço, o sucesso tem um preço alto, a felicidade dura pouco, o amor sempre dá errado e a paz não existe.

Não há algo errado com você, mas sua percepção pode, sim, estar deturpada. Seus pensamentos podem estar fora do eixo. E com isso você talvez esteja fazendo escolhas ruins. Talvez você até enxergue em si mesmo defeitos que ninguém mais vê. Talvez invente uma história que justifique o quanto você é horrível ou tente convencer o mundo todo de como você não é digno de ser amado. Vá em frente, alimente essas ideias erradas com toda a sua força; mas quem você é — o seu Eu Não Condicionado — permanece intacto, valioso e passa bem.

A psicoterapia é o processo de alterar o que sua mente pensa a respeito de si. A mudança acontece quando praticamos a autoaceitação incondicional. Acontece quando nos damos um descanso. Acontece sempre que escolhemos gentileza em vez de julgamento, o perdão em vez das críticas, rir em vez de nos condenarmos. A vida fica melhor quando a gente se trata melhor.

A cura derradeira — a única, aliás — é aceitar que não há algo de errado com você.

Robert Holden

Trecho extraído de *Shift Happens: How to Live an Inspired Life... Starting Right Now!* (2011)

O monge sábio

Respeite a si mesmo e os outros vão respeitá-lo.
Confúcio

Um dos melhores exemplos que já tive de transparência e sobre como não me levar tão a sério veio de uma experiência em um templo budista aqui em Los Angeles. Na época, eu buscava meu caminho de crescimento pessoal e espiritual, então absorvia tudo que pudesse acalmar minha mente e me ajudar a pensar melhor. Passei um bom tempo mergulhado na meditação budista e praticando a *vipassana* (uma vez me inscrevi em um retiro de dez dias, mas fiquei apenas cinco, porque achei tudo intenso demais) e o cântico do Nam Myoho Renge Kyo.

O episódio no templo de Los Angeles foi bem antes de eu descobrir esses dois tipos de meditação. Descobri a respeito do local no Yelp ou no Google, não lembro, e decidi ir até lá assistir a uma palestra sobre o dharma e meditar. A aula foi ministrada pelo monge encarregado, que falou sobre desapego e vários outros princípios do budismo. Eu estava totalmente imerso naquelas palavras, absorvendo a sabedoria daquele homem que parecia um mestre encarnado. Quando acabou, fizemos uma meditação de vinte, trinta minutos, de olhos fechados, e aproveitei cada segundo. Após a atividade, as pessoas ali presentes começaram a ir para casa.

Explorador que sou, aproximei-me do monge palestrante e dos demais que estavam com ele e comecei a fazer várias perguntas. Quando me dei conta, já era hora do almoço. Os monges, com seus robes e cabeças raspadas, convidaram-me para fazer a refeição com eles. Eu fiquei LOUCO de alegria, porque assim eu poderia REALMENTE ter acesso à parte valiosa do ensinamento que aqueles caras me passavam. Eu me transformo em uma ESPONJA quando alguém compartilha sabedoria; sempre que tenho uma oportunidade como essa, sou todo ouvidos!

Então entrei no carro e fui dirigindo atrás do carrinho que levava aqueles quatro monges budistas DE VERDADE. Eu estava empolgadíssimo com a possibilidade de conhecer um restaurante vegetariano ou vegano bem ali no centro de Los Angeles. À medida que seguíamos, a empolgação aumentava. Para onde aqueles caras estavam indo? Provavelmente seria uma experiência incrível. Em dado momento, o carro deles parou em um estacionamento. Eu não conseguia acreditar no que meus olhos viam. Por que diabos quatro monges budistas estavam parando num restaurante tão comum?

Exatamente. Fui levado por quatro monges budistas — cabeças raspadas, robes, aquele papo sobre dharma — para um restaurante com bufê. Eu não estava acreditando. Talvez tivessem escolhido aquele lugar por causa das saladas muito baratas. Porque, convenhamos, se um monge não ganha rios de dinheiro, não faz sentido almoçar em um local chique. Talvez nosso almoço fosse de fato uma salada baratinha. Por mim, tudo bem, eu não me importava. Eu só buscava conhecimento.

Quando entramos no restaurante, fui direto para o bufê de saladas. Não era vegetariano nem vegano, mas fazia o máximo para não consumir carne de criadouros industriais e para me alimentar do modo mais consciente possível. Mas, naquele momento, ali, diante dos monges, tornei-me vegano instantaneamente. Escolhi meus itens com muito cuidado. Nada de queijo. Nada de molho à base de leite. Nada de salada com frango ou atum. Alface, tomate, cogumelos, pimentão, algumas oleaginosas e vinagrete, pessoal! O prato parecia insuficiente para matar minha fome, mas eu estava ali pelo conhecimento. Eu pediria uma Coca Zero grande para encher o estômago quando entrássemos em uma conversa muito séria sobre o dharma.

Voltei para o meu lugar e os monges começaram a fazer seus pedidos. E, para o meu CHOQUE, o mais sábio deles, o que dera a palestra, pediu um BIFE! O outro também pediu bife e os dois restantes pediram frango! O choque foi absoluto.

Ali estava eu, o carnívoro, fingindo ser vegano para três monges que estavam prestes a CAIR DE BOCA na carne! E nem era uma proteína animal de produção local nem nada — eram carne e frango de um restaurante superpopular! Não fazia sentido.

Começamos a conversar. Eu estava morrendo de vontade de perguntar por que eles estavam comendo carne, mas não tive coragem. Quando a comida finalmente chegou, BUM! Dois bifes e dois filés de frango. E eu ali preso com a minha salada de mentira. Eles até perguntaram se eu não ficaria com fome comendo tão pouco.

Quando os monges começaram a atacar seus pratos, pratos com animais mortos, eu não consegui mais me segurar. Eu explodi! Interrompi a conversa e disse:

— Ok, ok. Calma aí, gente. Qual é a desse lance da carne? Vocês não são monges budistas? Não têm um compromisso com Metta, que é o amor incondicional a todos os seres sencientes?

Sem vacilar, o monge mais sábio ergueu o olhar do bife e disse:

— Existe uma frase do Ashram...

E então ele fez uma pausa. Uma daquelas pausas dramáticas que indicam que algo ÉPICO está prestes a sair.

— Que diz... AINDA não sou o Buda!

E com isso os quatro voltaram às suas refeições.

Eu estava incrédulo. Esses caras estão de sacanagem?! Ainda não são o Buda? Naquele momento, aquilo me pareceu uma desculpa esfarrapada, mas, muito tempo depois, voltei a refletir sobre aquela frase e enxerguei a sabedoria que ela contém. Sei que alguns de vocês devem estar pensando "Que desculpa esfarrapada. Quer dizer, o cara poderia matar alguém, já que ele ainda não era o Buda?" É claro que o aforismo não deve ser usado como justificativa para o mau comportamento. Dito isso, sigo achando que a frase foi uma das coisas mais honestas que eu já ouvi de uma pessoa "espiritualizada".

O conceito de ainda não ser o Buda é grandioso. Ele nos liberta do anzol de não ter uma espiritualidade "perfeita" e, em vez disso, ensina-nos a percorrer o caminho de nossas imperfeições tão valiosas. Nossa vida acaba murchando quando não nos permitimos ser humanos.

Mastin Kipp

Minha irmã, minha amiga

Uma irmã é um presente para o coração, uma amiga para alma,
um fio de ouro tecendo o significado da vida.
Isadora James

Tara estava muito feliz em seu uniforme de animadora de torcida, exatamente como todas as outras garotas na turma acima da minha estavam. E ela sabia cada passo da coreografia bem o suficiente para me ensinar, mesmo que eu não fosse da equipe.

Sentada na lateral do campo, com minhas bochechas gordinhas apoiadas nas mãos, eu assistia a Tara irradiar confiança e atitude, e pensava "uau, eu queria ser assim".

Cinco anos depois, Tara voltava da escola contando sobre corredores cheios de armários e *crushes*. Usava calças jeans que jamais caberiam em mim e parecia ser bastante popular, o que não me surpreendia nem um pouco.

Ali sentada com meu suporte para escoliose, eu via Tara dar risadinhas ao telefone com uma amiga e pensava "uau, eu queria ser assim".

Um ano depois, ela subia animadamente ao palco, pronta para cantar a plenos pulmões em uma audição. Da última fileira, passando a língua pelos fios do aparelho ortodôntico, eu considerava a hipótese de me esconder para não ser a próxima a cantar.

Ouvindo a voz de Tara explodir na canção, ela no palco com o queixo erguido, os braços abertos, com reverência e admiração, eu pensava "uau, eu queria ser assim".

Os anos foram passando e, como árvores plantadas muito perto uma da outra, lentamente começamos a nos afastar.

Quando saí de casa, depois de 22 anos me escondendo e sofrendo, perguntei-me se ela sequer sentiria minha falta.

Eu nunca soube como Tara se sentia a respeito de algo, e o mesmo valia para ela em relação a mim.

Ela não sabia por que eu não me amava. Não sabia que eu não acreditava em mim mesma. Não sabia que eu queria me ajudar, mas não fazia ideia de como.

Depois de anos, aos trancos e barrancos, crescendo, mudando, comecei a encontrar meu rumo. E foi então que decidi que faria o melhor que pudesse para ajudar as pessoas que, como eu, também se sentissem um pouco perdidas.

Embora torcesse para que minha escrita desse conta do recado, também decidi ir atrás da minha irmã, que na época passava por um momento difícil e precisava de ajuda.

Fosse um conselho, uma opinião ou simplesmente escutando, eu queria oferecer isso a ela.

Cinco anos atrás, no Natal, ela retribuiu esse gesto me dando o melhor presente que já ganhei na vida. Entre as caixas, sacolas, cartões e meias penduradas na lareira, encontrei um papel endereçado a mim:

De um metro e cinquenta e cabelos dourados
Conheço uma garota que é fonte de inspiração
Já viu paisagens exóticas e lugares afastados
Mas os desafios que enfrentou mantiveram seus pés no chão

Sua vida impactou tanta gente, especialmente eu
Sua história é a história de alguém que venceu
Examinando cada passo por ela percorrido
Encontraremos alegrias, mas também, alguns conflitos

Um talento acadêmico desde muito nova
Até em cima do palco ela punha isso à prova!
Viajando bastante e vivendo a contento
Foi incrível acompanhar todo o seu crescimento

Ela é a mais pura definição de pessoa bem-sucedida
Dizer qualquer coisa diferente disso não faz sentido
É a ela que recorro quando estou perdida
E toda vez ela está lá, oferecendo o ombro amigo

O bem que ela fez é incalculável
Em matéria de compaixão, ela é incomparável
O que a espera no futuro, talvez você queira saber?
Coisas totalmente incríveis, e ela está pronta para receber

Eu a amo tanto e sou tão orgulhosa
Espero que saiba o quanto eu te acho maravilhosa!

Tara me deu muito mais do que poderia imaginar. Depois de tantos anos vendo-a como irmã, hoje sou grata por tê-la ao meu lado como amiga.

Lori Deschene

O Buda de ouro

Eis o meu segredo, é muito simples: só com o coração se vê bem,
o essencial é invisível aos olhos.
Antoine de Saint-Exupéry

No outono de 1988, Minha esposa, Georgia, e eu fomos convidados para uma apresentação sobre autoestima e performance de pico em uma conferência em Hong Kong. Como nunca tínhamos ido ao Extremo Oriente, decidimos estender a viagem até a Tailândia.

Chegando a Bangkok, fizemos um tour pelos templos budistas mais famosos da cidade. Junto com o intérprete e o motorista, nós dois visitamos muitos templos naquele dia, mas, depois de um tempo, as imagens começaram a perder nitidez em nossa memória.

No entanto, um deles deixou uma marca permanente em nossos corações e mentes, o templo do Buda de Ouro. A construção em si é bem pequena, provavelmente, não muito maior do que uns dez metros quadrados. Mas, uma vez dentro dele, somos impactados pela visão de um buda de três metros de altura, totalmente feito de ouro. A escultura pesa duas toneladas e meia e seu valor está calculado em 196 milhões de dólares! A visão era incrível — a expressão gentil e a imponência de um buda totalmente feito de ouro sorrindo para nós.

Depois que passamos pelas tarefas normais da visitação turística (tirar fotos e fazer "uaus" e "ahs" diante da estátua), aproximei-me de uma cúpula de vidro contendo um pedaço de argila de mais ou menos vinte por trinta centímetros. Junto à obra de arte extraordinária, um texto datilografado explicava sua história.

Em 1957, um grupo de monges precisou transferir um Buda de argila de seu monastério para outro local. O monastério daria lugar à construção de uma autoestrada cortando Bangkok. Quando o guindaste começou a erguer a imagem gigantesca, o peso era tamanho que a estátua começou a rachar. Para piorar, a chuva apareceu. O líder do monastério, preocupado com os danos causados à estátua sagrada, decidiu baixá-la novamente e cobri-la com uma lona enorme, protegendo-a da chuva.

Horas mais tarde, o monge foi conferir o estado do Buda, para se certificar de que estava seco. Ele levantou a lona e iluminou a estátua com a lanterna, notando um brilho estranho. Aproximou-se para ver melhor e logo imaginou que o brilho devia vir de algo por baixo da argila. Então foi até o monastério buscar martelo e cinzel, e se pôs a quebrar a material. À medida que removia os pedaços, a intensidade do brilho aumentava. Passaram-se muitas horas de trabalho até que o monge estivesse diante de um extraordinário Buda todo feito de outro.

Os historiadores acreditam que séculos antes da descoberta desse monge, a Tailândia (então chamada Sião) estava prestes a ser invadida pelo exército birmanês. Os monges siameses, percebendo a iminência do ataque, cobriram seu precioso buda de ouro com argila a fim de que os invasores não saqueassem o tesouro. Infelizmente, o exército estrangeiro dizimou aquele grupo de monges e o segredo muito bem guardado da estátua permaneceu intacto até aquele fatídico dia em 1957.

Voando de volta para casa pela Cathay Pacific, comecei e pensar, "Todos nós somos como aquela estátua, cobertos por uma camada dura de medo. Mas, por baixo, todos temos um 'Buda de ouro', um 'Cristo de ouro' uma 'essência de ouro', que é o nosso verdadeiro eu. Em algum ponto do nosso crescimento, entre os dois e os nove anos, começamos a cobrir essa 'essência de ouro', a nossa natureza. E assim como o monge munido de cinzel e martelo, a tarefa que nos cabe é redescobrir nossa verdadeira essência".

Jack Canfield

Comece com você mesmo

Atitude é uma coisa pequena que faz uma diferença enorme.
Winston Churchill

As palavras a seguir estão inscritas no túmulo de um bispo da Igreja Anglicana, localizado nas Criptas da Abadia de Westminster:

Quando eu era jovem e livre, e minha imaginação não tinha limites, sonhei em mudar o mundo. À medida que crescia e me tornava mais sábio, descobri que o mundo não mudaria, então reduzi meus horizontes e decidi que mudaria meu país.

Mas ele também pareceu imutável.

Quando cheguei aos meus anos de ouro, em uma última e desesperada tentativa, conformei-me em mudar apenas minha família e as pessoas próximas, mas, ai de mim, eles também não mudariam.

E aqui, em meu leito de morte, subitamente percebo: *se tivesse mudado primeiro a mim mesmo*, meu exemplo teria mudado minha família.

Por meio daqueles que eu inspiraria e encorajaria, eu teria sido capaz de mudar meu país e, quem sabe, até o mundo.

Anônimo

Nada além da verdade

A verdade sempre traz em si uma boa dose de perdão.
R.D. Laing

David Casstevens, do *Dallas Morning News*, conta esta história sobre Frank Szymanski, jogador de futebol americano que atuou no Notre Dame em 1940, que foi chamado para testemunhar em uma audiência em South Bend.

— Você está no time de futebol americano de Notre Dame este ano? — perguntou o juiz.

— Sim, Meritíssimo.

— Em qual posição?

— *Center* — disse Szymanski, que, apesar de se contorcer em seu assento, acrescentou com firmeza: — Sou o melhor que Notre Dame já teve, Vossa Excelência.

O treinador Frank Leahy, presente na sessão, ficou surpreso. Szymanski sempre tinha sido um homem modesto e despretensioso. Quando a audiência acabou, ele puxou o atleta para um canto e perguntou o motivo daquela declaração. O jogador ficou vermelho.

— Odiei falar aquilo, treinador — disse Szymanski. — Mas o que eu poderia fazer? Eu estava sob juramento.

Dallas Morning News

Cobrindo todas as bases

Mire na lua. Se errar, acertará as estrelas.
Les Brown

Com seu boné de beisebol e segurando um taco e uma bola, um garotinho anda pelo quintal falando orgulhosamente consigo mesmo.

— Eu sou o melhor jogador de beisebol do mundo.

Então, ele joga a bola e gira o taco, mas erra. Destemido, recupera a bola, joga e diz:

— Eu sou o melhor jogador de beisebol de todos!

Mais uma vez, erra a jogada.

Então o garotinho para e analisa cuidadosamente o taco e a bola por um instante. Outra vez faz o arremesso e diz:

— Eu sou o melhor jogador de beiseball que já existiu!

Outro erro.

— Uau! — diz ele. — Que arremessador!

Fonte desconhecida

Em uma manhã de domingo, depois da missa, meu neto de 5 anos desenhava com toda concentração em uma folha de papel. Quando perguntei o que ele estava fazendo, eu ouvi:

— Estou desenhando Deus.

— Mas ninguém sabe como Deus é — falei.

— Vão saber quando eu terminar o desenho!

Jacque Hall

Meu testemunho de autoestima

Aquilo que sou é suficientemente bom quando o sou abertamente.
Carl Rogers

O texto a seguir foi escrito em resposta a uma menina de 15 anos que perguntou: "Como posso me preparar para ser uma pessoa realizada?"

Eu sou eu.

No mundo inteiro, não existe alguém que seja exatamente igual a mim.

Algumas pessoas têm aspectos parecidos, mas ninguém acrescenta ao mundo o mesmo que eu. Além disso, tudo que vem de mim, sendo fruto unicamente da minha escolha, é genuinamente meu.

Eu sou dona de tudo que me diz respeito — do meu corpo e de tudo que ele faz; da minha mente e de todos os meus pensamentos e todas as minhas ideias; dos meus olhos e de todas as imagens que eles retêm; dos meus sentimentos, sejam eles quais forem (raiva, alegria, frustração, amor, decepção, empolgação); da minha boca e de todas as palavras que dela saem (educadas, doces ou rudes; corretas ou incorretas); da minha voz, alta e suave; de todas as minhas ações, sejam elas direcionadas aos outros ou a mim mesma.

Sou dona das minhas fantasias, dos meus sonhos, das minhas esperanças, dos meus medos.

Sou dona de todos os meus triunfos e sucessos, de todas as minhas falhas e de todos os meus erros.

Por ser dona de tudo em mim, posso conhecer-me intimamente. E assim, posso me amar e ser gentil com todas as partes que me compõem. Com isso, possibilito que tudo em mim trabalhe em prol daquilo que desejo.

Sei que alguns aspectos de quem eu sou me intrigam, e que desconheço tantos outros. Mas, contanto que eu me ame e seja gentil comigo mesma, posso buscar soluções para essas dúvidas com coragem e esperança e, assim, encontrar meios para descobrir mais a meu respeito.

Independentemente do que aparento ser e de como soa o que eu digo, independentemente do que eu diga ou faça em determinado momento, sou sempre eu. Todas as minhas manifestações são autênticas e representam quem eu sou naquele recorte de tempo.

Quando revisito meu modo de agir e minhas palavras do passado, o que eu pensava e o que eu sentia, muitas vezes, algumas coisas podem não mais se encaixar. Posso descartá-las e manter apenas aquilo que me cabe, inventando coisas para preencher novamente os espaços vazios.

Sou capaz de ver, ouvir, sentir, pensar, dizer e fazer. Tenho ferramentas para sobreviver, para criar laços, para ser produtiva, para encontrar sentido e propósito no mundo de coisas e pessoas ao meu redor.

Eu sou dona e de mim e, por isso, posso me reinventar.

Eu sou eu e tudo bem.

Virgina Satir

A moça da sacola

A disposição de repartir não nos faz caridosos; nos faz livres.
Robert Brault

Ela costumava dormir dentro da agência dos correios na rua 5, perto das cabines telefônicas. Dava para sentir seu cheiro antes mesmo de entrar. O odor da urina infiltrado nas camadas de roupa suja e na podridão da boca quase sem dentes. Se não estivesse dormindo, ficava murmurando coisas sem sentido.

Como passaram a fechar a agência às dezoito horas, para manter os moradores de rua longe, ela agora se enrosca na calçada, ainda falando sozinha, a boca desorientada de uma pessoa perturbada, seu fedor atenuado pela brisa suave.

Certa vez, havia sobrado tanta comida do Dia de Ação de Graças que embrulhei um pouco, pedi licença e peguei o carro rumo à rua 5.

Era uma noite muito fria. As folhas dançavam ao vento e não havia quase ninguém nas ruas. Os mais sortudos estavam em casa ou em algum abrigo, mas eu sabia que a encontraria na rua.

Estava vestida com as mesmas roupas que usava no verão. As camadas de lã quente escondendo seu corpo velho e alquebrado. As mãos ossudas seguravam com força seu carrinho de supermercado precioso. Ela estava abaixada perto de uma cerca no parquinho ao lado da agência postal. "Por que esta senhora não fica em algum lugar mais protegido do vento?", eu me perguntei, assumindo que, de tão perturbada, ela fosse incapaz de pensar em se enroscar na entrada de um prédio qualquer.

Parei meu carro reluzente junto ao meio-fio, baixei o vidro e disse:

— Mãe... você...

Eu fiquei chocado ao ouvir aquela palavra, "mãe". Mas ela era... ela é... de algum modo que eu não conseguia entender direito.

Eu disse novamente:

— Mãe, eu trouxe comida. Quer um pouco de peru e torta de maçã?

Ao ouvir isso, a velha senhora olhou para mim e disse de modo muito claro e distinto, os dois dentes de baixo balançando com as palavras:

— Ah, muito obrigada, mas estou bastante satisfeita. Por que você não oferece isso a alguém que realmente precisa?

Suas palavras foram claras, seus gestos graciosos.

Ela voltou a afundar a cabeça em seus trapos e, assim, fui dispensado.

Bobbie Probstein

Resposta/Aptidão

A disposição de aceitar a responsabilidade pela própria vida
é a fonte de onde brota o respeito próprio.
Joan Didion

vamos jogar o jogo
de fingir
e fingir
que não estamos
fingindo

escolhemos
esquecer
quem somos
e então esquecer
que fomos
esquecidos

quem somos na verdade?

o centro
que observa
e comanda o show
que decide
o caminho
pelo qual seguir

a consciência
do EU
um reflexo
poderoso
perfeito e amoroso
do cosmos

mas em nossa tentativa
de aprender a lidar
com as coisas
optamos por ou fomos
hipnotizados até
uma postura passiva

para evitar
punições
ou a perda do amor
optamos por negar
nossa
resposta/aptidão
fingindo que
as coisas simplesmente
aconteceram
ou que estávamos
sendo controlados
manipulados
nos colocamos para
baixo
e nos
acostumamos com essa
postura
masoquista
com essa fraqueza
com essa indecisão

mas somos
na verdade
livres
o centro
da energia cósmica
seu querer
é seu poder

finja
não possuí-lo

e não o possuirá

Bernard Gunther

Regras para ser humano

Todo ser humano é um problema em busca de solução.
Ashley Montagu

1. **Você ganhará um corpo.**
Você pode amá-lo ou odiá-lo, mas ele será seu durante todo o tempo em que estiver aqui.

2. **Você vai aprender.**
Você foi selecionado para uma escola informal em tempo integral chamada Vida. A cada dia nessa escola você terá a oportunidade de aprender. Você pode gostar desses aprendizados ou julgá-los irrelevantes e tolos.

3. **Não existem erros, apenas aprendizados.**
Crescer é um processo de tentativa e erro. De experimentação. Os experimentos que "falham" são tão parte do processo quanto os que terminam "dando certo".

4. **Um aprendizado se repete até ser aprendido.**
Um mesmo aprendizado surgirá em seu caminho de várias formas até que você o tenha, de fato, aprendido. Feito isso, você poderá seguir para a próxima lição.

5. **O aprendizado nunca termina.**
Não existe um ponto da vida que não contenha aprendizados. Enquanto você estiver vivo, haverá coisas a aprender.

6. **"Lá" não é melhor do que "aqui".**
Quando o "lá" se transformar em "aqui", você simplesmente enxergará um novo "lá" que, mais uma vez, parecerá melhor do que o "aqui".

7. **As outras pessoas são apenas reflexos de você.**

   Não é possível amar ou odiar algo a respeito de alguém se isso não refletir algo que você ama ou odeia a respeito de si mesmo.

8. **O que você faz da sua vida é da sua conta.**

   Você possui todas as fontes e ferramentas necessárias. O que você vai fazer com elas é da sua conta. A escolha é sua.

9. **As respostas estão dentro de você.**

   As respostas para as perguntas da Vida estão dentro de você. Basta procurar, ouvir e confiar.

10. **Você vai esquecer esta lista inteira.**

Chérie Carter-Scott

Criando filhos

Possivelmente, a maior contribuição social que podemos dar ao país e à humanidade é criar uma família.

George Bernard Shaw

Rotina de treinamento

Os esportes são um microcosmo da vida humana.
Howard Cosell

Minha infância foi uma merda. Graças a Deus.

Meus pais se divorciaram quando eu tinha um ano e meio. Papai ficou com a minha guarda porque, honestamente, minha mãe não me queria. Na verdade, quando descobriu que estava grávida, ela reagiu com raiva e decepção. Depois que eu nasci, minha mãe demonstrava desinteresse e me entregava ao meu pai. Era uma mulher que nunca quis ter filhos e, graças a mim, ela pôde admitir isso para si mesma e me deixar aos cuidados dele. Ele, por sua vez, também não sabia como agir comigo, mas estava disposto a "fazer o que tem de ser feito" (um dos mantras favoritos dele).

Meu pai tinha apenas 23 anos quando nasci e, naquele tempo, homens não criavam filhos sozinhos. Ele havia acabado de sair da área da baía de São Francisco, na Califórnia, e se mudado para o que deveria parecer o meio do nada (Albuquerque, no Novo México, onde eu nasci) para se matar de trabalhar e ganhar muito pouco como técnico de futebol americano de uma universidade local. Meu pai estava sozinho, desamparado, ainda sofrendo com o divórcio, e não fazia a menor ideia de como criar um filho.

Cuidou de mim da única forma que sabia — como treinador. Isso significava: sem reclamação, sem choro, sem desculpas e muitos gritos. Uma das suas filosofias, que o tornara infame no mundo do futebol americano, era que, independentemente de quão forte tenha sido a pancada e do quanto tenha se machucado, jogador algum tem autorização para deixar a partida. Uma vez, um jogador levou uma porrada absurda e, cambaleando até a lateral do campo, implorou ao treinador para ir para o banco. Meu pai segurou na grade do capacete dele e gritou: "Você só sai se tiver uma fratura exposta!" O jogador afastou o protetor de ombros e lá estava, a clavícula despontando do pescoço, como um osso de peru no Dia de Ação de Graças. Isso explica eu ter escutado centenas de vezes a frase: "Você só vai faltar aula se tiver uma fratura exposta."

Ser rejeitado, se dar mal em alguma coisa, cair, ralar o joelho? A única demonstração de compaixão que ele demonstrava era *Sem dor, sem ganho*. A frase estava pintada em letras bem grandes na garagem de casa, onde, todos os dias, às 5 horas da manhã, sem falta, ele exercitava seu grande corpo de porte olímpico. Errou muitos lances livres em um jogo de basquete? Faça mil arremessos antes de entrar em casa. Tem dificuldade em driblar usando a mão esquerda? Experimente ficar com a direita presa às costas e driblar com a esquerda por oito horas. Tire 6 em matemática e passe as férias inteiras fazendo aulas de reforço. Sem piedade. Aqui em casa ninguém ganha amor ou atenção a não ser fazendo por merecer.

Mas essa infância "disfuncional" me transformou na pessoa altamente capacitada para resultados que sou hoje.

- Ter de lidar com a questão do abandono me fez alguém extremamente autoconfiante.
- Ser criado por um técnico de futebol americano universitário desenvolveu meus propósitos e minha capacidade de automotivação.
- Não ter recebido carinho me ensinou a ser independente.
- Batalhar por atenção me orientou a ser motivado por objetivos e focado em resultados.

Em geral, as pessoas enxergam a infância e as dificuldades do passado como feridas que precisam ser curadas. Eu, por outro lado, descobri que essas adversidades são uma vantagem. Desenvolvemos a musculatura desse modo: submetendo-a a um nível alto de estresse e desafiando-a constantemente. Assim, rompemos suas fibras e permitimos que o músculo se torne maior e mais forte. O fortalecimento desse aparato (mental, emocional e psicológico) nos permite alcançar objetivos extraordinários, diferentemente das pessoas comuns.

De algum modo, meu pai foi o melhor pai para uma pessoa que, no futuro, conquistaria tantas coisas. Ele era um homem forte, disciplinado e consistente. Criou o filho para ser como ele. Sou incrivelmente grato por aquela rotina de treinamento. No fim das contas, parece que minha infância foi, na verdade, incrível!

Darren Hardy

Vendo milagres

Só existem duas maneiras de viver a vida. Uma é pensando
que milagres não existem. A outra, pensando que tudo é um milagre.
Albert Einstein

Aconteceu em questão de um instante.

Um instante minúsculo encapsulando tudo — a minha vida, a vida dela, nossa família — dentro de um punho fechado.

No ímpeto daquele horror, gotas de suor brotavam da minha testa enquanto eu disparava pelo deck e descia a escada. Minhas pernas se moviam, mas eu não conseguia senti-las, não registrava nem sentia nada além das paredes do medo se fechando sobre mim. Naquele momento, tudo que eu queria saber era se minha filha Jolie ainda estava viva.

Era um daqueles eventos nos quais uma fração de segundo poderia transformar toda uma vida. Como eu acordaria todas as manhãs. Como dormiria à noite. Como beijaria minhas duas filhas depois de cobri-las e vê-las virando as cabecinhas para a parede.

No último verão, minha família e eu passávamos as férias em uma pequena ilha particular no Fiji. Quando digo pequena, quero dizer tão pequena que era impossível sair dali sem que o transporte tivesse sido combinado com antecedência. Estávamos hospedados na casa de uns amigos, localizada em um ponto tão alto que a varanda que a rodeava ficava a uns seis metros do chão.

A energia daquele lugar é algo difícil de colocar em palavras. A ilha era povoada por nativos que, em sua maioria, nunca haviam saído dali.

Fiji é o lar dessas pessoas e elas estão profundamente conectadas com a terra, com a comunidade e umas com as outras.

Havia sete ou oito nativos trabalhando para os nossos amigos na casa, e foi fácil estabelecer relações com eles. São indivíduos calorosos, cativantes, que instintivamente leem os desejos do coração das pessoas. Certo dia, uma das mulheres veio até nós e disse:

— Sua filha mais nova, Jolie... Tem alguma coisa nela que a faz especial. Ela é uma alma velha, está entre nós realmente com um propósito extraordinário.

Certa noite, depois do jantar, nossa filha mais velha, Jemma, veio correndo em nossa direção, gritando:

— A JOLIE CAIU DA VARANDA! A JOLIE CAIU DA VARANDA!

Vi o pânico nos olhos dela.

Em meio aos gritos, corremos até lá e, do alto, vimos Jolie caída lá embaixo. Sem se mover. Minha cabeça disparou. *Ela morreu. Ela morreu. Ela morreu. Por favor, Deus, ela não pode ter morrido.*

Nos segundos que se seguiram, não consegui correr rápido o suficiente, não consegui chegar lá rápido o suficiente para pegar minha filha nos braços e segurá-la com força. Os medos se sobrepunham: *como vamos conseguir sair da ilha? Como vamos conseguir levá-la ao hospital? O que vai acontecer com a minha Jolie?*

Eu estava tentando manter a calma, mas, por dentro, a sensação era de estar à beira de um desmaio. Havia sangue na cabeça dela, mas não dava para saber a gravidade das lesões. Só que, de repente, Jolie começou a se mexer e a chorar. Ela estava viva, graças a Deus.

As pessoas se aglomeraram ao nosso redor. Checamos o corpo dela em busca de outros machucados. Não havia médicos nem hospital na ilha, mas a enfermeira local chegou até nós em vinte minutos. De um jeito excepcional, todos estavam ali por Jolie e pela minha família.

Mesmo que totalmente exaurido por um medo que eu nunca havia experimentado, sentia recair sobre mim uma estranha paz. De repente, eu simplesmente soube que tudo ficaria bem.

Levamos Jolie para o quarto e as mulheres da ilha perguntaram se poderiam fazer uma oração. Logo que deram as mãos, a enfermeira começou a rezar em inglês. Depois, as demais começaram a entoar palavras em sua língua nativa, a plenos pulmões. Cada uma entoava seu próprio cântico, mas as vozes fluíam juntas em uma harmonia surreal. Lágrimas escorriam por suas bochechas. Pelas minhas, também. O cômodo parecia tremular, como se estivéssemos sendo atingidos por algum poder. Eu só conseguia chorar e agradecer por minha filha estar viva.

Mas, junto com o alívio, também fui tomado por uma raiva absurda e por uma preocupação que me consumia. Ao longo dos dias que se seguiram, fiquei obcecado pelo medo. Era uma sensação paralisante. Eu não conseguia parar de analisar a situação e de me perguntar: *o que fizemos de errado? Como poderíamos ter evitado aquele acidente?*

Certa tarde, telefonei para meu querido amigo Guru Singh e chorei muito enquanto contava o que havia acontecido. Singh me interrompeu e disse:

— Eric, você está focando nas coisas que não aconteceram. O que não aconteceu é uma ilusão. Pare com isso e comece a focar no que *de fato* ocorreu. O que ocorreu foi um milagre. Reflita sobre isso e busque essa perspectiva o tempo todo. Você testemunhou um milagre. Você vivenciou um milagre. Sua filha sobreviveu por milagre. Sua filha é um milagre.

Suas palavras mudaram minha perspectiva. Singh estava coberto de razão. Jolie sobrevivera graças a um milagre e, a partir daquele instante, minha única reação a isso precisava ser de gratidão e reconhecimento por todos os momentos sagrados que compartilhamos.

Minha filha tinha ido buscar um copo d'água e, sessenta segundos depois, estava caída no chão junto com tudo que eu havia sonhado para o futuro dela, junto com o meu coração. Ela tinha estado a um passo da morte, mas, pela graça divina, escapara de uma queda de seis metros de altura com apenas alguns arranhões.

Hoje, minha Jolie é como qualquer outra garotinha de três anos. Brinca, vai à escola, ri com a irmã e se aninha em nossos braços como se nada tivesse acontecido. Mas aconteceu, e nunca vou esquecer.

Não se passa um dia sem que eu olhe para ela e me lembre do milagre que sua vida representa. Hoje, muito mais do que antes, eu sei o quão precioso é cada segundo da vida. A cada respiração eu sei o quão abençoados somos, sendo jovens ou velhos, por desfrutar esses momentos.

Como disseram os fijianos, tenho certeza de que minha Jolie está aqui por um motivo especial. *Todos nós estamos.* Quando aceitamos que milagres acontecem em nossas vidas, tudo passa a ter mais sentido, mais propósito; passamos a valorizar mais as coisas e nos tornamos mais conscientes de um chamado cósmico por gratidão e felicidade em tudo o que fazemos.

A vida é muito frágil e, enquanto estivermos aqui, não vou desvalorizar isso. Foi o que minha Jolie me ensinou através de seu espírito angelical. Ela é a minha alegria mais pura.

Eric Handler

As crianças são reflexos do seu meio

Não são apenas os filhos que crescem. Os pais também. Tanto quanto observamos aquilo que nossos filhos fazem da própria vida, eles nos observam para ver o que fazemos das nossas. Não posso dizer aos meus filhos que busquem seu lugar ao sol. Só posso, por mim mesmo, buscá-lo.
Joyce Maynard

Crianças criadas sob criticismo
aprendem a condenar.
Crianças criadas sob hostilidade
tornam-se brigonas.
Crianças criadas sob medo
tornam-se apreensivas.
Crianças criadas sob pena
aprendem a sentir pena de si mesmas.
Crianças criadas sendo ridicularizadas
tornam-se tímidas.
Crianças criadas sob ciúmes
tornam-se invejosas.
Crianças criadas sob constrangimento
aprendem a se sentir culpadas.
Crianças criadas sob tolerância
tornam-se pacientes.
Crianças criadas sob encorajamento
tornam-se confiantes.

Crianças criadas sob elogios
 tornam-se gratas.
Crianças criadas sob consentimento
 aprendem a gostar de si mesmas.
Crianças criadas sob aceitação
 aprendem a encontrar o amor.
Crianças criadas sob reconhecimento
 aprendem a ter objetivos.
Crianças criadas sob a ideia da partilha
 tornam-se generosas.
Crianças criadas sob honestidade e equidade
 aprendem o que são a verdade e a justiça.
Crianças criadas em ambiente seguro
 aprendem a ter fé em si mesmas e nas pessoas ao seu redor.
Crianças criadas em ambiente amistoso
 aprendem que o mundo é um bom lugar para se viver.
Crianças criadas em ambiente sereno
 aprendem a ter paz de espírito.
Como têm sido criados os seus filhos?

Dorothy L. Nolte

Por que escolhi como pai o homem que me gerou

Você pode se despedir da família e dos amigos e ir para bem longe, mas, ainda assim, levará todos no coração, nos pensamentos, no âmago. Você vive no mundo, mas também há um mundo vivendo em você.

Frederick Buechner

Cresci em uma fazenda linda e enorme em Iowa, fui criada por pais que eram comumente descritos como "o sal da terra, a espinha dorsal da comunidade". Eles eram tudo aquilo que configura os bons pais: amáveis, comprometidos com a tarefa de incutir grandes expectativas e autoestima nos filhos. Meus pais queriam que fizéssemos nossas tarefas diurnas, chegássemos à escola pontualmente, tirássemos boas notas e fôssemos boas pessoas.

Éramos seis filhos. *Seis!* Eu jamais teria a ideia de ter tantos irmãos, mas ninguém me consultou. Para piorar, o destino ainda havia me colocado no meio do interior dos Estados Unidos, com aquele clima severo e gélido. Como todas as crianças, eu achava que o universo tinha cometido um grande erro e que eu havia caído na família errada — no estado errado, para ser mais correta. Eu detestava aquele clima. O inverno em Iowa é tão gelado que era preciso levantar no meio da madrugada para conferir se o gado não tinha ido parar em algum lugar onde morreria congelado. Os filhotes recém-nascidos precisavam ficar dentro do celeiro e, muitas vezes, ser aquecidos artificialmente para poderem sobreviver. O inverno lá é gelado *mesmo*!

Meu pai, um homem incrivelmente bonito, forte, carismático e cheio de energia, estava sempre envolvido em alguma atividade. Meus irmãos e eu o admirávamos muito, tínhamos ele na mais alta conta. Hoje entendo por quê. Não havia inconsistências na vida do meu pai; ele era um homem honrado, dos mais nobres. A agricultura, o trabalho que escolhera para si, era sua paixão e ele era excelente nisso. Sentia-se à vontade cuidando de animais. Tinha uma conexão com a terra, morria de orgulho do plantio e da colheita. Recusava-se a caçar fora da temporada, mesmo com a abundância de veados, faisões, codornas e outros animais em nossas terras. Recusava-se a usar aditivos no solo e a alimentar os animais com qualquer coisa que não fossem grãos naturais. Ele nos ensinou o que o motivava a agir assim e por que deveríamos adotar os mesmos ideais. Hoje enxergo o quão consciente ele era, em plena década de 1950, por pensar assim antes de qualquer tentativa de conscientização global sobre a importância de preservar o meio ambiente.

Meu pai também era um homem muito impaciente, mas nunca durante suas rondas de madrugada para checar os animais. Impossível esquecer o elo que criamos graças a esses momentos juntos; a diferença poderosa que isso fez na minha vida. Aprendi muito com ele. Frequentemente, ouço homens e mulheres dizendo que passavam muito pouco tempo com o pai. A maioria dos homens, hoje, lamenta nunca ter conhecido de verdade o próprio pai. Mas eu conheci o meu.

Naquela época, em segredo, eu sentia que era a filha favorita dele, embora seja bastante possível que todos os meus irmãos também se sentissem assim. Esse era o lado bom. O ruim é que *eu* era a escolhida dele para ir às rondas de madrugada e bem cedo pela manhã, e eu detestava acordar cedo e ter que sair da cama quentinha e encarar o ar frio até o celeiro. Só que, nesses momentos, meu pai era absolutamente adorável. Ele era mais compreensivo, paciente, gentil e escutava tudo com atenção. O tom da sua voz era suave e seu jeito de sorrir me fazia entender porque minha mãe era apaixonada por ele.

Naquele tempo ele era meu professor de vida — sempre focado nas perguntas, nas motivações por trás dos gestos. Falava sem parar durante uma hora, uma hora e meia, tempo que durava nossa ronda. Contava sobre sua experiência na guerra, os motivos que o levaram a se alistar e também sobre a região em que estivera, a população local, os efeitos da guerra e do pós-guerra. Repassava mil vezes essas lembranças. Na escola, eu achava o conteúdo das aulas de história familiar e empolgante.

Meu pai contava sobre o que havia ganhado graças às suas viagens, e porque era tão importante conhecer outros lugares. Incutiu nos filhos o desejo e o amor por explorar o mundo. Entre trabalho e lazer, aos 30 anos eu já havia visitado trinta países.

Ele falava com amor sobre a importância do conhecimento, e porque a educação formal era fundamental. Falava sobre a diferença entre inteligência e sabedoria, e queria muito que eu fosse além da formação do ensino médio. "Você consegue", repetia sem parar. "Você é uma Burres. É uma menina inteligente, com uma cabeça boa. Lembre-se, você é uma Burres". De jeito algum eu iria decepcioná-lo. Eu tinha autoconfiança mais do que suficiente para tomar qualquer rumo em relação aos estudos. Acabei obtendo um doutorado e um pós-doutorado. Embora o primeiro tenha sido para ele e o segundo para mim, definitivamente, minha curiosidade e mente questionadora tornaram fácil obter ambos.

Ele falava sobre padrões e valores, sobre o desenvolvimento do caráter e o que isso representa ao longo da vida. Hoje, escrevo e leciono uma temática parecida. Meu pai falava sobre como tomar decisões e analisá-las, sobre quando saber a hora de abandonar o barco e seguir outro rumo, ou de se perseverar mesmo diante das adversidades. Falava sobre a importância de *ser e se tornar* muito mais do que *ter e conquistar*. Ainda uso o mantra dele: "Nunca venda seu coração." Ele falava sobre intuição e sobre como podemos distingui-la dos sinais passados por outras emoções, sobre como não se deixar enganar pelas pessoas. Dizia: "Sempre dê ouvidos aos seus instintos e saiba que todas as respostas estão dentro de você. Passe um tempo sozinha, em silêncio, descubra essas respostas no seu interior e escute o que elas dizem. Descubra alguma coisa que ame fazer e construa uma vida que lhe permita colocar isso em prática. Seus valores devem ser a base dos seus objetivos; desse modo, seu trabalho refletirá o que o seu coração deseja. Essa força de vontade tira as distrações do caminho, afasta tudo aquilo que desperdiça seu tempo

— e a vida nada mais é do que tempo — e define o quanto você evolui ao longo dos anos que viverá. Cuide das pessoas e sempre respeite a natureza. E seja lá onde viver, certifique-se de ter à vista as árvores, o céu e o horizonte."

Meu pai. Quando penso no quanto ele amava e valorizava os filhos, sinto muita pena dos jovens que, diferente de mim, nunca conhecerão o pai desse modo, que nunca sentirão a ética, o caráter, a força e a sensibilidade reunidas em uma só pessoa. Meu pai é um exemplo vivo do que prega. E eu sempre soube que ele me via com muita seriedade. Sempre soube que ele enxergava meu valor e que desejava que eu enxergasse valor em mim também.

A mensagem que ele passava fazia sentido porque nada na vida do meu pai era conflituoso. Ele refletia sobre o modo de vida que desejava e colocava isso em prática diariamente. Ao longo dos anos, comprou e financiou inúmeras fazendas (permanece tão ativo atualmente quanto era naquela época). Minha mãe e ele, casados há cinquenta anos, ainda são inseparáveis. São o casal mais apaixonado que já vi. E ele ama demais a família. Sempre achei que ele era superprotetor e muito possessivo em relação aos filhos, mas agora que sou mãe, consigo entender a necessidade de agir desse modo, suas motivações. Embora tenha achado que poderia nos proteger do sarampo e quase tenha conseguido, meu pai recusava-se veementemente a perder os filhos para qualquer vício. Hoje, vejo o quão determinado ele era em fazer de nós adultos conscientes e responsáveis.

Atualmente, cinco dos seis filhos moram a poucos quilômetros de distância dele, e escolheram estilos de vida parecidos. São todos parceiros e pais devotados, todos agricultores. Sem sombra de dúvida, meus irmãos são a espinha dorsal da comunidade. Eu sou o ponto fora da curva, e suspeito que isso tenha a ver com aquelas rondas de madrugada. Escolhendo um estilo de vida diferente do dos meus irmãos, tornei-me especialista em educação e professora universitária. Também escrevi alguns livros para pais e filhos, nos quais compartilho a importância do desenvolvimento da autoestima nos primeiros anos de vida. A mensagem que transmito à minha filha é baseada nos valores transmitidos a mim pelo meu pai, com leves edições em virtude das minhas próprias experiências. E ela segue sendo passada adiante.

Deixem-me falar um pouco sobre a minha filha. Ela é uma moleca linda, uma atleta de 1,75 metro que todos os anos é aprovada em três modalidades esportivas diferentes, que enlouquece quando tira uma nota B e que recentemente foi finalista do concurso de Miss Teen Califórnia. Mas não são seus dons e realizações que me fazem lembrar dos meus pais. Todo mundo diz que minha filha é extremamente amável, espiritualizada, que irradia uma energia especial. A meu ver, é isso que personifica a essência de seus avós.

Tudo que seus filhos conquistaram, e o fato de serem todos pais dedicados, trouxe muitas alegrias para os meus pais. No momento em que escrevo isto, meu ídolo está na Clínica Mayo, em Rochester, Minnesota, fazendo uma bateria de exames programada para durar de seis e a oito dias. Estamos em dezembro. Em virtude do clima severo, ele se hospedou em um hotel próximo à clínica, já que não há necessidade de internação. Como tem tarefas de casa para cuidar, minha mãe só pôde ficar com ele nos primeiros dias, então, na véspera do Natal, os dois se despediram.

No dia 24, telefonei para ele para desejar um feliz Natal e senti que estava meio para baixo. Em seguida, liguei para minha mãe em Iowa. Ela também parecia triste e melancólica.

— Essa é a primeira vez que seu pai e eu passamos o feriado separados — lamentou-se. — Não é Natal sem ele, sabe?

Eu estava à espera de catorze convidados para a ceia, teríamos uma noite muito agradável. Voltei para a cozinha, mas não conseguia tirar da cabeça o dilema dos meus pais. Então telefonei para minha irmã mais velha. Ela fez o mesmo com os nossos irmãos e falamos todos juntos em uma conferência. Logo ficou decidido que não deixaríamos nossos pais passarem aquela noite separados. Um deles iria de carro até Rochester, um trajeto de duas horas, para pegar nosso pai e levá-lo de volta para casa, mas sem avisar à nossa mãe. Telefonei para o meu pai para contar sobre os planos.

— Ah não, não. É muito perigoso sair em uma noite como a de hoje.

Meu irmão chegou ao hotel e bateu na porta do quarto dele. De lá, telefonou para mim dizendo que meu pai não queria ir.

— Você precisa falar com ele, Bobbie — pediu. — Ele só escuta você.

— Pai, por favor — pedi, com gentileza.

E ele foi.

Enquanto os dois seguiam de volta para Iowa, meus irmãos e eu acompanhávamos cada passo da rota e do clima, falando com eles pelo telefone do carro. Meus convidados já haviam chegado e todos estavam acompanhando a situação. Toda vez que o telefone tocava, colocávamos no viva voz para que todo mundo pudesse ouvir as novidades. Passava pouco das 9 horas da noite quando meu pai telefonou, ainda do carro.

— Bobby, como eu posso entrar em casa sem levar um presente para a sua mãe? Seria o primeiro Natal em cinquenta anos que eu não daria um perfume a ela!

Àquela altura, todos na minha casa já participavam daquele esquema. Ligamos para minha irmã e perguntamos quais shoppings estariam abertos no caminho, para que meu pai pudesse comprar o único presente que ele daria à esposa— o mesmo perfume com o qual a presentava todos os anos no Natal.

Às 21h52, meu irmão e ele deixavam o pequeno shopping em Minnesota e seguiam o rumo de casa. Às 23h50, entraram na fazenda. Meu pai, ansioso como um garotinho, escondeu-se na lateral da casa.

— Mãe, fui visitar o papai hoje e ele pediu para trazer a roupa suja — disse Tim, enquanto entregava as malas para ela.

— Ah... — disse ela, com tristeza. — Estou com tanta saudade dele que acho que vou colocar para lavar agora mesmo.

— Acho que você não vai ter tempo essa noite... — disse meu pai, saindo do esconderijo.

Depois que Tim telefonou para contar sobre a cena emocionante daqueles dois amigos, dois apaixonados, telefonei para a minha mãe.

— Feliz Natal, mamãe!

— Olha, vocês são fogo... — disse ela com a voz entrecortada de quem segura as lágrimas.

E não conseguiu dizer mais nada.

Meus convidados gritavam de alegria. Mesmo a três mil e duzentos quilômetros de distância, foi um dos nossos Natais mais especiais em família. Meus pais não tinham passado aquela data separados. Esse episódio, além de representar a força de filhos que amam e honram seus pais, também demonstra o grau de comprometimento da união maravilhosa dos dois.

— Bons pais dão raízes e asas aos filhos — disse Jonas Salk, certa vez. — Raízes para que saibam onde fica o lar, asas para voar e colocar em prática o que lhes foi ensinado.

Se o legado dos pais é ensinar aos filhos as habilidades necessárias para uma vida com propósito e criar um ninho para o qual possam retornar, acho que escolhi os pais certos. Este último Natal me deu a compreensão derradeira do porquê era necessário que esses dois indivíduos fossem meus pais. Embora as asas que me deram tenham me levado a conhecer o mundo até o dia de fazer meu ninho na adorável Califórnia, são as raízes que formam uma base indelével e eterna.

Bettie B. Youngs

A escola animal

Não há harmonia quando todos cantam a mesma nota.
Doug Floyd

Era uma vez um grupo de animais que decidiu que precisava fazer algo heroico se quisesse enfrentar os problemas de um "mundo novo". Organizaram, então, uma escola.

Adotaram um currículo que consistia em correr, escalar, nadar e voar. Para facilitar a administração da rotina, todos os animais tinham de realizar todas as atividades.

O pato era um excelente nadador, melhor até do que seu professor; nas aulas de voo, no entanto, conseguiu apenas a nota necessária para aprovação, e, na corrida, também se saiu mal. Por isso, precisou abrir mão das aulas de natação e ficar depois do horário escolar treinando corrida. E assim foi até que suas patas palmeadas estivessem esfoladas e sua natação se tornasse mediana. Mediano, no entanto, era um nível aceitável na escola, então ninguém mais, a não ser o pato, se preocupou com isso.

O coelho começou as aulas sendo o primeiro da turma em corrida, mas teve um colapso nervoso de tanto ter de treinar a natação.

O esquilo era excelente na escalada, até ficar frustrado com as aulas de voo. O professor queria que ele voasse a partir do chão, em vez de saltando de uma árvore. Passou a sentir câimbras nas pernas e tirou 5 em escalada e 3 em corrida.

A águia, que tinha sido uma criança problemática, foi severamente disciplinada. Nas aulas de escalada, derrotou todos os outros alunos rumo ao topo da árvore, mas insistiu em fazer isso a seu próprio modo.

No fim do ano, uma enguia atípica, excelente nadadora, mas também capaz de correr, escalar e voar um pouquinho, obteve as notas mais altas e foi a oradora da turma.

Os cães-da-pradaria ficaram de fora desta escola e entraram numa briga contra a administração, que não queria acrescentar coisas como cavar e enterrar no currículo. Seus filhos viraram alunos particulares do castor e, tempos depois, juntaram-se às marmotas e garoupas para fundar uma escola particular de muito sucesso.

Essa fábula tem alguma moral?

George H. Reavis

Um toque

Todo pai sempre transforma sua bebezinha em uma pequena mulher.
Quando ela se torna mulher, ele a transforma de volta em bebê.
Enid Bagnold

Minha filha tem 16 anos e está imersa nas turbulências da idade. Recentemente enfrentou uma doença, e logo soube que seu melhor amigo estava se mudando para outra cidade. A escola também não ia tão bem quanto todos nós esperávamos. Ela exalava tristeza do emaranhado de cobertas sob as quais se escondia em busca de consolo. Eu queria me aproximar, arrancar todo o sofrimento entranhado naquela alma tão jovem. Mas, independentemente do quanto eu me preocupasse e desejasse pôr um fim naquela infelicidade, eu sabia que era importante agir com cautela.

Como terapeuta de família, tenho muita consciência do que são expressões de intimidade consideradas inapropriadas em uma relação entre um pai e uma filha, coisas que aprendi, sobretudo, com clientes cujas vidas haviam sido destruídas pelo abuso sexual. Também sou muito consciente do quão facilmente o cuidado e a proximidade podem ser sexualizados, em especial, por homens para quem as emoções são um território desconhecido e que confundem qualquer gesto afetuoso com insinuação sexual. Como tinha sido mais fácil abraçá-la e protegê-la quando tinha 2, 3 ou mesmo 7 anos… Mas, naquele momento, o corpo da minha filha, a sociedade que vivemos e a minha masculinidade pareciam conspirar contra a ideia de oferecer consolo a ela. Como eu poderia fazer isso sem deixar de respeitar as barreiras necessárias que se impõe nessa relação? Decidi fazer uma massagem em suas costas, algo que ela aprovou.

Com toda gentileza, massageei suas costas ossudas, os ombros cheios de nós, e pedi desculpas por minha ausência. Expliquei que havia acabado de voltar da final do campeonato de massagem nas costas, e que tinha ficado em quarto lugar. Garanti que a massagem dada por um pai preocupado era quase imbatível, especialmente se fosse a massagem nas costas de um pai preocupado que também é um psicólogo mundialmente renomado. Contei todos os detalhes sobre o concurso e os outros participantes enquanto meus dedos afrouxavam a musculatura retesada e as tensões daquela jovem criatura.

Contei a ela sobe o velho asiático enrugado que tinha ficado em terceiro lugar. Depois de ter passado a vida estudando acupuntura e *do-in*, tinha se tornado capaz de focar toda a sua energia nos dedos, elevando a massagem nas costas ao nível da arte.

— Ele cutucava e examinava com a precisão de um ilusionista — expliquei, oferecendo uma amostra do que eu havia aprendido com aquele sábio.

Ela soltou um gemido que eu não soube precisar se foi por conta da explicação ou da massagem. Então, contei sobre a mulher que havia ficado em segundo lugar. Ela era turca e, desde pequena, praticara a arte da dança do ventre. Isso tornara o movimento de sua musculatura muito fluido. Sua massagem nas costas era capaz de despertar músculos cansados, fazer um corpo exaurido vibrar de energia e dançar.

— Seus dedos iam passeando pelas costas da pessoa e logo os músculos entravam na dança — expliquei, demonstrando na prática ao mesmo tempo.

— Que coisa estranha — disse uma voz abafada pelo travesseiro.

Qual coisa? Minha frase ou a massagem?

Continuei em silêncio. Depois de um tempo ela perguntou:

— Quem ficou em primeiro lugar?

— Você não vai acreditar! Uma criança!

E então expliquei que não havia nada no mundo como toque suave e cheio de confiança de uma criança explorando a pele, os cheiros e os gostos. Imprevisível, gentil, curioso. Mãozinhas capazes de dizer coisas que as palavras jamais poderiam. Sobre pertencimento. Sobre confiança. Sobre um amor inocente. E então toquei minha filha com a delicadeza e suavidade que aprendi com aquela criança. Naquele momento, revivi a infância dela — segurá-la nos braços, niná-la, assistir aos seus primeiros passos e ao desenvolvimento do seu mundo particular. E foi quando percebi que, na verdade, aquela jovem de 16 anos tinha sido a criança que me ensinara sobre o toque.

Depois de um pouco mais de massagem e silêncio, disse a ela que me sentia muito grato por ter aprendido tantas coisas com os massagistas mais proficientes do mundo. Contei como eu estava me tornando um massageador de costas ainda melhor por ter uma filha adolescente enfrentando uma transformação dolorosa do corpo. Em silêncio, agradeci por aquela vida ter sido colocada em minhas mãos e por ter sido abençoado com o milagre de poder tocar, ao menos, o coração dela.

Victor Nelson

Eu te amo, filho

Para as crianças, amor se soletra T-E-M-P-O.
John Crudele

Pensamentos enquanto levo meu filho de carro até a escola:

Bom dia, garoto. Você está bonitão com seu uniforme de escoteiro mirim, não tão gordo quanto seu pai era na época dele. Acho que meu cabelo também não ficou tão comprido quanto o seu até a faculdade, mas reconheceria você de qualquer jeito, por quem você é: o cabelinho desgrenhado perto das orelhas, os dedos ásperos, os joelhos enrugados. A gente se acostuma.

Já com 8 anos, não vejo você com tanta frequência. No Dia de Colombo, você saiu às 9 horas da manhã. Nós nos encontramos por quarenta e dois segundos na hora do almoço e às 17 horas você reapareceu para o jantar. Sinto sua falta, mas sei que você está cuidando de assuntos importantes. Certamente tão importantes quanto as coisas que os outros viajantes a trabalho estão fazendo, se não mais.

Você está crescendo e aparecendo, e isso é mais importante do que recortar cupons, organizar opções de compra de ações ou de venda a descoberto. Você precisa descobrir o que é capaz de fazer e o que não é — e aprender a lidar com isso. Precisa conhecer as pessoas e entender como elas se comportam quando se sentem mal consigo mesmas — tipo aqueles valentões que ficam perto do bicicletário enchendo o saco dos garotos menores. E sim, você vai ter que aprender a fingir que ser xingado não dói. Sempre vai doer, mas você vai ter de vestir uma armadura se não quiser ser xingado de coisa ainda pior na próxima vez. Ainda assim, espero que você não se esqueça dessa sensação, caso algum dia decida fazer o mesmo com um garoto menor do que você.

Quando foi a última vez que eu disse que tenho orgulho de você? Bem, se eu não consigo me lembrar, acho que tenho trabalho a fazer. Porque me recordo da última vez em que gritei com você — disse que iria se atrasar se continuasse naquela lerdeza —, mas, por outro lado, como Nixon dizia, já dei mais tapinhas nas costas do que gritos na cara. E só para registrar, caso você leia isso, tenho orgulho de você. Gosto, especialmente, do quanto você é independente, do jeito com que cuida de si mesmo, o que me deixa, inclusive, um pouco assustado. Você não é do tipo que fica se lamentando e, a meu ver, isso faz de você um garoto especial.

Mas por que os pais demoram tanto a perceber que filhos de 8 anos precisam tanto de abraços quanto os de 4 anos? Se eu não abrir o olho, logo mais estarei dando um soco de leve no seu braço e perguntando "E aí, moleque?", em vez de abraçá-lo e dizer o quanto eu te amo. A vida é curta demais para escondermos nosso afeto. Por que os filhos de 8 anos demoram tanto a perceber que quem tem 36 anos precisa tanto ser abraçado quanto quem tem 4?

Ah, esqueci de dizer que fiquei orgulhoso por você por ter voltado a almoçar a comida que leva de casa, depois de uma semana ingerindo aquela coisa horrível comprada na rua. Fico feliz de ver que você dá valor ao seu corpo.

Queria que esse trajeto não fosse tão curto. Queria falar sobre ontem à noite, quando seu irmão mais novo já tinha ido dormir e deixamos você ficar acordado para assistir ao jogo dos Yankees. Esses momentos são muito especiais. Impossíveis de planejar. Toda vez que a gente tenta planejar alguma coisa assim, nunca é tão bom, tão intenso, tão gostoso. Por alguns minutos-curtos-demais, sinto como se você já fosse grande e sentássemos para bater um papo em silêncio sobre "como está indo na escola, filho?" Nesse cenário, eu também já conferi seu dever de casa de matemática do único jeito possível — usando uma calculadora.

Porque você é melhor com números do que eu jamais poderia ser. Então a gente bate um papo sobre o jogo e percebo que você sabe mais sobre os jogadores do que eu, que aprendi tudo que sei ouvindo você. E aí nós dois ficamos felizes quando os Yankees vencem.

Bem, lá está o guarda de trânsito. Provavelmente, o cara vai viver mais do que nós dois. Queria que você não precisasse ir à escola hoje. Tem tantas coisas que eu gostaria de dizer.

Você sai correndo do carro. Fico ali saboreando o momento, você já avistou seu grupinho de amigos.

Só queria dizer que eu te amo, filho.

Victor B. Miller

Quem você é tem tanta importância quanto aquilo que você faz

Para que um filho trilhe o caminho correto,
percorra-o você mesmo de vez em quando.
Josh Billings

Era uma tarde de sábado ensolarada em Oklahoma City. Bobby Lewis, meu amigo e um pai orgulhoso, levava seus dois garotos para jogar minigolfe. Chegando lá, aproximou-se do balcão e perguntou:

— Quanto está a entrada?

— Três dólares para você e três para cada criança maior de 6 anos — respondeu o jovem. — Se os seus tiverem seis ou menos, podem entrar de graça.

— Bem, o advogado aqui tem 3 e o médico 7. Então te devo seis dólares, certo?

— O senhor ganhou na loteria ou coisa assim? Dava para ter economizado três pratas se tivesse dito que o mais velho tem 6. Eu não teria notado — disse o atendente.

— É, talvez. Mas os garotos teriam — respondeu Bobby.

Como disse Ralph Waldo Emerson, "Suas atitudes falam tão alto que eu não consigo ouvir o que você diz". Em tempos tão desafiadores, em que a ética é mais importante do que nunca, certifique-se de dar um bom exemplo para todos ao seu redor, em casa ou no trabalho.

Patricia Fripp

Uma perfeita família americana

Uma das vantagens de ser jovem é não deixar
que os fatos atrapalhem a imaginação.
Sam Levenson

São 10h30 de uma manhã de domingo perfeita e, neste momento, somos uma família americana perfeita. Minha esposa saiu para levar nosso filho de 6 anos para a primeira aula de piano. O de 14 anos ainda não acordou. No cômodo ao lado, o menino de 4 anos assiste a pequenas criaturinhas antropomórficas empurrando umas às outras de cima de um penhasco. Estou sentado à mesa da cozinha, lendo jornal.

Aaron Malachi, o de 4 anos, aparentemente cansado da carnificina do desenho animado e da considerável demonstração de poder oferecida pela posse do controle remoto, adentra o meu cômodo.

— Estou com fome — diz ele.

— Quer mais cereal?

— Não.

— Quer um iogurte?

— Não.

— Ovo?

— Não. Posso comer sorvete?

— Não.

Até onde sei, sorvete talvez seja até mais nutritivo do que um cereal industrializado ou ovos carregados de antibióticos, mas, de acordo com meus valores culturais, é errado comer sorvete às 10h45 de um domingo.

Silêncio. Dura uns quatro segundos.

— Pai, ainda temos muita vida pela frente, não é?

— Sim, temos muita vida pela frente, Aaron.

— Eu, você e a mamãe?

— Isso mesmo.

— E o Isaac.

— Aham.

— E o Ben?

— Também. Eu, você, a mamãe, Isaac e Ben.

— Temos muita vida pela frente. Até todo mundo morrer.

— Como assim?

— Até todo mundo morrer e os dinossauros voltarem.

Aaron senta em cima da mesa, as pernas cruzadas como um buda, bem no meu jornal.

— Como assim, Aaron? O que você quer dizer com "até todo mundo morrer"?

— Você disse que todo mundo morre. Quando todo mundo morrer, os dinossauros vão voltar. Os homens das cavernas viviam nas cavernas dos dinossauros. Aí os dinossauros voltaram e esmagaram todos eles.

Nesse momento, percebi que Aaron já entendia a vida como um recurso limitado, com início e fim. Que vislumbrava a família e a si próprio em algum ponto dessa trajetória, de que o desfecho era de incerteza e perda.

Sou confrontado com uma decisão de natureza ética. O que fazer nessa situação? Tento oferecer a ele Deus, a salvação, a eternidade? Lanço algum discurso do tipo: "Nosso corpo é apenas uma casca e quando morrermos estaremos eternamente juntos em espírito?"

Ou deixo Aaron inseguro e ansioso porque penso que a realidade é justamente essa? Tento transformá-lo em um existencialista ávido ou procuro algum jeito de fazê-lo se sentir melhor?

Não sei. Fico olhando para o jornal. Os Celtics têm perdido quase todos os jogos de sexta à noite. Larry Bird está chateado com alguém, mas não consigo ler quem é porque o pé de Aaron está cobrindo a matéria. Não sei por que minha sensibilidade neurótica e dependente de homem de classe média está me dizendo que esse momento é muito importante, que as ferramentas para criar o próprio mundo estão se formando em Aaron. Ou talvez minha sensibilidade neurótica e dependente de homem de classe média só esteja me induzindo a achar isso. Se vida e morte são ilusões, então por que perder tempo com a compreensão alheia desses conceitos?

Em cima da mesa, Aaron brinca com um soldadinho do exército. Ele levanta os braços do boneco que se equilibra nas pernas instáveis. Larry Bird está chateado com Kevin McHale. Não, não. Com Jerry Sichting. Mas Jerry Sichting não joga mais nos Celtics? Quem fim levou Jerry Sichting? Todo mundo morre, tudo chega ao fim. Jerry Sichting está no Sacramento ou no Orlando, ou então desapareceu.

Não devo me importar com a visão de Aaron a respeito da vida e da morte, porque quero dar a ele uma noção sólida de estrutura, uma ideia de permanência das coisas. Fica óbvio o bom trabalho que os padres e as freiras fizeram comigo. Agonia e êxtase, um ou outro. Não há um serviço de comunicação de longa distância entre céu e inferno. Ou você está no time de Deus ou dentro do caldeirão, e lá dentro é bem quente. Não quero que Aaron se queime, mas quero que ele seja resiliente. A ansiedade neurótica, porém inevitável, pode vir mais tarde.

Será que é possível? Possível explicar que Deus, espírito, karma, D'us e tudo mais são conceitos transcendentais sem nocautear a pessoa com esta explicação? Sem traumatizar a ideia do indivíduo no presente? Podemos ter tudo, ontologicamente falando? Ou nossa sensibilidade tão frágil, nossa "tangibilidade", seria despedaçada?

Pelo aumento sutil da atividade sobre a mesa, percebo que Aaron está ficando cansado do boneco. E aproveito a carga dramática do momento para, em tom professoral, começar:

— Aaron, algumas pessoas acreditam que a morte...

— Pai — interrompe-me —, vamos jogar videogame? Não é um jogo muito violento — explica, gesticulando. — Não é de matar. Os caras só ficam meio que derrubando os outros.

— Vamos — digo, levemente aliviado. — Vamos jogar videogame. Mas antes precisamos fazer uma coisa.

Aaron para subitamente e se vira para mim.

— Que coisa?

— Que tal um sorvete?

A família perfeita americana tinha vivido mais um sábado perfeito. Por enquanto.

Michael Murphy

*O seu problema, Sheldon, é
que te falta autoconfiança.*

Reproduced by Special Permission of *Playboy* magazine: Copyright ©1971 by Playboy.

Desembucha!

*Se você tivesse pouco tempo de vida e pudesse fazer uma última ligação,
para quem iria ligar e o que iria dizer? Então, o que está esperando?*
Stephen Levine

Certa noite, depois de ler sobre criação de filhos entre as centenas de livros que já lera, senti uma sensação de culpa surgir. Havia algumas estratégias ali que eu não usava havia um tempo. A principal delas era dialogar com a criança e usar as três palavrinhas mágicas: eu te amo. A obra afirmava que os filhos precisam saber que são amados incondicional e inequivocamente pelos pais.

Subi até o quarto do meu filho e bati à porta. De fora, já dava para ouvir o som da bateria. Óbvio que, lá de dentro, ele não me escutaria. Então abri a porta e, como eu imaginava, lá estava ele com seus fones, ouvindo alguma coisa e tocando o instrumento. Cheguei perto para chamar atenção e disse:

— Tim, você tem um segundo?

— Ah, claro pai. Sempre tenho um segundo.

Sentamos para conversar e depois de uns 15 minutos de amenidades e hesitação, olhei diretamente para ele e disse:

— Tim, eu amo o jeito como você toca bateria. De verdade.

— Ah, obrigado pai. Obrigado, mesmo.

Então, já saindo do quarto, completei:

— Até mais!

Enquanto descia a escada, caiu a ficha de que eu tinha ido até o quarto dele com uma mensagem em mente, mas que não havia conseguido transmiti-la. Era muito importante voltar lá e, mais uma vez, tentar dizer aquelas três palavras mágicas.

Subi a escada, bati à porta novamente e abri.

— Tim, você tem um segundo?

— Claro, pai. Sempre tenho um segundo. Ou dois. Em que posso ajudar?

— Filho, quando entrei aqui há pouco eu tinha uma coisa para dizer, mas acabei dizendo outra. E o que eu falei não era de fato o que eu gostaria de dizer. Tim, você se lembra do montão de problemas que você me causou quando estava aprendendo a dirigir? Eu escrevi três palavras e coloquei o papel embaixo do seu travesseiro, torcendo para que isso fosse o suficiente. Eu tinha cumprido meu papel de pai e expressado meu amor por você.

Depois de mais papo furado, finalmente consegui olhar para ele e dizer:

— Bem, eu quero que você saiba que a gente te ama.

Tim olhou para mim e disse:

— Ah, obrigado, Pai. A gente é você e a mamãe?

— Sim, nós dois. Acho que a gente não diz isso o bastante.

— Obrigado, significa muito para mim. E eu sei que amam.

Levantei-me e saí do quarto. Enquanto descia a escada, pensei "Não acredito nisso. Já fui lá duas vezes... Eu sei o que quero dizer, mas, de novo, o que saiu da minha boca foi outra coisa".

Resolvi voltar lá e dizer exatamente o que eu sentia. Tim ouviria aquelas palavras diretamente de mim, eu não estava nem aí que ele tivesse um 1,80 metro! Então, lá fui eu. Quando bati na porta, ouvi:

— Um segundo. Me deixa adivinhar. Será que é você, pai?

— Como você sabia?

— Conheço você desde o dia em que nasci, pai.

— Filho, será que você tem só mais um segundo?

— Você sabe que eu sempre tenho um segundo, entra aí. Suponho que você não disse o que queria me dizer...

— Como você sabe?

— Conheço você desde quando eu usava fraldas.

— Bem, aqui vai o que eu estava segurando, Tim. Só queria que você soubesse o quanto você é especial para nós. Não tem a ver com as coisas que você faz ou já fez, tipo o trabalho com os garotos do ensino fundamental lá na cidade. Tem a ver com a pessoa que você é. Eu te amo e queria que você soubesse disso. Não sei por que fico guardando uma coisa tão importante assim.

Tim olhou para mim, e falou:

— Ah, pai. Eu sei que você me ama e é realmente legal ouvir isso da sua boca. Muito obrigado por pensar essas coisas, e pela intenção.

Quando eu estava quase saindo, meu filho perguntou:

— Ah, pai, será que você tem mais um segundo?

Pensei "Ai meu Deus, o que será que ele vai falar?", mas respondi:

— Claro, filho. Sempre tenho um segundo.

Eu não sei de onde esses garotos tiram essas coisas — com certeza, não é dos pais —, mas Tim falou o seguinte:

— Pai, posso perguntar uma coisa?

— Que coisa?

— Você foi a algum workshop ou coisa do tipo?

Droga, é claro que ele sacou qual é a minha. Ele tem 18 anos...

— Não, mas eu estava lendo um livro que dizia o quanto é importante expressar para os filhos o que a gente sente.

— Ah, obrigado por ter se dado ao trabalho. Até mais, pai.

Naquela noite, Tim me ensinou que, acima de tudo, o único caminho para entender o real significado do amor é estar disposto a ir à luta. É preciso correr o risco de expressá-lo.

Gene Bedley

Um legado de amor

Sempre dê um beijo de boa noite nos seus filhos —
mesmo que já estejam dormindo.
H. Jackson Brown Jr.

Quando jovem, Al era um ceramista talentoso. Era casado e tinha dois filhos ótimos. Certa noite, o mais velho sentiu uma dor de estômago muito forte. Pensando se tratar de um mal-estar comum, Al e a esposa não levaram aquilo muito à sério. No entanto, era o início de uma apendicite aguda, e o menino morreu naquela mesma noite.

Ciente de que poderia ter evitado a morte do filho se tivesse se importado com a gravidade da situação, o fardo de uma culpa imensa deteriorou o emocional daquele pai. Para piorar, pouco tempo depois, sua esposa foi embora, deixando-o sozinho com o caçula de 6 anos. A mágoa e a dor provocadas por aqueles dois eventos foram demais para Al, que começou a beber como válvula de escape e, com o tempo, tornou-se alcoólatra.

À medida que sua saúde mental piorava, Al perdia tudo que um dia teve — a casa, o terreno, suas obras de arte. Tudo. Por fim, morreu sozinho num quarto de motel em São Francisco.

Quando fiquei sabendo de sua morte, reagi com o mesmo desdém que o mundo oferece a quem se vai sem deixar legados materiais. *"Que fracassado! Que total desperdício de energia!"*

Com o passar do tempo, comecei a reavaliar aquele julgamento tão severo. Ernie, o filho de Al que hoje é adulto, é um conhecido meu, um dos caras mais gentis, carinhosos e amáveis que já encontrei. Observando-o com os filhos, vejo como o amor flui livremente naquela relação. E eu sabia que sua gentileza e carinho tinham de vir de algum lugar.

Ernie não falava muito do pai; é muito difícil defender pessoas alcoólatras. Um dia, porém, reuni coragem e fui falar com ele.

— Tem uma coisa que realmente me deixa intrigado, Ernie. Sei que você foi criado praticamente só pelo seu pai... O que diabos ele fez para que você se tornasse uma pessoa tão especial?

Ernie ficou em silêncio por alguns instantes, refletindo, antes de falar:

— Das lembranças mais antigas da minha infância, até eu sair de casa aos 18 anos, todas as noites, meu pai ia até o meu quarto, me dava um beijo de e dizia "eu te amo, filho".

Fiquei com os olhos cheios d'água. Percebi, naquele momento, o quanto eu havia sido ingênuo ao avaliar Al como um fracasso. Ele não tinha deixado legados materiais, mas enquanto viveu foi um pai gentil e amoroso. Seu legado é um dos homens mais incríveis e generosos que já conheci.

Bobbie Gee

Autor de *Winning the Image Game*

Sobre aprendizados

Aprender é descobrir coisas que você já sabe.
Realizar é demonstrar que você aprendeu.
Ensinar é lembrar aos outros que eles sabem de algo tão bem quanto você.
Somos todos aprendizes, realizadores, mestres.

Richard Bach

Arrogância controlada

O maior erro no tratamento de doenças é que há médicos para o corpo
e médicos para a alma, e eles não podem ser separados.
Platão

Toda cirurgia é um ato de arrogância controlada. Considerando que um cirurgião cardíaco precisa serrar o esterno de um paciente para ajudá-lo, ser confiante é mais essencial do que ser cortês, humilde e outra miríade de atributos socialmente bem-vistos. Mas a palavra que sobressai ao descrevermos um cirurgião não é "arrogância", e sim, "controle", e são os pacientes que nos ensinam a diferença. A sabedoria necessária para promover uma cura eficiente advém de escutar as inúmeras pistas oferecidas por quem arrisca a própria vida ao confiar em nosso bom senso.

Pessoas como Frank, que chegou ao hospital inconsciente, quase morto, com um respirador descendo pelo esôfago e sob efeito da medicação pesada injetada em seus braços inchados. Motorista de caminhão de 52 anos, Frank tinha sofrido um infarto grave — principal causa de óbito nos Estados Unidos — depois de enfrentar 36 horas de estrada durante uma nevasca. Estatisticamente, sua chance de sobreviver era menor do que 10%. Mas hoje já existem dispositivos cardíacos para casos como esse, e o motorista sobreviveu depois de passar por uma cirurgia delicada. A medicina moderna funcionou. Será mesmo?

Enquanto eu provocava uma lesão no meu manguito rotador graças à comemoração pela cirurgia bem-sucedida, Frank estava com ódio por ter sido salvo. Ele, é importante ressaltar, tinha tendências suicidas. Extremamente religioso, acreditava que, uma vez tendo perdido seu propósito de viver, deveria ter o direito de morrer com dignidade.

A depressão teria reduzido a resposta imunológica de Frank, agravando o risco de desenvolver infecções. Essa condição poderia ter aumentado a probabilidade de que morresse após uma cirurgia bem-sucedida. Estudos importantes revelaram que é comum que os medos mais profundos dos pacientes pessimistas tornem-se reais apesar dos prognósticos, o que é muito frustrante para nós, médicos.

Para salvar Frank, eu precisava deixar de lado os tratamentos avançados e me aprofundar em duas técnicas muito antigas: amor e fé. Depois de uma reunião com a esposa dele, trouxemos um pastor até o hospital, e ele conseguiu convencer o motorista a direcionar sua vida para o trabalho na igreja. Frank logo se tornou um paciente exemplar, e começou a trabalhar com o pregador para a Associação Cristã de Motociclismo, ajudando as gangues porque, segundo ele, a sociedade tinha "virado as costas para aqueles homens".

Pacientes como Frank não aparecem nos livros de medicina, mas, com eles, aprendi muito sobre cura. Quando entrei na faculdade, eu, ingenuamente, acreditava que já havia conhecimento científico sobre quase tudo que era preciso para tratar as pessoas e que novas soluções altamente tecnológicas completariam as lacunas do arsenal terapêutico. A minha especialidade, cirurgia cardíaca, é um excelente exemplo dessa história moderna de sucesso. Chegamos ao ponto em que, enfim, é possível consertar um coração que parou de funcionar; podemos até substituí-lo por um novo, o tipo supremo de conserto. Mas, quando passei a olhar a medicina de dentro para fora, aprendi que ainda há muito a ser descoberto.

Em um nível mais visceral, confesso que ainda não entendo o significado poético do órgão que trato. Quando o coração falha, as pessoas se sentem traídas. Como podem ser dignas de viver quando seu metrônomo interno as abandona? Até a resposta que o corpo cria para um coração transplantado descreve exatamente o que os pacientes sentem: "rejeição".

Acabei aprendendo que a resposta para o bem-estar de cada paciente encontra-se dentro dele. Alguns pacientes acabaram se tornando nosso laboratório de pesquisas, e seus resultados, além de terem mudado meu modo de enxergar a medicina, são lições para todo o país.

No momento em que desesperadamente tentam não despencar para o abismo da morte, as pessoas buscam soluções para serem puxadas de volta à segurança da vida. Muitas dessas ferramentas vêm de lugares distantes, das fundações que sustentam os tratamentos terapêuticos desse milênio. Muita gente chama o conjunto dessas abordagens de medicina alternativa, integrativa ou complementar, mas, a meu ver, elas representam a globalização da saúde. Que possamos incorporar as lições mais importantes de nossos antepassados e de outras sociedades, e compartilhar esse conhecimento que, assim como o coração, bombeia nossa alma e nos dá vida.

Dr. Mehmet Oz

Eu sou felicidade

As pessoas são, em geral, tão felizes quanto decidem ser.
Abraham Lincoln

Certa vez, testemunhei uma conversa maravilhosa entre uma mãe e sua filha. A coisa toda durou menos de um minuto, mas nunca esqueci. Eu estava em um terminal muito movimentado do aeroporto de Nova Déli, na Índia, esperando meu voo ser anunciado. Uma mãe e a sua filha, que se chamava Angela, estavam sentadas na minha frente. A menina, que devia ter uns 3 anos, falava e desenhava, falava e comia, falava e lia. A mãe, enquanto isso, ocupava-se com as passagens e com os passaportes.

Embora estivesse ouvindo Angela, eu não estava de fato prestando atenção ao que ela dizia, até que finalmente escutei:

— Mamãe, eu sou felicidade.

As palavras conseguiram a minha atenção e me peguei sorrindo. *Que maravilhoso*, pensei comigo mesmo. Depois disso, Angela chegou perto da mãe e puxou sua camiseta em busca de atenção.

— Mamãe, eu sou felicidade.

— O quê, filha? — perguntou a mãe.

— Eu sou felicidade, mamãe.

— Não, meu amor. A gente diz "eu sou feliz" — explicou.

— Não, mamãe — insistiu a menina. — Eu sou felicidade.

Naquele momento, percebi que várias pessoas ouviam a conversa além de mim. A mãe também notou. Estava um pouco constrangida, mas todos nós estávamos achando aquele momento muito divertido e doce.

— Eu. Sou. Feliz — disse a mãe, do mesmo modo.

— Eu. Sou. Felicidade — remedou Angela, do mesmo modo.

— Ok, Angela. Você é felicidade — cedeu a mãe, sorrindo.

A jovem assentiu.

— Isso, mamãe. Eu sou felicidade.

E pronto. A conversa bonitinha logo terminou, tão subitamente quanto havia começado. Mas aquilo realmente me fez pensar.

Como você viveria sua vida se tivesse consciência de que já é feliz? Imagine como você seria. Imagine o quanto se sentiria bem se soubesse que sua essência já é feliz. Imagine como iria saudar cada novo dia sabendo que *você é aquilo que busca.* Imagine todo amor e toda regeneração que experimentaria se o propósito das suas relações deixasse de ser *encontrar a felicidade* e se tornasse *compartilhar a felicidade.* Imagine o quão fantástico e bem-sucedido você seria se desse vazão à alegria e transparecesse a felicidade. Imagine como você seria.

Imagine se, apenas por um momento, você se entregasse completamente à alegria do seu verdadeiro eu. Imagine como seria esse batismo! Imagine o quão libertador seria não precisar mais que o mundo o *fizesse feliz.* Que benção seria! Imagine como se sentiria rico sabendo que a felicidade não é uma coisa alheia ao eu, que não está escondida em algum lugar lá fora. Imagine como isso transformaria sua relação com o dinheiro. Imagine como seria bom apenas relaxar e *aproveitar cada momento* sabendo que a felicidade está em você, e não em qualquer outro local. Imagine como sua percepção do tempo mudaria. Imagine como você seria.

Imagine se, a cada dia, você permitisse que a alegria do seu próprio *ser* o abençoasse e o renovasse. Imagine se o propósito da sua vida deixasse de ser *preciso ser feliz* e se tornasse *preciso compartilhar a felicidade.* Imagine como seria prazeroso. Imagine o quão generoso você se tornaria, o quão gentil. Imagine que amigo ou amiga incrível você seria. Quando você se torna consciente de que seu *eu* já é feliz, torna-se livre para ser a pessoa que "deve ser". Sendo feliz, não tem medo de amar. Na verdade, você se transforma no ser mais amoroso que poderá ser.

Imagine como seria...

Robert Holden

Autor de Ser feliz: o poder da felicidade em você

Uma luz na escuridão

A tristeza é levada pelas asas da manhã; do coração das trevas vem a luz.
Jean Giraudoux

No dia 14 de dezembro de 2012, ocorreu um evento que chocou o mundo, em que vinte jovens e seis adultos foram assassinados em um tiroteio em massa em uma escola de Newtown, Connecticut. Quando soube do ocorrido, senti as mesmas coisas que sinto sempre que me vejo diante de uma tragédia dessa escala: pesar, tristeza, raiva, dúvidas a respeito do planeta em que vivemos — mas esse episódio em particular foi diferente.

Porque eu moro em Newtown, Connecticut.

Todo mundo conhece a expressão "perto demais para o meu gosto" e, nesse dia, ela finalmente se tornou real para mim. Não dava mais para assistir ao noticiário e apenas dizer "Que tristeza", como se mais uma vez aquilo tivesse acontecido em outra cidade, em outro país, em outro lugar. Tinha acontecido em casa, e eu não podia mais me dar ao luxo de ignorar os aspectos mais profundos daquele episódio; algo havia mudado, e eu faria todo o possível para desempenhar meu papel nesse novo cenário.

Seja por coincidência ou por algum planejamento cósmico, eu havia passado os últimos dez anos estudando, documentando e ensinando a chamada Técnica de Liberação Emocional, ou, simplesmente, *tapping*, em inglês. Trata-se da combinação de *do-in*, a técnica chinesa milenar, e psicologia moderna, e provou-se incrivelmente eficaz para lidar com traumas, transtorno do estresse pós-traumático (TEPT), estresse e outras condições associadas a eventos da magnitude de um tiroteio em massa. Então, naquele dia fatídico, eu disse a mim mesmo: "Por mais horrível que isso tenha sido, também criou a oportunidade para uma mudança verdadeira." Depois de incontáveis horas consultando especialistas em reação a desastres, *tapping*, e TEPT do mundo todo, montei um plano de ação.

Poucos dias depois da tragédia, a dra. Lori Leyden desembarcou na cidade. Lori é um farol para o mundo. Passou anos trabalhando com os sobreviventes do genocídio em Ruanda, ajudando-os a curar as feridas mais profundas. Ao longo da semana, nós dois reunimos um time de voluntários que seriam treinados para praticar a técnica e, assim, ajudariam a cuidar da população. Em questão de dias, começamos a conversar com pais que haviam perdido seus filhos queridos, com professores e alunos da escola, com socorristas e muitas outras pessoas.

Nossa ideia era usar essa técnica poderosa para tratar aquele trauma, aliviar o estresse e, com isso, permitir que os indivíduos pudessem dar vazão ao luto necessário. Porque, infelizmente, é muito comum que um trauma ativo impeça a verdadeira vivência do luto, essa emoção profunda, importante e, em geral, bela.

Nosso trabalho continua e, com certeza, seguirá pelos próximos anos. Fico feliz em poder dizer que, mesmo em face ao horror daquela tragédia, o amor e os milagres que testemunhei foram realmente extraordinários.

Uma mãe que costumava bater nos filhos enfim percebeu que precisa mudar, curando suas feridas mais antigas e profundas, descobrindo um novo modo de encarar a maternidade.

Um socorrista, antes assombrado por lembranças horríveis do tiroteio, foi curado e se libertou, passando a dedicar sua a vida a transmitir uma mensagem de amor e compaixão.

Uma mãe cujo filho foi assassinado conectou-se com o outro filho, e comprometeu-se a transformar a relação remanescente em todos os aspectos.

A comunidade se ajudou, abraçando essa mensagem de amor, de cura, de perdão.

Sei que ninguém em Newtown esquecerá o que aconteceu, mas torço, espero, que cada uma das pessoas da cidade, e tantas outras no mundo inteiro, se valham desse episódio trágico como uma lembrança para amar mais, para perdoar mais, para se curar. Esse é o único modo de criarmos um mundo em que algo assim nunca mais aconteça.

Nick Ortner

Uma visita ao meu avô

O que dizemos torna-se a casa que habitamos.
Hafez

Sou filho de uma tradição ancestral chamada Tolteca. Meu avô foi um *nagual* (xamã), e passei toda a minha juventude me esforçando bastante para conquistar o respeito dele.

Quando adolescente, eu queria impressioná-lo com as minhas opiniões a respeito de tudo que aprendia na escola. Compartilhei meus pontos de vista sobre as injustiças do mundo, sobre a violência e o conflito entre o bem e o mal. Meu avô ouvia com toda paciência, o que me encorajava a falar cada vez mais. Certo dia notei um sorrisinho em seu rosto, quando ele disse:

— Miguel, essas teorias que você aprendeu são muito boas, mas tudo o que me disse são apenas histórias. Não significa que sejam verdade.

É claro que me senti mal e tentei defender meu discurso, mas meu avô voltou a falar:

— A maioria das pessoas acredita que existe esse grande conflito universal entre o bem e o mal, mas fique você sabendo que isso só existe dentro da mente humana. Não se aplica ao resto da natureza. O real conflito da nossa mente é entre a verdade e a mentira. Bem e mal são o *resultado* desse conflito.

"Acreditar em verdades cria o *bem*, o amor, a felicidade. Acreditar em mentiras e defendê-las cria aquilo que chamamos de *mal*. Cria todo tipo de injustiça e de violência, todo o drama e sofrimento, não apenas no âmbito social, mas também no individual."

Humm... O argumento do meu avô fazia sentido, mas eu não acreditava nele. Como é que todo o sofrimento e os conflitos do mundo poderiam ser resultado de algo tão simples? Certamente, a origem era mais complexa.

— Miguel, todo o drama da sua vida é fruto de acreditar em mentiras. E a primeira mentira na qual você acredita diz o seguinte: "Eu não sou bom o suficiente, eu não sou perfeito." Só que todos nascemos perfeitos, e assim morreremos, porque a perfeição é tudo que existe. Quando você acredita que não é bom o bastante, *isto se concretizará*, porque traduz o poder e a magia da sua fé. Com essa mentira, você passa a buscar um *modelo de perfeição* inatingível. Você passa a buscar o amor, a justiça e tudo aquilo que acredita não possuir, alheio ao fato de que tudo isso já existe dentro de você. A humanidade é do jeito que é porque, coletivamente, acreditamos em mentiras ancestrais. Reagimos a elas com raiva e violência, mas não passam de mentiras.

Eu me perguntava como seria possível discernir a verdade, quando meu avô continuou:

— Nossos sentimentos revelam o que é a verdade, mas, assim que tentamos colocá-la em palavras, nós a distorcemos e ela deixa de ser verdade. Passa a ser apenas uma versão. Imagine que Picasso tenha pintado um retrato seu. Você olha o retrato e diz a ele "Eu não sou assim". Ao que ele responde: "É claro que é. É assim que eu vejo você." Para Picasso, aquele retrato é a verdade; ele descreveu a própria percepção. Somos todos artistas, somos todos contadores de histórias com nossos pontos de vista únicos. Usamos as palavras para retratar tudo aquilo que vivemos. Inventamos a verdade e, assim como o pintor espanhol, a distorcemos no âmbito coletivo, mas ela se mantém no individual. Quando entendemos essa diferença, paramos de tentar impor a nossa versão às pessoas, de defender nossas crenças. Enquanto artistas, precisamos respeitar a liberdade criativa de todos os demais.

Naquele momento, meu avô oferecia a mim a oportunidade de enxergar essas mentiras nas quais acreditamos. Toda vez em que julgamos a nós mesmos, que nos culpamos, nos punimos, fazemos isso baseados em mentiras. Todas as vezes em que brigamos com nossos pais, nossos filhos, com as pessoas que amamos, agimos baseados em mentiras, e eles também.

Quantas mentiras você ouve dentro da sua cabeça? Quem está julgando? Quem está falando com você? Quem é a pessoa com todas essas opiniões? Se você não gosta da vida que tem, é porque essa voz interior não permite que você goste. Chamo ela de *voz do saber*, porque é ela quem nos diz tudo aquilo que sabemos, e esse conhecimento está contaminado de mentiras.

Contudo, se seguirmos duas regras, as mentiras não sobreviverão ao ceticismo e desaparecerão. Primeiro: escute a sua versão, mas *não acredite nela*, porque agora você sabe que quase tudo ali é ficção. Segundo: escute as versões dos outros, mas *não acredite nelas*. A verdade sobrevive ao ceticismo, mas as mentiras só perduram quando *acreditamos* nelas.

Quando nos damos conta das mentiras, discernimos também a verdade. Ao eliminar aquelas que criamos a nosso respeito, eliminamos também aquelas a respeito de todas as outras pessoas. Apenas a verdade nos conduz ao amor, um grande passo em direção à cura da mentalidade humana.

Don Miguel Ruiz

Adaptado de *The Voice of Knowledge: A Practical Guide to Inner Peace*.
Copyright © 2004 by Miguel Angel Ruiz e Janet Mills
Reproduzido sob permissão da Amber-Allen Publishing, Inc., San Rafael, California.

Um futuro pra mim

Tia,

hoje a mamãe xorou. Ela perguntou Jody você sabe porque que você vai pra escola e eu disse eu não sei, porque?

Aí ela dise que é porque é pra construir um futuro pra mim. Aí eu perguntei o que que era um futuro. A mamãe disse eu não sei Jody, ninguém pode ver o seu futuro, só você pode, mas não fica preocupado, porque você vai ver, vai sim. E foi aí que ela xorou e dise Jody eu te amo.

A mamãe dis que todas as crianças tem que se esforssar muito pra conquistar o futuro mais legal que tiver.

Tia, a gente pode comesar a construir o meu? Você pode fazer um esforssinho pra a gente conseguir fazer um bem legal pra mamãe e pra mim?

Eu te amo, tia.

Bjssssss do Jody

Escrito por Frank Trujillo.
Copyright © 1990, ProTeach Publications. Todos os direitos reservados.

Agora eu gosto de mim

Quando você notar uma melhora na autoimagem da criança, notará também ganhos significativos em suas realizações; e, mais importante, verá essa criança começar a gostar mais da vida.
Wayne Dyer

Foi grande o meu alívio quando entendi que crianças precisam de mais do que apenas as matérias do currículo. Eu entendo bem matemática, ensino bem essa disciplina. Antes, achava que isso era suficiente.

Hoje, ensino crianças em vez de ensinar matemática. Aceito o fato de que só terei sucesso parcial com algumas delas.

Quando abro mão da necessidade de ter todas as respostas, pareço ter mais respostas do que no tempo em que tentava ser um especialista. Eddie foi o aluno que me ensinou isso. Um dia, perguntei por que ele achava que estava indo melhor naquele ano do que no anterior. Sua reposta ressignificou toda a minha forma de orientar:

— Com você do meu lado, passei a gostar de mim.

Relato de um professor narrado
por Everett Shostrum em *The Manipulator*

Todas as coisas boas

Uma palavra gentil é como um dia de primavera.
Provérbio russo

Ele era da turma de terceiro ano do ensino fundamental para a qual eu lecionava na escola Saint Mary's, em Morris, Minnesota. Eu tinha carinho por todos os 34 alunos, mas Mark Eklund era especial. De boa aparência, Mark tinha aquele jeito de bem com a vida que tornava deliciosas até suas travessuras mais inofensivas.

Ele falava sem parar. Eu tinha sempre que lembrá-lo que falar sem permissão na classe não era aceitável. O que me impressionava muito era a resposta sincera que ele dava toda vez que eu tentava corrigir seu mau comportamento.

— Obrigada pela correção, Irmã!

Da primeira vez eu não soube como reagir, mas, com o tempo, fui me acostumando a ouvir essa resposta várias vezes ao dia.

Certa manhã, Mark já havia interrompido a aula várias vezes, e eu começava a perder a paciência. E então cometi um erro de professor principiante. Olhei para ele e avisei:

— Se você der mais um pio, vou passar fita na sua boca, Mark!

Em seguida, um aluno chamado Chuck disparou:

— O Mark está falando de novo.

Eu não havia pedido ajuda para tomar conta de Mark, mas, como havia feito a ameaça diante de toda a classe, precisei sustentá-la.

Eu me lembro da cena como se tivesse acontecido hoje de manhã. Caminhei até a minha mesa, abri a gaveta muito deliberadamente e tirei dela um rolo de fita adesiva. Sem dizer uma palavra sequer, dirigi-me até a carteira de Mark, cortei dois pedaços de fita e fiz um grande X em cima da boca dele. E então voltei para o meu lugar diante da classe.

Quando olhei para Mark, para ver como ele estava, ele me deu uma piscadinha. Foi a gota d'água. Comecei a rir e a classe inteira comemorou quando fui até ele, tirei a fita e dei de ombros. Assim que abriu a boca, Mark disse:

— Obrigada pela correção, Irmã!

No fim daquele ano, convidaram-me para lecionar matemática para os últimos anos do ensino fundamental. O tempo voou e, antes que eu me desse conta, lá estava Mark na minha turma outra vez. Estava mais bonito do que nunca, mas educado como sempre. Como precisava escutar com atenção para entender aquela "nova matemática", ele já não falava tanto no nono ano.

Em uma sexta-feira, as coisas não pareciam bem. Tínhamos passado a semana toda trabalhando arduamente em um novo ponto da matéria, e eu sentia que alguns alunos começavam a ficar frustrados consigo mesmos e irritados com os colegas. Eu precisava acabar com aquele clima antes que a coisa saísse do controle. Sendo assim, solicitei que listassem os nomes dos colegas em duas folhas de papel, deixando um espaço entre cada um. Então pedi que pensassem na coisa mais legal que poderiam dizer a respeito daquela pessoa e escrevessem ali.

A tarefa tomou o tempo que restava da aula, e, antes de sair, eles me devolveram suas folhas. Chuck sorriu ao fazer isso.

— Obrigada pela lição, Irmã! Bom fim de semana — disse Mark.

No dia seguinte, escrevi o nome de cada aluno em uma página individual e listei o que cada colega dissera ao seu respeito. Quando voltei à sala de aula, entreguei cada uma ao seu dono. Alguns receberam duas páginas. Em pouco tempo, a turma toda sorria. "É sério?", "Nunca imaginei que isso significasse alguma coisa!" e "Eu não sabia que gostavam tanto assim de mim" foram alguns dos sussurros que ouvi.

Nenhum aluno mencionou aquela tarefa novamente. Nunca soube o que discutiram sobre o assunto entre eles e com os pais, mas não importava. O exercício cumpriu seu objetivo. Eles ficaram felizes consigo mesmos e com seus colegas de classe.

E assim, aquele grupo seguiu em frente. Anos depois, eu voltava de férias e meus pais foram me buscar no aeroporto. No carro, a caminho de casa, minha mãe fez as perguntas de costume sobre a viagem: como estava o clima, o que eu tinha feito etc. Até que houve uma breve pausa na conversa.

Minha mãe lançou um olhar de esguelha para o meu pai e disse:

— Conte.

Ele pigarreou antes de falar.

— Os Eklund ligaram ontem à noite.

— É mesmo? Tem muitos anos que não falo com eles. Fico imaginando com o Mark deve estar.

Meu pai falou baixinho.

— Mark morreu no Vietnã. O velório será amanhã e os pais dele gostariam que você fosse.

Até hoje consigo dizer o ponto exato da rodovia I-494 em que estávamos quando ouvi a notícia.

Eu nunca tinha visto um caixão militar. Dentro dele, Mark estava tão bonito, parecia tão maduro. Naquele momento, eu só conseguia pensar em dizer "Mark, eu daria toda a fita adesiva do mundo para ouvir você falando comigo outra vez".

A igreja estava lotada de amigos. A irmã de Chuck cantou "The Battle Hymn of The Republic". Por que precisava chover naquele momento? Estar diante da cova já era difícil demais sem chuva. O pastor recitou as orações costumeiras e o corneteiro tocou o Toque do Silêncio. Uma a uma, as pessoas que amavam Mark se aproximavam do caixão pela última vez e aspergiam água benta sobre ele.

Eu fui a última. Ali, parada diante do caixão, vi um dos soldados que o havia carregado se aproximar e perguntar:

— Você era a professora de matemática dele?

Eu assenti, sem tirar os olhos do caixão.

— Ele falava muito de você — disse o rapaz.

Depois do velório, a maioria dos colegas de classe de Mark foi para o almoço que seria servido na fazenda da família. Seus pais estavam à minha espera quando cheguei.

— Gostaríamos de mostrar uma coisa — disse o pai, tirando uma carteira do bolso. — Encontraram isso com o Mark quando ele morreu. Achamos que talvez você reconhecesse.

Ao abrir a carteira, ele retirou cuidadosamente duas folhas de caderno coladas com durex, obviamente dobradas e desdobradas muitas vezes. Nem precisei olhar para saber que era a lista de todas as coisas boas que os colegas haviam dito sobre ele.

— Muito obrigada por isso — disse a mãe. — Como você pode ver, era muito importante para ele.

Os colegas de Mark começaram a se aproximar. Chuck deu um sorriso tímido e disse:

— Eu ainda tenho a minha. Fica na primeira gaveta da minha escrivaninha.

— John me pediu para colocar a dele no nosso álbum de casamento — disse a esposa de John.

— Eu também tenho a minha — disse Marilyn. — Guardo no meu diário.

E então Vicki, também ex-aluna, tirou a carteira do bolso e mostrou a dela, velha e desgastada.

— Eu levo comigo o tempo todo — explicou, sem pestanejar. — Acho que todos nós guardamos as nossas.

Nesse momento eu, enfim, me sentei e chorei. Chorei por Mark e por todos os amigos que nunca mais voltariam a vê-lo.

Helen P. Mrosla

Você é um prodígio

As crianças são um terço da população e o nosso futuro inteiro.
Painel para Promoção da Saúde Infantil, 1981

Cada segundo de nossa vida é um momento novo e único do universo, um momento que jamais se repetirá... E o que estamos ensinando às nossas crianças? Ensinamos a elas que dois e dois são quatro, que Paris é a capital da França.

Quando iremos ensiná-las o que elas são?

Deveríamos dizer a cada uma: você sabe o que você é? Você é um prodígio. Você é única. Nunca, em tempo algum, houve outra criança como você. Suas pernas, seus braços, esses dedinhos espertos, seu jeito de andar.

Talvez você se torne um Shakespeare, um Michelangelo, um Beethoven. Suas capacidades são infinitas. Você é um prodígio, sim. E quando crescer, pode, por favor, trazer ao mundo outro prodígio como você?

Precisamos trabalhar — todos nós — para tornar o mundo um lugar digno para suas crianças.

Pablo Casals

Aprendemos fazendo

Estou em constante aprendizado. A lápide será meu diploma.
Eartha Kitt

Há poucos anos, comecei a tocar violoncelo. A maioria das pessoas diria que o que estou fazendo é "aprendendo a tocar" violoncelo. Mas essas palavras incutem na mente a estranha noção de que existem dois processos muito diferentes: (1) estou aprendendo a tocar violoncelo; (2) estou tocando violoncelo. Isso implica que vou começar o primeiro processo e, quando levá-lo a cabo, irei interrompê-lo para que o segundo comece. Resumindo: estarei "aprendendo a tocar" até ter "aprendido a tocar", e só então começarei a tocar. O que é, obviamente, absurdo. Não são dois processos, é apenas um. Aprendemos a fazer alguma coisa fazendo. Não existe outro modo.

John Holt

A mão

Um professor pega na mão, abre a mente e toca o coração.
Autor desconhecido

Em um Dia de Ação de Graças, o editorial de um jornal contava a história de uma professora que pediu à sua turma de primeiro ano do fundamental para desenhar algo pelo qual sentiam-se gratos. Imaginou quão pouco aquelas crianças pequenas, vindas de bairros carentes, teriam a agradecer. Ainda assim, sabia que a maioria desenharia perus assados ou mesas cheias de comida. Qual foi o susto que levou ao ver o desenho que Douglas havia feito com seus traços simples de criança: uma mão.

Mas de quem era aquela mão? Toda a classe ficou fascinada por aquela imagem abstrata.

— Deve ser a mão de Deus trazendo a comida para nós — disse um dos alunos.

— Deve ser de um fazendeiro — disse outro —, porque eles criam os perus.

Então, quando todos voltaram à tarefa, a professora se inclinou sobre a carteira de Douglas e perguntou de quem era aquela mão.

— É a sua mão, professora — disse ele.

Naquele momento, a professora se deu conta de que, frequentemente, na hora do recreio, ela conduzia um Douglas, esfolado e perdido, pela mão. Talvez seja esse o real significado do Dia de Ação de Graças; não os bens materiais que recebemos, mas a oportunidade de doarmos algo, por menor que seja, aos demais.

Fonte desconhecida

O garotinho

Não espere nada original de um eco.
Autor desconhecido

Um dia um garotinho foi à escola.
Era um garotinho bem pequeno.
Em uma escola bem grande.
Mas quando o garotinho
Descobriu que a porta da escola
Dava direto para a sala de aula,
Sentiu-se feliz e a escola já não era mais
Tão grande assim.

Certa manhã,
Quando o garotinho já estava na escola há algum tempo,
A professora disse:

"Hoje vamos fazer um desenho."
"Legal!", pensou o garotinho.
Gostava de desenhar.
Podia desenhar qualquer coisa:
Tigres e leões
Vacas e galinhas
Barcos e trens.
Então sacou o giz de cera
E pôs-se a desenhar.

Mas a professora disse:
"Esperem! Não comecem agora!"
E então ele esperou até
que todos estivessem prontos.

"Agora", disse a professora.
"Desenhem flores", pediu ela.
"Legal!", pensou o garotinho.
Gostava de desenhar flores,
Então pôs-se a fazer flores lindas
Com giz cor-de-rosa, laranja e azul.

Mas a professora disse:
"Esperem! Vou ensinar como se faz."
E desenhou a flor no quadro-negro.
Era vermelha, com o cabo verde.
"Assim", disse ela.
"Agora podem começar.".

O garotinho olhou para a flor da professora.
Olhou para a própria flor.
Gostava mais da sua do que da dela.
Mas não disse nada,
Apenas virou a folha ao contrário
E ali desenhou a flor da professora.
Vermelha, com o cabo verde.

Outro dia,
Quando o garotinho havia aberto sozinho
A porta do lado de fora,
A professora disse:
"Hoje vamos trabalhar com argila."
"Legal!", pensou o garotinho.
Gostava de argila.

Podia criar qualquer coisa:
Cobras e bonecos de neve,
Elefantes e camundongos,
Carros e caminhões.
Então pôs-se a modelar e modelar
Sua bola de argila.

Mas a professora disse:
"Esperem! Vou ensinar como se faz."

E então ele esperou até
que todos estivessem prontos.

"Agora", disse a professora
"Vamos fazer um prato", instruiu.
"Legal!", pensou o garotinho.
Gostava de modelar pratos,
Então pôs a fazer alguns,
De todos os formatos e tamanhos.

Mas a professora disse:
"Esperem! Vou ensinar como se faz."
E então mostrou a todos como fazer
Um prato fundo.
"Assim", disse ela.
"Agora podem começar", instruiu.

O garotinho olhou para o prato da professora.
Olhou para os próprios pratos.
Gostava mais dos seus do que do outro.
Mas não disse nada e
apenas remodelou a argila em uma grande bola,
E com ela fez um prato igual ao da professora.
Um prato fundo.

Em pouco tempo
O garotinho aprendeu a esperar
E observar,
E a fazer as coisas exatamente como a professora.
E em pouco tempo
Já não criava mais nada.

Certo dia, aconteceu,
O garotinho e sua família,
Mudaram-se para outra casa,
Em outra cidade,
E o garotinho
Teve de ir para outra escola.

A escola era ainda maior
Do que a anterior,
E não havia uma porta
Que levasse direto para a sala de aula.
Era preciso subir degraus enormes,
e percorrer um corredor longo
para chegar lá.

No primeiro dia de aula
A professora disse:
"Hoje vamos fazer um desenho."

"Legal!", pensou o garotinho
E então esperou que a professora
Dissesse a ele o que fazer
Mas a professora ficou em silêncio.
Ela apenas ficou andando pela sala.

Quando se aproximou do garotinho,
Perguntou: "Não vai fazer um desenho?"

"Vou", disse o garotinho. "O que vamos desenhar?"

"Não tenho como saber até que você o faça", respondeu ela.

"De que jeito devo fazer, então?", perguntou ele.

"Ora, do jeito que quiser."

"Com qualquer cor?"

"Com qualquer cor", afirmou a professora.

"Se todos fizerem o mesmo desenho,

E usarem as mesmas cores,

como eu saberia quem fez o quê?

"Ou a quem pertence cada um?"

"Não sei", respondeu o garotinho.

E pôs-se a desenhar flores

Cor-de-rosa, laranja e azuis.

Ele gostava daquela escola nova,

Mesmo que ali não houvesse uma porta

Que desse direto para o lado de fora.

Helen E. Buckley

Eu sou professor

Reconhecimento é uma coisa maravilhosa.
Torna aquilo que é excelente nos outros, algo que também nos pertence.
Voltaire

Eu sou professor.

Nasci no momento em que a primeira pergunta saiu dos lábios de uma criança.

Já fui muitas pessoas, estive em muitos lugares.

Sou Sócrates estimulando os jovens de Atenas a descobrirem ideias por meio de questionamentos.

Sou Anne Sullivan colocando os segredos do universo na palma da mão estendida de Helen Keller.

Sou Esopo e Hans Christian Andersen revelando a verdade em incontáveis fábulas.

Sou Marva Collins lutando pelo direito de todas as crianças e pela educação.

Sou Mary McCleod Bethune construindo uma escola para seu povo, usando engradados de laranja como carteiras.

E sou Bel Kaufman e seu esforço de ir *Subindo por onde se desce.*

Os nomes daqueles que exerceram esta profissão e juntos compõem um hall da fama para a humanidade: Booker T. Washington, Buda, Confúcio, Ralph Waldo Emerson, Leo Buscaglia, Moisés e Jesus.

Também sou aqueles de que nomes e rostos há muito foram esquecidos, mas cujas lições e cujo caráter serão para sempre lembrados por meio dos feitos de seus alunos.

Chorei de alegria em casamentos de alunos antigos, sorri de satisfação no nascimento de seus filhos e, de cabeça baixa, em luto e assombro, estive diante de sepulturas cavadas cedo demais, para corpos jovens demais.

No curso de um único dia já fui requisitado como ator, amigo, enfermeiro e médico, treinador, arqueólogo, investidor, motorista de táxi, psicólogo, pai substituto, vendedor, político e guardião da fé.

Além de mapas, gráficos, fórmulas, verbos, histórias e livros, não tive nada a ensinar, porque meus alunos precisam aprender consigo mesmos e sei que é difícil, muito difícil, descobrir quem se é.

Sou um paradoxo. Falo mais alto quando escuto melhor. Meus maiores dons residem naquilo que, de bom grado, estou feliz em aprender com meus alunos.

Riqueza material não é um objetivo, mas sou um caçador de tesouros incansável quando os assuntos são buscar os talentos muitas vezes suprimidos pelo derrotismo e as oportunidades para que meus alunos usem seus talentos.

Sou o mais sortudo dos trabalhadores.

Ao médico é permitido trazer a vida ao mundo naquele momento mágico. A mim, é permitido ver que essa vida renasce a cada dia em novas perguntas, novas ideias, novas amizades.

O arquiteto sabe que, projetando com cuidado, a estrutura talvez dure por séculos. O professor sabe que, projetando com amor e verdade, a estrutura durará para sempre.

Sou um guerreiro que todos os dias combate a pressão dos pares, a negatividade, o medo, a submissão, o preconceito, a ignorância e a apatia. Tenho, no entanto, grandes aliados: Inteligência, Curiosidade, Apoio dos pais, Individualidade, Criatividade, Fé, Amor e Sorrisos. Todos se unem sob o meu estandarte em apoio indomável.

E a quem mais eu agradeceria por esta incrível vida que tenho a sorte de levar, senão a meu público, aos pais. Porque são vocês que me dão esta grande honra ao confiar a mim seus filhos, sua maior contribuição para a eternidade.

E assim, tenho um passado rico de lembranças. Tenho um presente
desafiador, cheio de aventuras e alegrias, porque a mim é permitido passar os dias acompanhado do futuro.
Eu sou professor... e todos os dias agradeço a Deus por isso.

John W. Schlatter

Viva os seus sonhos

*Quem diz que algo não pode ser feito não deveria
interromper quem já está fazendo.*

George Bernard Shaw

Meu próprio caminho

Existe uma vida invisível que nos sonha.
Que sabe nosso verdadeiro rumo e nosso destino.
Podemos confiar em nós mais do que nos damos conta
E não devemos ter medo algum de mudar.
John O'Donohue

Eu tinha 22 anos e era uma estrela — ou assim pensava. Como publicitária da NBC News em Nova York — a mais nova da empresa até então, como me disseram —, eu ganhava o bastante para alugar um bom apartamento perto do Lincoln Center, fazer as unhas do pé e da mão todo fim de semana, jantar fora e fazer compras. Nada mal para uma garota judia de Miami que a vida toda sonhou em conquistar seu espaço na Big Apple.

Algumas das maiores referências do meio jornalístico me chamavam pelo primeiro nome, como Jane Pauley, Maria Shriver e o falecido Tim Russert. Em algum momento, essas grandes personalidades se beneficiaram do meu talento como publicitária. Era uma coisa doida, e eu estava surfando na onda. Já enxergava uma carreira longa e feliz no set icônico de *Um maluco na TV.*

Um dia, a NBC News contratou um novo presidente de divisão. Ele planejava grandes mudanças, algo que entendi abruptamente ao atender uma ligação do RH dizendo que eu deveria ir até o seu escritório. Quando entrei, ele estava sentado atrás de uma mesa enorme. Não se levantou para me cumprimentar. Mau sinal.

Ele cruzou as mãos atrás da cabeça, recostou-se na cadeira de couro e disse que toda pessoa que assume o comando de uma empresa ou divisão quer deixar sua marca: protocolos novos, procedimentos novos, equipe nova.

A ficha caiu.

— Você está me demitindo? — interrompi.

— Você tem meia hora para sair do prédio — disse ele, pragmático.

Meu mundo desabou. Entrei em desespero e comecei a usar todas as habilidades que havia aprendido como campeã de debates no ensino médio. Disse a ele que estava cometendo um terrível engano e listei as razões. Disse que se falasse com qualquer colaborador interno ou externo, ouviria que eu era valiosa para a empresa, que realmente sabia o que estava fazendo e que eu era 100% comprometida com a NBC News.

Ele olhou para seu relógio de pulso.

Em pânico, pedi uma chance para me provar.

— Que tal se você me der três objetivos para cumprir em três semanas? Ou três meses, ou qualquer período de tempo que você quiser? Assim posso me provar útil para você.

Eu só queria continuar trabalhando ali, disse a ele.

A resposta?

— Você agora só tem 25 minutos para sair do prédio.

Game over. E enquanto eu me levantava para sair da sala, tentando com todas as minhas forças não chorar, suas palavras finais foram:

— Tory, o mundo lá fora é muito grande. Sugiro que você vá explorá-lo.

Eu saí da sala em choque. O mundo que eu conhecia havia chegado ao fim. Achei que minha carreira tivesse acabado. Eu sequer recolhi meus pertences antes de ir embora. Eu estava no meu limite. No fim do dia alguém poderia mandar tudo lá para casa.

Voltei para casa a pé, vesti um pijama e me joguei no clichê clássico de tristeza regada a sorvete. Para passar o tempo? Televisão o dia todo, longas ligações para a minha mãe na Flórida e muitas noites sem dormir, duvidando de mim mesma e me perguntando o que seria de mim. O período de fossa aceitável se transformou em uma maratona financiada pelo dinheiro da rescisão, pelo seguro-desemprego e pelo resgate da previdência privada, algo que só pareceria boa ideia para alguém com a inocência dos vinte e poucos anos.

Com a soma considerável de 23 mil dólares na conta bancária, ir ao caixa-eletrônico nunca tinha sido um problema. Quer dizer, não até o dia em que me vi diante daquela máquina do Citibank, que, para o meu choque, dizia que meu dinheiro havia acabado. Não sei por que uma garota inteligente como eu ficou tão surpresa com aquilo: quando não entra nada, mas sempre sai, é inevitável ficar zerada em algum momento.

Naquele instante, percebi minhas duas alternativas: fazer as malas e voltar para casa dos meus pais em Miami ou sair daquela situação e arrumar outro emprego.

Sem a menor vontade de retroceder, parei para analisar a minha situação. Em primeiro lugar, falei comigo mesma, nada dura para sempre. Todos os empregos são temporários e ninguém fica em um mesmo trabalho a vida toda. Segundo, às vezes a gente faz tudo direitinho e ainda assim é mandado embora. Por último, posso perder meus cartões de visita, meu crachá e meu contracheque, mas ninguém pode tirar de mim minhas habilidades e minha experiência, nem os amigos e colegas que podem comprovar o meu talento. Depois que descobri isso — e passei verdadeiramente a acreditar —, levei duas semanas para conseguir outro emprego.

Uma vez contratada, refleti sobre os importantes aprendizados daquele período, mais notavelmente a respeito da ideia de que eu mesma devo medir o meu valor, de que cabe a mim transmitir ao mundo o que eu quero que ele veja. E que isso não tem a ver com o cargo ou com a empresa em que estou: tem a ver comigo e com as coisas que sou capaz de fazer, oferecer e conquistar.

Percebi que eu nunca quis estar na folha de pagamento de alguém, que eu nunca quis deixar meu destino nas mãos de outra pessoa. Eu me incomodava com a ideia de que, independentemente do meu empenho e comprometimento, qualquer executivo arrogante poderia decidir cancelar meu contracheque, tentar roubar minha dignidade e meu valor. Por mais que tentasse, essa sensação não me deixava. Eu não tinha estômago para sequer imaginar ser demitida outra vez.

A cicatriz daquela carta de demissão me convenceu de que eu me sentia melhor gerindo meu próprio negócio e assinando meu próprio contracheque. Contando *apenas* comigo. Tudo nas *minhas* mãos. Sei que é um conceito assustador para muitas pessoas, mas sempre achei emocionante. Até hoje sei que essa foi a decisão pessoal mais libertadora que eu poderia ter tomado. Pergunte a qualquer pessoa que tenha abandonado o mundo corporativo nos Estados Unidos para ser autônomo e a maioria dirá a mesma coisa.

Tory Johnson

Acho que eu posso!

Se pensa que pode ou se pensa que não pode,
de qualquer forma você está certo.
Henry Ford.

Rocky Lyons, filho do jogador Marty Lyons, defensor do New York Jets, tinha 5 anos e estava na caminhonete da família com a mãe, Kelly, que dirigia por uma estrada rural no Alabama. No banco do carona, Rocky cochilava com a cabeça em cima do colo dela.

Ela dirigia com todo cuidado pela rodovia de duas pistas quando fez a curva para entrar em uma ponte estreita. Ao fazê-lo, o veículo passou por um buraco e derrapou para fora da pista. A roda dianteira direita ficou presa em um barranco. Com medo de que o carro despencasse, Kelly tentou forçá-lo de volta para a estrada, pisando com tudo no acelerador e girando o volante para a esquerda. Mas o pé de Rocky ficara preso entre as pernas dela e o volante e Kelly perdeu o controle da direção.

A caminhonete despencou em uma ravina de mais de cinco metros de altura. Rocky acordou com o impacto.

— O que aconteceu, mamãe? Por que as rodas estão viradas para o céu?

Kelly não enxergava um palmo à frente por causa do sangue sobre os olhos. O câmbio havia atingido seu rosto, abrindo um corte que ia do lábio superior à testa. Suas gengivas estavam rasgadas, as bochechas, dilaceradas, os ombros, destruídos. Com uma fratura exposta despontando da axila, ela estava imprensada contra a porta destruída da caminhonete.

— Vou soltar você, mamãe — disse Rocky, que, milagrosamente, não sofrera um arranhão sequer.

Ele se desvencilhou do corpo da mãe, deslizou pela janela aberta e tentou puxar Kelly para fora. Mas ela nem se moveu.

— Eu só quero dormir — implorou ela, a consciência oscilando.

— Não, mamãe — insistiu Rocky. — Você não pode dormir.

Rocky se contorceu de volta para dentro do carro e conseguiu puxar Kelly das ferragens. Então, disse que subiria até a estrada para pedir ajuda. Com medo de que não enxergassem um garotinho no meio da escuridão, Kelly não deixou que ele fosse sozinho. Então, os dois se arrastaram lentamente barranco acima, Rocky com seus vinte quilos puxando a mãe de cinquenta. Moviam-se centímetro a centímetro, mas o filho não iria deixá-la.

Para incentivá-la, Rocky pediu para que pensasse "naquele trenzinho" do clássico infantil *A pequena locomotiva que podia*. Na história, a locomotiva dá um jeito de subir por uma montanha muito íngreme. Rocky repetia sem parar sua versão da frase inspiradora da história "eu sei que você consegue, eu sei que você consegue".

Quando finalmente chegaram à rodovia, pela primeira vez Rocky pode ver com clareza o estrago no rosto da mãe, e desabou em prantos. Agitando os braços e implorando "Pare! Por favor, pare!", conseguiu chamar atenção de um caminhão.

— Leva a minha mãe para o hospital — pediu ao motorista.

Foram necessárias oito horas e 344 pontos para reconstruir o rosto de Kelly. Hoje, sua aparência é bem diferente da que era antes do acidente.

— Meu nariz era reto e comprido, os lábios finos e as maçãs da bochecha bem proeminentes. Agora é achatado, as maçãs são retas e os lábios bem maiores.

Mas as cicatrizes visíveis são bem poucas, e Kelly se recuperou bem.

O ato heroico de Rocky atraiu muita atenção, mas o garotinho corajoso insistia não ter feito nada de extraordinário.

— Não é como se eu quisesse que aquilo tivesse acontecido — explicou. — Eu só fiz o que qualquer um faria.

Mas, segundo Kelly:

— Eu teria morrido se não fosse pelo meu filho.

Relato contado por Michele Borba

Descanse em paz: o velório do "eu não consigo"

O otimismo é a base da coragem.
Nicholas Murray Butler

A turma do quarto ano de Donna era parecida com várias outras que eu vira no passado. Alunos sentavam-se espalhados por cinco fileiras de seis carteiras. A mesa do professor na frente, virada para a classe. O quadro de cortiça ostentava trabalhos dos estudantes. Em todos os aspectos, era a sala de aula típica de uma classe do ensino fundamental. Ainda assim, algo parecia diferente quando entrei ali pela primeira vez. Uma corrente invisível de empolgação parecia circular.

Donna era uma professora experiente de uma cidadezinha de Michigan, e estava a apenas dois anos de se aposentar. Além disso, era voluntária em um projeto estadual de desenvolvimento profissional que eu havia organizado e promovido. O treinamento era focado em linguagens artísticas de empoderamento da autoestima dos alunos, para que tomassem as rédeas da própria vida. O seu trabalho era participar dessa capacitação e colocar em prática os conceitos aprendidos em sala de aula. O meu era visitar essas salas de aula e estimular a implementação do projeto.

Sentei-me em uma carteira vazia no fundo da sala e assisti. Os alunos realizavam uma tarefa, anotando ideias em uma folha de caderno. Uma menina de 10 anos que estava mais perto de mim preenchia a página com vários "Eu não consigo".

"Eu não consigo chutar a bola para muito longe no jogo de futebol."

"Eu não consigo fazer divisão com números de três dígitos."

"Eu não consigo fazer a Debbie gostar de mim."

A página já estava pela metade, mas ela não demonstrava que iria desistir. Trabalhava com determinação e persistência.

Fui andando pelas fileiras, olhando os trabalhos de cada um. Todos escreviam frases sobre coisas que não conseguiam fazer.

"Eu não consigo fazer dez flexões."

"Eu não consigo lançar a bola acima da cerca do campo esquerdo."

"Eu não consigo comer só um cookie."

Àquela altura, a atividade já tinha atraído a minha curiosidade, então fui falar com a professora para perguntar do que se tratava. Quando cheguei perto dela, notei que estava bastante concentrada no que escrevia e achei melhor não interrompê-la.

"Eu não consigo fazer com que a mãe do John venha para a reunião de pais e professores."

"Eu não consigo fazer minha filha abastecer o carro."

"Eu não consigo fazer o Alan usar o diálogo em vez de dar socos."

Frustrado por não conseguir entender aquela dinâmica — por que a professora e os alunos estavam se ocupando com aspectos negativos em vez de escreverem todos os "Eu consigo"? —, voltei para o meu lugar e continuei observando. A atividade durou mais uns dez minutos. Quase todos os alunos encheram frente e verso e alguns até precisaram de outra folha.

— Terminem esta que vocês já começaram, e aí parem — instruiu Donna, sinalizando que a atividade havia chegado ao fim.

Os alunos então dobraram suas folhas ao meio e levaram-nas até a mesa da professora, onde as colocaram dentro de uma caixa de sapatos vazia.

Quando todos tinham sido recolhidos, Donna colocou a folha dela também. Em seguida, tampou a caixa, enfiou-a debaixo do braço e seguiu em direção a porta. Foi para corredor, acompanhada de toda a turma. E eu fui atrás.

Mais ou menos na metade do caminho, a procissão parou. Donna entrou no almoxarifado, vasculhou algumas coisas e saiu de lá com uma pá. Com a caixa de um lado e a pá na mão do lado oposto, a professora conduziu os alunos para fora do prédio, até o canto mais distante do pátio da escola. Chegando lá, começaram a cavar.

Eles iam enterrar os "Eu não consigo"! A tarefa com a pá durou dez minutos porque quase todo mundo quis cavar um pouquinho. Quando o buraco tinha quase um metro de profundidade, deram-se por satisfeitos. A caixa foi colocada dentro do buraco e coberta de terra.

Os 31 alunos entre 10 e 11 anos ficaram ali, olhando para a cova recém-fechada. A sete palmos havia uma caixa de sapato com ao menos uma página de cada um deles, repleta de coisas que não conseguiam fazer. A da professora também.

Neste momento, Donna anunciou:

— Meninos e meninas, por favor, deem as mãos e abaixem a cabeça.

Os alunos rapidamente formaram um círculo ao redor da sepultura, entrelaçados pelas mãos, e abaixaram a cabeça em silêncio. A professora começou seu louvor:

— Amigos, estamos reunidos aqui hoje em memória de 'Eu não consigo'. Enquanto esteve conosco neste plano, tocou a vida de todos, alguns menos, outros mais. Infelizmente, seu nome foi pronunciado em todos os prédios públicos deste país. Nas escolas, nas prefeituras, no congresso e até na Casa Branca.

"Hoje criamos para 'Eu não consigo' uma morada de descanso final e uma lápide com seu epitáfio. 'Eu não consigo' deixa seus irmãos 'Eu consigo', 'Eu farei' e 'Eu farei imediatamente'. Os três não são tão conhecidos quanto o falecido e certamente ainda não tem a mesma força e poder.

"Um dia, quem sabe, com a ajuda de vocês, os três deixem uma marca ainda mais significativa no mundo.

"Que 'Eu não consigo' descanse em paz e que todos aqui presentes possam seguir a vida mesmo com sua ausência. Amém."

Ouvindo aquele discurso, percebi que aquelas crianças nunca esqueceriam esse momento. A atividade era simbólica, uma metáfora para a vida. Uma experiência de ativação do lado direito do cérebro que permaneceria para sempre no consciente e no inconsciente daqueles garotos. Escrever os "Eu não consigo", enterrá-los e ouvir o discurso. Tinha sido um esforço e tanto daquela professora. E ela ainda não havia terminado. Ao final do louvor, Donna conduziu a turma de volta para a sala de aula e lá fizeram uma vigília.

Juntos, celebraram a passagem de "Eu não consigo" com biscoitos, pipoca e suco. Como parte da celebração, a professora recortou uma lápide num papel pardo enorme, na qual escreveu "Eu não consigo" no topo, R.I.P. [Rest in peace, Descanse em paz, em português] no meio e, abaixo, a data.

A lápide de papel ficou pendurada naquela sala de aula pelo restante do ano. Nas raras ocasiões em que um estudante sem querer proferia um "Eu não consigo", Donna simplesmente apontava para ela. O aluno logo se lembrava da morte e refazia a frase.

Eu não era aluno dela. Na verdade, *ela* era minha aluna, mas, naquele dia, aprendi uma lição que levaria por toda a vida.

Hoje, anos depois, sempre que escuto um "Eu não consigo", lembro-me daquele enterro feito pelos alunos do quarto ano. E, como eles, eu me lembro de que "Eu não consigo" está morto.

Chick Moorman

A história do 333

Mude seus pensamentos e assim mudará seu mundo.
Norman Vincent Peale

Eu estava apresentando um seminário durante um fim de semana no Deerhurst Lodge, ao norte de Toronto. Na noite de sexta-feira, um tornado varreu uma cidade mais ao norte, Barrie, matando várias pessoas e causando um prejuízo de milhões de dólares. Na noite de domingo, voltando para casa, parei o carro ao passar por Barrie. Desci no acostamento da estrada e observei ao redor. O cenário era caótico. Em qualquer direção que se olhasse havia casas destruídas e carros virados de cabeça para baixo.

Ainda nessa noite, Bob Templeton dirigia por essa mesma estrada. Assim como eu, parou para olhar o desastre, mas seus pensamentos eram diferentes dos meus. Bob era vice-presidente da Telemedia Communications, dona de estações de rádio em Ontario e Quebec. Ele achou que, com esta estrutura, deveria haver algo que pudesse fazer por aquelas pessoas.

Na noite seguinte, apresentei outro seminário, desta vez em Toronto. Bob Templeton e Bob Johnson, outro vice-presidente da Telemedia, estavam presentes. Os dois me disseram que deveria haver algo que pudessem fazer pelas pessoas de Barrie. Quando o evento acabou, fomos ao escritório de Templeton, que àquela altura estava comprometido com a ideia de dar apoio às vítimas do tornado.

Na sexta-feira da semana seguinte, ele convocou todos os executivos da Telemedia. No topo de um quadro branco preso num cavalete, escreveu três vezes o número três e disse aos presentes:

— Vocês gostariam de arrecadar três milhões de dólares em três horas dentro de três dias para que doássemos esse dinheiro à população de Barrie?

O silêncio na sala foi total.

Finalmente, alguém se pronunciou.

— Templeton, você ficou maluco? De jeito nenhum conseguiríamos fazer isso.

— Um minuto, um minuto — disse Bob. — Eu não perguntei se *conseguiríamos* ou se *deveríamos*. Eu simplesmente perguntei se vocês *gostariam*.

— É claro que sim — foi a resposta de todos.

Bob Então desenhou um T bem grande abaixo do 333. De um lado, escreveu "Por que não podemos" e, do outro, "Como podemos".

— Agora vou colocar um X bem grande aqui do lado do "Por que não podemos". Não vamos desperdiçar tempo com ideias dessa categoria, elas não têm valor algum. Do outro lado, vamos anotar cada ideia que tivermos sobre "Como podemos". E não vamos embora até descobrir como.

Silêncio outra vez.

— Podemos fazer um programa de transmissão nacional — propôs alguém.

— Ótima ideia — disse Bob, anotando.

Antes de terminar, outro falou:

— Não dá para fazer um programa abrangente assim, nossas rádios não transmitem no país inteiro.

Era uma objeção bastante razoável; o grupo Telemedia só tinha estações em Ontario e Quebec.

— Ainda assim se encaixa em "Como podemos". Essa ideia fica.

A objeção, no entanto, era realmente válida, porque as estações de rádio são muito competitivas entre si, e, em geral, não trabalham juntas. Conseguir isso era impossível, de acordo com a lógica padrão.

De repente, alguém sugeriu:

— Poderíamos colocar o Harvey Kirk e o Lloyd Robertson como âncoras.

Kirk e Robertson são os maiores nomes da televisão canadense, equivalentes a Tom Brokaw e Sam Donaldson nos Estados Unidos. Mas os dois eram profissionais de TV, jamais aceitariam fazer um programa de rádio. Àquela altura era incrível ver o som e a fúria da criatividade fluindo na reunião.

O encontro tinha sido na sexta-feira. Na terça-feira seguinte, aconteceu a maratona de rádio. Cinquenta estações em todo o país tinham aceitado retransmitir o programa. Não importava de quem seria o crédito pela ação contanto que Barrie conseguisse o dinheiro. Harvey Kirk e Lloyd Robertson foram os âncoras e o objetivo de arrecadar três milhões de dólares em três horas dentro do prazo de 3 dias tinha sido concluído!

É possível conquistar qualquer coisa se colocarmos nosso foco em "Como podemos" em vez de "Por que não podemos".

Bob Proctor

Não há mais vans

Ninguém consegue assoviar uma sinfonia.
É necessária uma orquestra inteira para isso.
H.E. Luccock

Eu me lembro de um Dia de Ação de Graças em que nossa família não tinha dinheiro nem comida e alguém bateu à nossa porta. Um homem segurava uma caixa enorme cheia de comida, um peru e até algumas panelas para preparar tudo aquilo. Eu não conseguia acreditar.

— Quem é você? De onde você é? — perguntou meu pai.

— Eu vim em nome de um amigo de vocês — explicou o homem. — Ele sabe que vocês estão precisando de ajuda, mas que não aceitariam diretamente dele. Então vim aqui trazer isso. Feliz Dia de Ação de Graças.

— Não, não. Não podemos aceitar — retrucou meu pai.

— Você não tem escolha — disse o homem, que fechou a porta da nossa casa e se foi.

É claro que a experiência teve um impacto profundo na minha vida. Prometi a mim mesmo que, se algum dia tivesse uma condição financeira boa, faria o mesmo por alguém. Aos 18 anos, comecei um ritual de Ação de Graças. Como gosto de fazer as coisas espontaneamente, eu ia ao supermercado e comprava o suficiente para alimentar uma ou duas famílias. Então me vestia de entregador, ia até o bairro mais pobre que pudesse e batia em qualquer porta. Sempre incluía um bilhete contando para aquela família a experiência que eu tinha vivido na infância. O bilhete terminava assim: "Só peço em troca que cuidem bem uns dos outros e de si mesmos para que um dia possam fazer o mesmo por outra pessoa." Esse ritual anual me deu mais do que qualquer dinheiro que já ganhei.

Alguns anos atrás eu estava em Nova York com minha esposa. Era Dia de Ação de Graças e ela estava triste por não estarmos em família. Em geral, passávamos a data em casa, preparando a decoração de Natal, mas, naquela ocasião, estávamos presos em um quarto de hotel. Então sugeri:

— Ei, amor, que tal se, em vez de uma árvore velha, nós enfeitássemos a vida de alguém hoje?

Quando contei sobre o meu ritual, ela ficou empolgadíssima.

— Vamos a algum lugar onde possamos realmente dar valor a quem nós somos, às nossas atitudes, à nossa generosidade. Vamos ao Harlem!

Minha esposa e alguns colegas de trabalho que estavam com a gente não ficaram muito animados com a ideia.

— Vamos, pessoal. Vamos levar comida para os moradores da região, eles precisam. Não seremos nós os doadores, porque isso deixaria as pessoas constrangidas. Seremos apenas os entregadores. A gente compra o suficiente para alimentar umas seis ou sete famílias por um mês. Nós temos condições, vamos nessa, gente. Porque o verdadeiro espírito do Dia de Ação de Graças não é comer peru, é agradecer a Deus. Vamos. Vamos lá.

Antes, no entanto, eu precisava dar uma entrevista para um programa de rádio, então pedi ao pessoal que conseguisse uma van, para adiantar. Quando a entrevista acabou, disseram-me o seguinte:

— Não conseguimos. Não tem mais van disponível na cidade inteira. Todas as locadoras estão sem, foram todas alugadas.

— Olha só — respondi —, se a gente quer conquistar alguma coisa, temos que fazer acontecer! A gente precisa agir. Essa cidade tem um montão de vans, a gente só não conseguiu uma ainda. Mas vamos resolver isso.

— Telefonamos para todos os lugares. Não tem mais van — insistiram eles.

— Olha lá no fim da rua. Olha lá. Estão vendo todas aquelas vans?

— Aham, estamos.

— Vamos lá conseguir uma.

Primeiro, tentei abordar os motoristas das vans à medida que passavam pela rua. Aprendi uma lição sobre os motoristas de Nova York: eles não param quando veem alguém, eles aceleram.

Então fomos para perto do semáforo. Quando uma van parasse, chegaríamos perto do motorista, ele baixaria o vidro e olharia para nós meio desconfiado. Aí, eu diria:

— Oi! Hoje é Dia de Ação de Graças e eu queria saber se você toparia levar a gente até o Harlem para darmos comida aos mais necessitados.

Em todas as abordagens, os motoristas rapidamente desviaram o olhar, subiram o vidro às pressas e aceleraram sem dizer uma palavra sequer.

Aprimoramos nosso modo de perguntar. Chegávamos perto do motorista, ele baixava o vidro.

— Hoje é Dia de Ação de Graças e nosso grupo gostaria de ajudar algumas pessoas carentes. Você estaria disposto a nos levar até uma área desprivilegiada de Nova York?

A abordagem pareceu um pouco mais eficaz, mas ainda assim não funcionou. Começamos a oferecer cem dólares para nos levarem até lá. Isso já aumentava bastante o interesse das pessoas, mas, quando dizíamos que nosso destino era o Harlem, todas aceleravam e iam embora.

Falamos com umas vinte pessoas, todas disseram não. Meus colegas estavam prestes a desistir da ideia.

— Pessoal, é a lei da probabilidade: alguém vai dizer sim.

E, de fato, a van perfeita apareceu. Perfeita porque era muito grande e acomodaria todos nós. Aproximamo-nos do motorista e perguntamos:

— Você poderia levar a gente até uma área mais pobre? A gente paga cem dólares.

— Não precisam me pagar. Vou ficar feliz em levar vocês. Na verdade, posso levá-los até um dos pontos mais pobres da cidade inteira.

O homem então esticou o braço e pegou um chapéu. Ao colocá-lo na cabeça, pude ler a inscrição "Exército da Salvação". O sujeito se chamava capitão John Rondon e era o chefe dos voluntários em South Bronx.

Entramos na van em êxtase absoluto.

— Vou levar vocês a lugares que nunca imaginaram conhecer. Mas antes preciso perguntar. Por que vocês estão fazendo isso?

Contei minha história para John e expliquei que gostaria de demonstrar gratidão oferecendo um pouco em retorno.

John Rondon nos levou a lugares em South Bronx que faziam o Harlem parecer Beverly Hills. Chegando lá, compramos comida suficiente para alimentar sete famílias por um mês, e a colocamos em cestas. Fomos a prédios onde seis pessoas dividiam um único cômodo. Eram cortiços, sem eletricidade, sem calefação mesmo no auge do inverno, infestados de ratos e baratas e fedendo à urina. Perceber pessoas vivendo naquelas condições e que podíamos fazer uma pequena diferença foi uma experiência assombrosa e transformadora.

Tudo é possível quando nos comprometemos com um objetivo e colocamos a mão na massa. Milagres como esse acontecem todos os dias — até em uma cidade onde "não há mais vans".

Tony Robbins

Pedir, pedir, pedir

*Tenho essa teoria que diz: se você der 100% de si o tempo todo,
de algum modo as coisas vão dar certo no final.*
Larry Bird

A maior vendedora do mundo atualmente não se incomoda de ser chamada de menina. Isso porque Markita Andrews ganhou mais de oitenta mil dólares vendendo biscoitos das Meninas Escoteiras desde os 7 anos de idade.

Contudo, foi somente aos 13 anos que a tímida Markita, oferecendo os biscoitos de porta em porta depois da aula, transformou-se em uma máquina de vender biscoitos, e descobriu o segredo da venda.

E ele começa com o desejo. Um desejo poderoso, ardente.

Markita e sua mãe, que começou a trabalhar como garçonete em Nova York depois de ser abandonada pelo marido quando a filha tinha apenas 8 anos, tinham o sonho de viajar o mundo todo.

— Vou trabalhar bastante para que você possa ir para a universidade — disse a mãe, certo dia. — E aí você vai estudar, conseguir um diploma e vai ganhar um bom dinheiro para me levar para conhecer o mundo, combinado?

Então, aos 13 anos, quando leu na revista das Meninas Escoteiras que aquele que vendesse mais biscoitos ganharia uma viagem pelo mundo, com tudo pago, para duas pessoas, Markita decidiu que venderia o máximo que pudesse. Mais do que qualquer outra escoteira que tenha existido no planeta.

Mas desejar não era o suficiente. Para realizar esse sonho, a menina precisava de um plano.

— Vista sempre a roupa adequada, sempre com garbo — aconselhou sua tia. — Quando estiver fazendo negócios, vista-se de acordo: uniforme completo das Meninas Escoteiras. Ao bater à porta de um apartamento às 16h30 ou às 18h30, e especialmente nas noites de sexta-feira, tente fazer uma venda grande. Sorria sempre, independente de conseguir vender ou não, seja sempre simpática. Não peça para comprarem seus biscoitos, peça para fazerem um investimento.

Muitas outras meninas devem ter desejado aquela viagem pelo mundo. Muitas outras devem ter bolado um plano. Mas só Markita saiu uniformizada todos os dias após a aula, disposta a perguntar — e a continuar perguntando — se as pessoas gostariam de investir em seu sonho.

— Oi, eu tenho o sonho de ganhar uma viagem ao redor do mundo para mim e para a minha mãe. Por isso, estou aqui oferecendo biscoitos das Meninas Escoteiras — dizia ela em toda visita. — Gostaria de investir em uma ou duas dúzias de caixas?

Naquele ano, Markita vendeu 3.526 caixas e ganhou a viagem. De lá para cá, já foram mais de 42 mil caixas, e ela deu palestras em conferências de vendas por todo o país, estrelou um filme da Disney sobre essa aventura e foi coautora de um livro best-seller.

Markita não é mais esperta nem mais extrovertida do que centenas de outras pessoas com os próprios sonhos. A diferença é que ela descobriu o segredo da venda: pedir, pedir, pedir! Muitas pessoas fracassam antes mesmo de começar porque não *pedem*. O medo da rejeição leva muitos de nós a virar as costas para nós mesmos e para os nossos sonhos antes que alguém o faça. Independentemente do que estejamos vendendo.

E todos estamos oferecendo alguma coisa.

— Todos os dias nós vendemos a nós mesmos. Na escola, para o chefe, para as pessoas que conhecemos — disse Markita, quando tinha apenas 14 anos. — Minha mãe é garçonete e vende o especial da casa. Prefeitos e presidentes vendem propostas para ganhar votos. Uma das minhas professoras prediletas, a srta. Chaplin, conseguiu fazer da geografia uma matéria interessante. Isso é vender. Eu vejo vendas em tudo. Vender é parte essencial do mundo.

Pedir aquilo que desejamos requer coragem. Mas coragem não é ausência de medo: é fazer o que for preciso, apesar do medo. E, como Markita descobriu, quanto mais você pede, mais fácil (e mais divertida) a coisa fica.

Uma vez, em um programa de TV ao vivo, um produtor decidiu propor à Markita aquela que seria sua venda mais desafiadora. Ele pediu que ela vendesse seu produto para outro convidado ali presente.

— Você gostaria de investir em uma ou duas dúzias de caixas de biscoitos das Meninas Escoteiras? — perguntou ela.

— Biscoitos? Das Meninas Escoteiras? — questionou o convidado. — Eu não compro biscoitinhos de escoteira! Eu sou agente penitenciário, menina. Toda noite preciso colocar dois mil estupradores, ladrões, assaltantes e pedófilos para dormir.

Inabalável, Markita retrucou de pronto:

— Moço, se o senhor comprasse alguns biscoitos, talvez não fosse mais um homem tão mesquinho, tão cheio de raiva e tão cruel. E acho que talvez fosse uma boa ideia levar alguns deles para esses dois mil prisioneiros também.

O agente penitenciário sacou o talão de cheques.

Jack Canfield e Mark Victor Hansen

A terra andou por você?

Saiba, então, que toda coisa feliz e serena que sustente a mente,
sustenta também o corpo.
John Armstrong

Aos 11 anos, Angela foi acometida por uma doença debilitante do sistema nervoso. Ela não conseguia mais andar e tinha restrições em todos os outros movimentos. Os médicos estavam sem esperança de que algum dia ela se recuperasse. Previam que Angela passaria o resto da vida em uma cadeira de rodas. Segundo eles, pouquíssimas pessoas, se é que alguma, em condições semelhantes, conseguiam retornar à vida normal. Mas a menina era destemida. Deitada em seu leito de hospital, jurava que voltaria a andar para qualquer pessoa que lhe desse ouvidos.

Angela foi transferida para um hospital de São Francisco especializado em reabilitação. Todas as terapias aplicáveis ao caso dela foram testadas. Os terapeutas estavam encantados pelo bom humor incontrolável da menina. Sugeriram então que ela começasse a imaginar, a visualizar a si mesma caminhando. Mesmo se aquilo não funcionasse, ao menos daria a ela alguma esperança, algo positivo no qual pensar durante as horas em que passava acordada deitada na cama. A menina se esforçava ao máximo na fisioterapia, tanto na piscina quanto nos demais exercícios, mas também se empenhava no esforço de imaginar, de visualizar a si mesma andando e andando e andando!

Certo dia, pensando com toda vontade em suas pernas voltando a se mover, aparentemente, um milagre aconteceu: a cama tinha andado! E foi andando por todo o quarto, até que Angela gritou:

— Olha só, gente! Olha só! Eu consegui me mexer! Eu estou me mexendo!

Imediatamente, todo mundo no hospital começou a gritar também e a correr em busca de abrigo. Gritos, objetos caindo, vidro quebrando. Um terremoto, é claro. Mas não digam isso à Angela. Ela está convencida de que conseguiu. E alguns anos depois ela voltaria à escola. Andando. Sem muletas, sem cadeira de rodas. Porque é claro que uma pessoa capaz de fazer a terra tremer entre São Francisco e Oakland pode superar uma doencinha chata, não é?

Hanoch McCarty

O adesivo de Tommy

Ação é a chave fundamental para todo sucesso.
Pablo Picasso

Estava na igreja em Hungtington Beach e acabara de falar sobre o Banco pelo Livre Empreendimento das Crianças, quando um garotinho veio até mim, segurou a minha mão e disse:

— Meu nome é Tommy Tighe, eu tenho 6 anos e queria pegar um dinheiro emprestado no Banco pelo Livre Empreendimento das Crianças.

— Tommy, emprestar dinheiro para vocês é um dos meus objetivos. E até agora todas as crianças para quem emprestei me pagaram de volta. Para que você precisa do dinheiro?

— Desde que eu tinha 4 anos eu tenho essa ideia de que sou capaz de criar a paz mundial. Quero fazer um adesivo de para-choque com os dizeres "Paz, por favor! Faça isso pelas crianças" e assinar "Tommy" embaixo.

— Posso dar uma força — disse a ele.

Tommy precisava de 454 dólares para encomendar mil adesivos. Mandaríamos para a empresa de adesivos um cheque assinado pelo Banco pelo Livre Empreendimento das crianças de Mark Victor Hansen.

O pai de Tommy se aproximou e sussurrou em meu ouvido:

— Se ele não conseguir pagar o empréstimo, vocês vão tomar a bicicleta dele?

— Não, não, é claro que não. Toda criança nasce com honestidade, princípios e ética. Todo o contrário disso é ensinado. Tenho certeza de que ele vai pagar o empréstimo.

Se você tem filhos, deixe que eles ganhem o próprio dinheiro trabalhando para alguém honesto, com princípios e ética, para que aprendam esses conceitos desde cedo.

Dei fitas com as gravações de todas as minhas palestras. Ele escutou cada uma delas 21 vezes e se aprofundou naquele material.

— Aprendi o seguinte: mire sempre nas vendas grandes primeiro — disse o menino.

Ele então convenceu o pai a levá-lo de carro até a casa de Ronald Reagan. Tommy tocou a campainha e o zelador que veio atendê-lo ouviu, por dois minutos, seu irresistível argumento de venda. O homem pegou um dólar e cinquenta centavos no bolso e deu para Tommy, dizendo:

— Aqui, me dá um adesivo desses. Agora espere que vou lá chamar o presidente.

Quando nos reencontramos, perguntei a Tommy:

— Por que você foi atrás do presidente?

— Nas fitas você disse para oferecer meu produto para todo mundo.

— É, é. A culpa é minha.

Tommy mandou um adesivo para Mikhail Gorbachev, com um boleto no mesmo valor. Gorbachev devolveu-o pago e uma foto dele, onde se lia no verso "Não desista da paz, Tommy", assinado pelo próprio.

Como sou colecionador de autógrafos, disse a Tommy:

— Te dou quinhentos dólares pelo autógrafo do Gorbachev.

— Não, Mark. Obrigado.

— Tommy, eu sou dono de várias empresas. Quando você for mais velho, quero que trabalhe para mim.

— Tá de brincadeira? Quando eu for mais velho, você é quem vai trabalhar para mim.

A edição de domingo do *Orange County Register* trazia uma seção contando a nossa história: Tommy, eu e o Banco pelo Livre Empreendimento das Crianças. Marty Shaw, o jornalista que nos entrevistou por seis horas, escreveu uma matéria fenomenal. Perguntou a Tommy qual o impacto ele achava estar criando em relação à paz mundial.

— Acho que ainda não tenho idade para isso. Acho que a gente precisa ter uns 8 ou 9 anos para conseguir acabar com todas as guerras.

— Quem são os seus heróis? — perguntou Marty.

— Meu pai, George Burns, Wally Joyner e Mark Victor Hansen.

Tommy tem bom gosto na hora de escolher seus exemplos.

Três dias depois, recebi um telefonema da Hallmark. Um dos franquiados havia enviado por fax uma cópia da matéria do *Register*. Haveria uma convenção em São Francisco e queriam que Tommy falasse. Observaram que o garoto tinha estabelecido nove objetivos para ele próprio:

1. Pagar a dívida (dera seus cartões de beisebol como cheque-caução)
2. Imprimir os adesivos
3. Fazer um plano de empréstimo
4. Descobrir um meio de acessar as pessoas
5. Conseguir o endereço de líderes importantes
6. Escrever uma carta para todos os presidentes e representantes e enviar um adesivo de graça para cada
7. Falar sobre a paz com todo mundo
8. Entrar em contato com o jornal e contar sobre o meu trabalho
9. Falar com o pessoal da escola

A Hallmark queria que a minha empresa conseguisse a presença de Tommy como palestrante. Embora o evento não tenha chegado acontecer, porque o prazo de duas semanas acabou sendo curto demais, as negociações entre a empresa, Tommy e eu foram divertidas e inspiradoras, uma experiência poderosa.

Um dia, Joan Rivers telefonou para Tommy Tighe, convidando-o para ir ao seu programa, que era transmitido por vários canais de televisão. Ela também recebera por fax uma cópia da entrevista do garoto.

— Tommy, aqui é Joan Rivers, eu queria que você viesse ao meu programa. Milhões de pessoas vão assistir.

— Legal! — respondeu ele, que não fazia a menor ideia de quem era ela.

— Vou pagar trezentos dólares de cachê.

— Legal! — Tendo dominado e aperfeiçoado o conteúdo das fitas de *Sell Yourself Rich*, Tommy continuou vendendo para Joan. — Mas eu só tenho 8 anos e não posso ir sozinho. Você também pode dar um jeito para a minha mãe ir, Joan?

— É claro! — respondeu ela.

— Ah, eu acabei de assistir *Lifestyle of The Rich and the Famous* e disseram que, em Nova York, a gente deve se hospedar no Trump Plaza. Você consegue fazer isso por nós, Joan?

— Consigo.

— E disseram também que, em Nova York, a gente precisa visitar o Empire State e a Estátua da Liberdade. Você consegue ingressos para a gente, Joan?

— Consigo...

— Legal. Ah, e eu comentei que a mamãe não sabe dirigir? Podemos usar a sua limusine emprestada, Joan?

— Claro.

Tommy foi ao programa da Joan Rivers e deixou admirados a apresentadora, a equipe técnica e os espectadores na plateia e em casa. Era um garotinho bonito, interessante, autêntico e excelente empreendedor. Contou histórias tão cativantes, tão persuasivas, que as pessoas na plateia sacaram as carteiras ali mesmo para comprar adesivos.

Quando o programa chegou ao fim, Joan chegou perto do convidado e perguntou:

— Tommy, você realmente acha que seu adesivo pode conseguir a paz mundial?

Com um sorriso radiante e cheio de entusiasmo, ele respondeu:

— Bem, estou nessa há dois anos e já consegui derrubar o muro de Berlim. Estou indo muito bem, não acha?

Mark Victor Hansen

PAZ, POR FAVOR!
Faça isso pelas crianças

Tommy

Se não pedir,
você não ganha.
Mas se pedir, você ganha

Problemas não são placas de PARE, mas sim placas de orientação.
Robert Schuller

Minha esposa, Linda, e eu moramos em Miami, Flórida. Tínhamos recém-lançado o Little Acorns, nosso programa que busca melhorar a autoestima infantil e ajudar as crianças a dizer não às drogas, à promiscuidade e a outros comportamentos autodestrutivos, quando recebemos o panfleto de uma conferência, em San Diego, sobre educação. Ao estudar o programa do evento, ficou claro que todas as pessoas importantes do setor estariam presentes, então precisávamos ir. O problema é que não sabíamos como isso seria possível. Estávamos dando os primeiros passos, trabalhando de casa e tínhamos zerado nossas economias para arcar com as despesas do pontapé inicial. Seria impossível pagar as passagens de avião e qualquer um dos outros custos. Mas a gente sabia que precisava ir, então começamos a agir.

A primeira coisa que eu fiz foi ligar para os coordenadores do evento para explicar por que precisávamos participar e perguntar se poderiam nos oferecer duas entradas de cortesia. Quando contei sobre a nossa situação, o que estávamos realizando e a importância para nós, consegui convencê-los. Tínhamos conseguido os ingressos.

Quando contei à Linda, a reação dela foi:

— Maravilha! Mas estamos em Miami e a conferência é na Califórnia. O que a gente faz agora?

— Precisamos arrumar o transporte.

Telefonei para a Northeast Airlines, uma companhia aérea que eu sabia que estava bem financeiramente. Quem nos atendeu foi a secretária do presidente da empresa, para quem expliquei nossa necessidade. Ela me colocou para falar diretamente com o homem, Steve Quinto. Expliquei a situação para ele, e disse que já havíamos conseguido as entradas. Perguntei se poderia oferecer duas passagens de ida e volta Miami-San Diego.

— É claro que posso — respondeu ele, simples assim.

Foi uma resposta muito rápida, e o que ele disse a seguir realmente me deixou sem chão.

— Obrigado por pedir.

— Oi? Não entendi...

— Não é sempre que eu tenho a oportunidade de fazer o melhor que eu posso para o mundo. A não ser que alguém me peça. O melhor que posso fazer para o mundo neste momento é me dar essa chance de ajudar, e foi isso que você me pediu. É uma chance muito boa, por isso quero agradecer a você.

Quando agradeci e desliguei, eu estava em choque. Olhei para Linda e balbuciei:

— Querida, conseguimos as passagens.

— Maravilha! Onde vamos ficar?

Telefonei para um dos Holiday Inn de Miami, e me informaram que o escritório da empresa ficava em Memphis, Tennessee. Liguei e me passaram o contato do responsável por todos os Holiday Inns da Califórnia, que ficava em São Francisco. Expliquei que tínhamos conseguido as passagens e perguntei se ele poderia ajudar, hospedando Linda e eu por três dias. Ele sondou se gostaríamos de ficar no novo hotel da rede em San Diego, como convidados.

— Seria ótimo — respondi.

E então ele disse:

— Olha, tem um detalhe. Preciso alertar que o hotel fica a uns sessenta quilômetros de carro do local da conferência, então vocês vão precisar de um transporte.

— Bem, vou dar um jeito. Nem que eu precise arrumar um cavalo — falei, e agradeci.

— Querida, conseguimos as entradas, as passagens e um lugar para ficar. Agora precisamos de um transporte de ida e volta entre o hotel e o evento.

Telefonei então para a National Car Rental, contei nossa história e perguntei se poderiam nos ajudar.

— Um Olds 88 resolve?

Eu respondi que sim.

Tínhamos resolvido tudo em menos de um dia.

Acabamos pagando algumas refeições do nosso próprio bolso, mas, antes da conferência acabar, contei nossa história em uma das assembleias e disse:

— E seremos extremamente gratos a qualquer voluntário que queira nos levar para almoçar.

Cerca de cinquenta pessoas se ofereceram, assim, algumas das nossas refeições acabaram saindo de graça.

A experiência toda foi incrível, aprendemos muito e até conhecemos pessoas como Jack Canfield, que ainda hoje faz parte do nosso conselho consultivo. De volta a Miami, demos início ao programa e, desde então, crescemos cerca de 100% ao ano. No último mês de junho, formamos a turma 2.250 do treinamento Little Acorns. Também já fizemos duas grandes conferências para educadores, a Faça um Mundo Seguro para Crianças [Making The World Safe For Children, em inglês], nas quais convidamos palestrantes do mundo todo. Centenas de educadores vieram em busca de ideias sobre como aperfeiçoar a autoestima em sala de aula, em paralelo com o ensino de leitura, escrita e aritmética.

Na última edição, convidamos profissionais de 81 países. Dezessete enviaram representantes oficiais, entre eles ministros da educação. Essa projeção fez surgir convites para levarmos os programas para lugares como Rússia, Ucrânia, Bielorrússia, Cazaquistão, Mongólia, Taiwan, Ilhas Cook e Nova Zelândia.

Dá para conseguir qualquer coisa se você simplesmente pedir ao máximo de pessoas que puder.

Rick Gelinas

A busca de Rick Little

Coisas difíceis levam muito tempo, coisas impossíveis, um pouquinho mais.
André A. Jackson

Às 5 horas da manhã, Rick Little dormiu ao volante, e seu carro acabou voando por um barranco de três metros de altura, até parar em uma árvore. Como passou os seis meses seguintes engessado por causa da lesão na coluna, Rick teve muito tempo para refletir a respeito da própria vida, algo para o qual seus 13 anos de educação formal não o haviam preparado. Certa tarde, apenas duas semanas depois de ter recebido alta, Rick chegou em casa e encontrou a mãe caída no chão, quase inconsciente depois de uma overdose de remédios para dormir. Mais uma vez, ele se via diante da inadequação dos estudos em preparar as pessoas para lidar com aspectos sociais e emocionais da vida.

Pelos meses que se seguiram, Rick começou a estruturar uma ideia: montar um curso capaz de equipar seus alunos com autoestima elevada e habilidades de relacionamento e de administração de conflitos. Quando começou a pesquisar que tipo de conteúdo deveria oferecer em um curso como esse, Rick se deparou com um estudo realizado pelo Instituto Nacional de Educação com mil indivíduos de 30 anos, que foram questionados se achavam que seu ensino escolar os havia preparado para o mundo real. Mais de 80% responderam "De jeito nenhum".

Essas pessoas também disseram quais habilidades gostariam de ter aprendido. A maioria das respostas tinha a ver com relacionamento. Como conviver melhor com as pessoas com quem eu moro. Como conseguir e manter um emprego. Como administrar um conflito. Como ser um bom pai ou uma boa mãe. Como compreender o desenvolvimento de uma criança. Como administrar as finanças no dia a dia. E como intuir o sentido da vida.

Inspirado por seu sonho de criar um curso que pudesse ensinar tais coisas, Rick largou a faculdade e percorreu o país entrevistando alunos. Em sua busca por informações que o ajudassem a montar o curso, Rick conversou com mais de dois mil estudantes de 120 escolas de ensino médio, fazendo sempre as mesmas duas perguntas:

1. Se você tivesse que criar um programa para a sua escola que o ajudasse a lidar com os desafios que tem no momento e com aqueles que você acha que encontrará no futuro, como seria esse programa?
2. Liste os dez principais problemas da sua vida, tanto na escola quanto em casa, com os quais você gostaria de saber lidar melhor.

Fossem alunos de escolas particulares caras ou de escolas públicas em comunidades rurais ou subúrbios, as respostas foram surpreendentemente iguais. Solidão e falta de autoestima estavam no topo. Além disso, a lista de habilidades que eles gostariam de aprender era a mesma produzida pelos entrevistados de 30 anos.

Rick passou dois meses dormindo dentro do carro, vivendo com um total de sessenta dólares. Alimentava-se de torradas com manteiga de amendoim. Em alguns dias, não comia absolutamente nada. Ele tinha poucos recursos, mas estava comprometido com aquele sonho.

O passo seguinte era fazer uma lista dos líderes nacionais em educação, aconselhamento e psicologia. Ele visitaria todas essas pessoas em busca de contribuições e apoio. Embora tenham ficado impressionados com a abordagem de Rick — questionar diretamente os estudantes sobre o que gostariam de aprender — essas pessoas foram de pouca ajuda. "Você é muito jovem, volte para a faculdade, se forme, faça pós-graduação e aí, depois, você corre atrás disso." Não era muito encorajador.

Ainda assim, Rick persistiu. Aos 20 anos, ele tinha vendido o carro, as roupas, tinha pegado dinheiro emprestado com amigos e acumulava uma dívida de 32 mil dólares. Sugeriram que ele procurasse alguma fundação em busca de financiamento.

A primeira entrevista em uma fundação local foi uma grande decepção. Quando entrou no escritório, Rick tremia de medo. O vice-presidente era um homem enorme, de cabelo escuro e com uma expressão fria e inflexível. Por meia hora ouviu calado enquanto Rick abria seu coração sobre a mãe, sobre os dois mil alunos entrevistados e sobre o novo tipo de curso que ele planejava para o ensino médio.

Quando terminou de falar, o vice-presidente pegou uma pilha de panfletos.

— Filho, eu trabalho aqui há quase vinte anos. Criamos todos estes programas e todos eles falharam. O seu também vai falhar. E sabe por quê? A resposta é óbvia: porque você tem 20 anos, nenhuma experiência, nenhum dinheiro, nenhum diploma. Nada!

Ao sair do prédio, Rick jurou que provaria para aquele homem que ele estava errado. Começou então a estudar quais fundações financiavam projetos criados por adolescentes. Passou meses escrevendo propostas de subsídios — fazia isso de manhã até tarde da noite. Rick estava havia mais de um ano trabalhando arduamente, cada uma de suas propostas cuidadosamente elaboradas de acordo com os interesses e exigências da fundação em questão. Todas foram enviadas com grande esperança — todas foram devolvidas com rejeição.

Todos diziam não. Após a proposta de número 155 ter sido rejeitada, a rede de apoio de Rick começou a desmoronar.

Os pais imploravam para que ele voltasse para a faculdade e Ken Greene, um professor que abandonara o emprego para ajudá-lo na tarefa, disse:

— Rick, meu dinheiro acabou e eu preciso cuidar da minha esposa e dos meus filhos. Vou esperar a resposta de só mais uma proposta, ok? Se for negativa, vou precisar voltar para Toledo e dar aulas.

Ele tinha uma última chance. Impelido por convicção e desespero, conversou com vários secretários até conseguir um almoço com o dr.

Russ Mawby, presidente da Fundação Kellogg. A caminho do almoço, passaram por um quiosque de sorvetes.

— Aceita um? — perguntou Mawby.

Rick assentiu, mas a ansiedade lhe pregou uma peça. Ele apertou a casquinha com força e o sorvete de chocolate começou a escorrer. Tentou, em um esforço discreto e desesperado, livrar-se daquilo antes que Mawby percebesse. Mas o doutor percebera e, gargalhando, foi até o quiosque e pegou um monte de guardanapos para Rick.

Com o rosto vermelho e se sentindo péssimo, Rick voltou para o carro. Como ele poderia pedir financiamento para um novo programa educacional quando não conseguira sequer segurar uma casquinha?

Duas semanas depois, Mawby telefonou.

— Eu sinto muito, mas os membros da administração votaram contra o seu pedido de 55 mil dólares.

Rick sentiu as lágrimas brotando no canto dos olhos. Ele havia passado dois anos trabalhando em prol daquele sonho e estava indo tudo pelo ralo.

— No entanto — prosseguiu Mawby —, aprovaram com unanimidade a ideia de financiar com 130 mil dólares.

As lágrimas rolaram. Rick sequer conseguiu balbuciar um muito obrigado.

De lá para cá, Rick já levantou mais de 100 milhões de dólares para subsidiar seu sonho. Atualmente, o Programa de Habilidades Quest é ensinado em mais de trinta mil escolas em cinquenta estados norte-americanos, além de outros 32 países. Por ano, três milhões de alunos aprendem habilidades importantes para a vida graças a um garoto de 19 anos que se recusou a ouvir um "não" como resposta.

Em 1989, em virtude do grande sucesso do programa, Rick Little ampliou os horizontes e conseguiu um financiamento de 65 milhões de dólares — o segundo maior já registrado na história dos Estados Unidos — para criar a Fundação Internacional para a Juventude. Seu objetivo é identificar e ampliar programas de sucesso voltado para jovens em todo o mundo.

A vida de Rick Little é um testemunho do poder do compromisso com um ideal, aliado à força de vontade de continuar correndo atrás do sonho até que se torne realidade.

Adaptado de Peggy Mann

A magia de acreditar

Tenha objetivos de longo prazo para evitar que você fique frustrado com os fracassos dos de curto prazo.
Charles C. Noble

Não tenho idade suficiente para jogar beisebol ou futebol americano. Não tenho 8 anos ainda. Minha mãe disse que eu não conseguiria correr muito rápido por causa da cirurgia que eu fiz. Eu disse a ela que eu não precisava correr tão rápido assim. Quando for jogador de beisebol, vou rebater a bola para fora do estádio e vou poder ir andando pelas bases.

Edward J. McGrath Jr.
An Exceptional View of Life

O livro de desejos de Glenna

O sucesso não é fruto de combustão espontânea.
É preciso colocar fogo em si mesmo.
Arnold H. Glasow.

Em 1977, eu era uma mãe solteira com três filhas pequenas para criar, com prestações da casa e do carro para pagar, e precisava reacender a chama de alguns sonhos.

Um dia, assisti a uma palestra em que um homem falava sobre o princípio do I x C = R (imaginação *vezes* clareza *igual* realidade). O palestrante explicou que a mente não pensa com palavras, mas com imagens, e que, por isso, ao imaginarmos com clareza aquilo que desejamos, tornamos aquilo real.

O conceito despertou algo no meu coração. Eu conhecia os fundamentos bíblicos que dizem que Deus "te concederá os desejos do teu coração" (Salmos 37:4), e que "Porque, como imaginou no seu coração, assim é ele [um homem]" (Provérbios 23:7). Estava determinada a transformar minha lista de desejos em realidade. Comecei a recortar de revistas velhas as imagens daquilo que eu descrevia como "os desejos do meu coração". Coloquei tudo em um álbum de fotos e aguardei ansiosamente.

Escolhi imagens bastante específicas, entre elas:

1. Um homem bonito
2. Uma mulher vestida de noiva ao lado de um homem de terno

3. Buquês de flores (sou romântica)
4. Joias bonitas com diamantes (bem, Deus amava Salomão e Davi, e eles foram duas das pessoas mais ricas que já existiram)
5. Uma ilha no azul cintilante do mar do Caribe
6. Uma casa bonita
7. Mobília nova
8. Uma mulher que recentemente se tornara vice-presidente de uma empresa grande (eu trabalhava para uma organização que não tinha mulheres na diretoria, mas eu queria ser a primeira)

Cerca de dois meses depois, eram 10h30 da manhã, e eu dirigia por uma estrada na Califórnia, pensando na vida. De repente, um lindo Cadillac vermelho e branco me ultrapassou. Como era um carro bonito, eu, logicamente, olhei. O motorista devolveu o olhar e sorriu. Eu sorri de volta, porque é uma coisa que faço sempre. Mas então havia criado um problemão para mim mesmo. Você já fez algo parecido? Tentei fingir que não tinha olhado, com a maior cara de "Quem, eu? Eu não olhei para você, imagina!". O Cadillac me seguiu por uns vinte e cinco quilômetros. Eu estava morrendo de medo. Eu acelerava, ele acelerava. Eu estacionei, ele estacionou também e aí... nos casamos!

No dia seguinte ao nosso primeiro encontro, Jim mandou uma dúzia de rosas. E logo descobri que ele tinha um hobby: colecionar diamantes. Dos *grandes*. E que estava à procura de alguém que usasse essas joias. Eu me ofereci, é claro. Saímos por cerca de dois anos, e toda segunda-feira ele me mandava uma rosa de cabo longo e um bilhete apaixonado.

Três meses antes de nos casarmos, ele disse:

— Encontrei o lugar perfeito para a nossa lua de mel. Vamos para Saint John, no Caribe.

— Nossa, eu nunca teria pensado nisso! — respondi, sorrindo.

Só contei a Jim sobre o meu álbum de desejos quando já estávamos casados havia quase um ano. Nessa época, estávamos nos mudando para uma casa nova belíssima e decorando-a com toda a mobília chique que eu havia sonhado. (No fim das contas, Jim era o representante na Costa Oeste de um dos maiores moveleiros da Costa Leste).

O casamento foi em Laguna Beach, na Califórnia, e materializou o sonho do vestido e do terno. Oito meses depois de ter feito aquele exercício, tornei-me vice-presidente de recursos humanos da empresa para a qual trabalhava.

Sei que pode parecer um conto de fadas, mas é a mais pura verdade. Jim e eu fizemos muitos "livros de imagens" desde que nos casamos. Deus preencheu nossas vidas com demonstrações desse poderoso princípio de fé em nossas vidas e em nossos trabalhos.

Tenha em mente aquilo que você deseja em cada aspecto da sua vida. Imagine isso com clareza. Então, coloque a mão na massa e faça o seu próprio livro de desejos. Esse simples exercício pode transformar imagens em realidade. Não existem sonhos impossíveis.

Glenna Salsbury

Mais um item assinalado na lista

*Existem muitas coisas maravilhosas que nunca se realizarão
se você não realizá-las.*
Charles D. Gill

Em uma tarde chuvosa, um garoto de 15 anos chamado John Goddard sentou-se à mesa da cozinha em sua casa em Los Angeles e, inspirado, escreveu quatro palavras no topo de um bloco de notas amarelo: Minha lista de vida. Sob o título, listou 127 objetivos. De lá para cá, John já conquistou a maioria. A lista original aparece a seguir e você verá que não são metas simples nem fáceis. Incluem escalar as montanhas mais altas do mundo, explorar rios longos, correr um quilômetro e meio em cinco minutos e ler a obra completa de Shakespeare e a Enciclopédia Britânica do primeiro ao último volume.

Explorar os rios:
1. Nilo ✓
2. Amazonas ✓
3. Congo ✓
4. Colorado ✓
5. Yangtsé
6. Negro
7. Orinoco
8. Coco ✓

Estudar diferentes culturas:

9. Congo ✓
10. Nova Guiné ✓
11. Brasil ✓
12. Bornéu ✓
13. Sudão (quase fui enterrado vivo durante uma tempestade de areia) ✓
14. Austrália ✓
15. Quênia ✓
16. Filipinas ✓
17. Tanzânia ✓
18. Etiópia ✓
19. Nigéria ✓
20. Alaska ✓

Escalar:

21. Everest
22. Aconcágua, Argentina
23. McKinley
24. Huascarán, Peru ✓
25. Kilimanjaro ✓
26. Ararat, Turquia ✓
27. Monte Quênia ✓
28. Monte Cook, Nova Zelândia
29. Monte Popocatepetl, México ✓
30. Monte Matterhorn ✓
31. Monte Rainer ✓
32. Monte Fuji ✓
33. Vesúvio ✓
34. Monte Bromo, Java ✓
35. Grand Teton ✓
36. Monte Baldy, Califórnia ✓
37. Fazer um curso de introdução em medicina para tratar doenças em tribos indígenas) ✓

38. Visitar todos os países do mundo (faltam trinta)
39. Estudar as tribos Navaho e Hopi ✓
40. Aprender a pilotar um avião ✓
41. Andar a cavalo no Desfile do Torneio das Rosas ✓

Fotografar:
42. As cataratas do Iguaçu, Brasil ✓
43. As cataratas de Vitória, Zimbábue (fui perseguido por um ja-vali) ✓
44. As cataratas de Shuterland, Nova Zelândia ✓
45. As cataratas de Yosemite ✓
46. As cataratas do Niágara ✓
47. Os percursos das viagens de Marco Polo e de Alexandre, o Grande ✓

Mergulhar:
48. Recifes de corais da Flórida ✓
49. Grande Barreira de Recifes, Austrália (tirei uma foto com um molusco de 120 quilos) ✓
50. Mar Vermelho ✓
51. Ilhas Fiji ✓
52. Bahamas ✓
53. Explorar os pântanos de Okefenokee e Everglades ✓

Visitar:
54. Polos Norte e Sul ✓
55. Muralha da China ✓
56. Canais de Suez e do Panamá ✓
57. Ilha de Páscoa ✓
58. Ilhas Galápagos ✓
59. Vaticano (vi o Papa) ✓
60. Taj Mahal ✓
61. Torre Eiffel ✓
62. Gruta Azul ✓

63. Torre de Londres ✓
64. Torre de Pisa ✓
65. Poço Sagrado de Chichén Itzá, México ✓
66. Uluru, Austrália ✓
67. Seguir o curso do rio Jordão desde o mar da Galileia até o mar Morto

Nadar nos lagos:
68. Vitória ✓
69. Superior ✓
70. Tanganica ✓
71. Titicaca, fronteira entre Peru e Bolívia ✓
72. Nicarágua ✓

Realizar:
73. Tomar-me um escoteiro Águia ✓
74. Andar de submarino ✓
75. Levantar voo e aterrissar em um porta-aviões ✓
76. Voar de zepelim, balão e ultraleve ✓
77. Montar em um elefante, um camelo, um avestruz e um potro xucro (oeste dos Estados Unidos) ✓
78. Mergulhar a doze metros de profundidade e fazer 2,5 minutos de apneia ✓
79. Pegar uma lagosta de cinco quilos e uma concha de vinte centímetros ✓
80. Tocar flauta e violino ✓
81. Datilografar 50 palavras por minuto ✓
82. Saltar de paraquedas ✓
83. Aprender a esquiar na água e na neve ✓
84. Sair em missão eclesiástica ✓
85. Seguir a trilha de John Muir ✓
86. Estudar medicina natural e usar as medicações úteis ✓
87. Obter troféus fotográficos de: elefante, leão, rinoceronte, guepardo, búfalo e baleia ✓

88. Aprender hipismo ✓
89. Aprender jiu-jitsu ✓
90. Lecionar para um curso superior ✓
91. Assistir a uma cerimônia de cremação em Bali ✓
92. Explorar o fundo do mar ✓
93. Aparecer em um filme do Tarzan (considero hoje um sonho de infância irrelevante)
94. Ter um cavalo, um chimpanzé, um guepardo e um coiote (ainda não tenho o chimpanzé e o guepardo)
95. Tornar-me operador de rádio amador
96. Construir o próprio telescópio ✓
97. Escrever um livro (sobre a viagem ao Nilo) ✓
98. Publicar um artigo na *National Geographic* ✓
99. Saltar uma altura de 1,5 metro ✓
100. Saltar uma distância de 4,5 metros ✓
101. Correr 1,5 quilômetro em cinco minutos ✓
102. Pesar setenta quilos sem roupa (ainda peso) ✓
103. Fazer duzentos agachamentos e vinte flexões ✓
104. Aprender a falar francês, espanhol e árabe ✓
105. Estudar os dragões de Komodo (o barco quebrou a 30 quilômetros da ilha)
106. Visitar o local de nascimento do avô Sorenson, na Dinamarca ✓
107. Visitar o local de nascimento do avô Goddard, na Inglaterra ✓
108. Viajar a bordo de um navio cargueiro como membro da equipe ✓
109. Ler toda a Enciclopédia Britânica (li partes extensas de cada volume) ✓
110. Ler a Bíblia do começo ao fim ✓
111. Ler obras de Shakespeare, Platão, Aristóteles, Dickens, Thoreau, Poe, Rousseau, Bacon, Hemingway, Twain, Burroughs, Conrad, Talmage, Tolstói, Longfellow, Keats, Whittier e Emerson (não li todas as obras de cada) ✓
112. Familiarizar-me com as composições de Bach, Beethoven, Debussy, Ibert, Mendelssohn, Lalo, Rimsky-Korsakov, Respighi, Liszt, Rachmaninov, Stravinsky, Toch, Tchaikovsky e Verdi ✓

113. Ser proficiente em: avião, motocicleta, trator, surf, rifle, pistola, canoa, microscópio, futebol americano, basquete, arco e flecha, laço e bumerangue ✓
114. Compor músicas ✓
115. Tocar *Clair de Lune* ao piano ✓
116. Assistir à cerimônia de caminhar sobre brasas (em Bali e no Suriname) ✓
117. Extrair veneno de cobra (fui mordido por uma cascavel durante uma sessão de fotos) ✓
118. Acender um fósforo com um rifle calibre 22 ✓
119. Visitar um estúdio de cinema ✓
120. Escalar a pirâmide de Quéops ✓
121. Tornar-me membro do Clube dos Exploradores e do Clube dos Aventureiros ✓
122. Aprender a jogar polo ✓
123. Viajar pelo Grand Canyon a pé e de bote ✓
124. Dar a volta ao mundo (quatro vezes) ✓
125. Visitar a lua (algum dia, se Deus quiser)
126. Casar e ter filhos (tenho cinco) ✓
127. Viver para ver o século XXI (terei 75 anos) ✓

John Goddard

A hora é essa, baby!
O seu amor chegou!

*É melhor estar preparado para uma oportunidade e não tê-la
do que não estar preparado caso ela apareça.*
Whitney Young Jr.

Assim que nasceram em um bairro muito pobre de Miami, Les e seu irmão gêmeo foram adotados por Mamie Brown, cozinheira e empregada doméstica.

Como era hiperativo e falava sem parar, Les estudou por todo o ensino fundamental e médio em uma turma especial para alunos com dificuldade de aprendizado. Depois da formatura, trabalhou como funcionário da vigilância sanitária na mesma cidade. Seu sonho era ser DJ.

À noite, ele levava um rádio transistorizado para a cama e escutava os programas ao vivo dos DJs locais e todo o jargão utilizado por esses profissionais. Criou uma estação de rádio imaginária em seu quartinho com piso de vinil gasto. Uma escova de cabelo fazia as vezes de microfone e ali ele praticava seu jeito de falar, apresentando as faixas para uma audiência imaginária.

A mãe e o irmão podiam ouvir Les pelas paredes finas e viviam gritando que ele parasse de falar e fosse dormir. Mas o jovem não dava ouvidos. Estava envolto em seu próprio mundo, vivendo um sonho.

Um dia, durante a hora do almoço do serviço como cortador de grama, Les decidiu ir à estação de rádio local. Chegando lá, foi ao escritório do diretor e disse que queria ser DJ.

O homem olhou para aquele jovem desgrenhado, de macacão e chapéu de palha, e perguntou:

— Você tem alguma experiência em rádio?

— Não, senhor.

— Então não tenho nada para você aqui, filho.

Les agradeceu educadamente e saiu. O diretor presumiu que aquela teria sido a última vez em que veria aquele jovem. Ele havia, contudo, subestimado o comprometimento de Les com seu sonho. A questão era que o objetivo de Les era mais do que ser DJ: ele queria comprar uma casa melhor para a mãe adotiva, a quem amava muitíssimo. A música era um passo para atingir esse objetivo maior.

Mamie Brown ensinara Les a correr atrás de seus sonhos, e, por isso, ele tinha certeza de que arrumaria um emprego na rádio, independentemente do que ouvira do diretor.

O menino ia à estação de rádio todos os dias durante uma semana, perguntando se tinham aberto alguma vaga. Em dado momento, o diretor cedeu e empregou Les como faz-tudo, mas sem receber salário. Ele começou preparando café e indo buscar o almoço ou jantar dos DJs, que não podiam sair do estúdio. Seu entusiasmo em relação àquele universo acabou conquistando a confiança de todos, e, em pouco tempo, passaram a mandá-lo, de Cadillac, buscar alguma celebridade que chegava à cidade, como os Temptations, Diana Ross e as Supremes. Ninguém fazia ideia de que Les não tinha carteira de motorista.

O jovem fazia tudo que lhe pedissem — e até mais. Quando estava com os DJs, imitava seus movimentos de mão na mesa de controle. Ficava dentro do estúdio observando, absorvendo o tanto quanto pudesse, até que alguém lhe pedisse para sair. De noite, de volta ao seu quartinho, praticava e se preparava para a oportunidade que ele sabia que um dia chegaria.

Les estava na rádio em uma tarde de sábado, quando notou que o DJ Rock estava bebendo durante a transmissão. Como era a única outra pessoa no prédio, percebeu que Rock estava ficando bêbado e que certamente, aquilo terminaria mal. Les ficou por perto, andando de um lado para o outro diante do vidro do estúdio. E, enquanto espreitava, pensava consigo mesmo: "Bebe, Rock. Bebe mais."

Les estava ávido e pronto. Teria atravessado a rua para comprar mais bebida se Rock tivesse pedido. Quando o telefone tocou, ele correu para atender. Como já imaginava, era o diretor.

— Les, sou eu, Klein.

— Sim, eu sei.

— Les, acho que o Rock não vai conseguir terminar o programa.

— É, eu sei.

— Você pode ligar para algum outro DJ e pedir que vá até aí para substituí-lo?

— Sim, senhor, farei isso.

Mas, quando desligou, Les pensou consigo mesmo "Agora ele deve achar que eu sou maluco".

Les pegou o telefone, mas não para ligar para outro DJ. Ele telefonou primeiro para a mãe, depois para a namorada.

— Vá agora para a entrada de casa e ligue o rádio. Vou entrar no ar! Esperou 15 minutos antes de telefonar novamente para Klein.

— Sr. Klein, não consegui encontrar ninguém.

— Meu jovem, você por acaso sabe se virar com a mesa de controle? — perguntou o diretor.

— Sim, senhor.

Les entrou correndo no estúdio, moveu Rock gentilmente para o lado e sentou-se diante do toca-discos. Ele estava pronto. E voraz. Acionou o botão do microfone e disse:

— E aí galera! Aqui quem fala é LB, o 3D, mais conhecido como Les Brown, o DJ-Doido-Demais! Não existem concorrentes antes ou depois de mim! Eu sou único, incomparável! Lindo, tesão, bonito e gostosão! Experiente, eficiente, envolvente, prontinho para fazer você curtir até cair! A hora é essa, baby! O seu amor chegou!

Les tinha se preparado e estava pronto. Deixou os ouvintes e o e diretor boquiabertos. Graças a esse fatídico dia, Les começou uma carreira de sucesso no rádio e na TV como DJ, e depois como orador e político.

Jack Canfield

Disposto a pagar o preço

A oportunidade é um pássaro que nunca se empoleira.
Claude McDonald

Treze anos atrás, minha esposa Maryanne e eu, estávamos montando um salão de beleza no Greenspoint Mall, e um vietnamita passava por lá todos os dias vendendo rosquinhas. O sujeito quase não falava inglês, mas era simpático e, com sorrisos e mímica, acabamos conhecendo um ao outro. Chamava-se Le Van Vu.

Durante o dia, Le trabalhava em uma padaria, e, à noite, sua esposa e ele ouviam fitas para aprender inglês. Tempos depois, fiquei sabendo que dormiam em sacas de aniagem no chão do quartinho dos fundos da padaria.

A família Van Vu era uma das mais abastadas do Sudeste da Ásia. Eram donos de quase um terço do Vietnã do Norte, incluindo complexos industriais enormes e imóveis. Depois que o pai de Le foi brutalmente assassinado, ele se mudara para o Vietnã do Sul com a mãe, onde frequentara a escola e tornara-se advogado.

Seguindo os passos de seu pai, Le prosperou. Ao vislumbrar a oportunidade de construir edifícios que acomodariam a sempre crescente presença norte-americana no Vietnã do Sul, em pouco tempo tornou-se um dos empreiteiros mais bem-sucedidos do país.

Durante uma viagem ao norte, no entanto, Le foi capturado e jogado na prisão, onde ficou por três anos. Para fugir, ele precisou matar cinco soldados, e então, retornando para o sul, foi preso novamente. O governo do sul supôs que ele fosse um espião do norte.

Depois de cumprir pena, Le inaugurou uma empresa de pesca e acabou se tornando o maior fabricante de conservas do Vietnã do Sul.

Quando soube que as tropas norte-americanas e o pessoal da embaixada estavam prestes deixar o país, Le tomou uma decisão que mudaria sua vida.

Reuniu todo o ouro que havia guardado, encheu um de seus pesqueiros e foi com a esposa até os navios americanos ancorados no porto. Então, trocou todos os seus bens por um passe-livre com destino às Filipinas, onde o casal foi levado para um campo de refugiados.

Já nas Filipinas, Le conseguiu se aproximar do presidente, convencendo-o a transformar uma de suas embarcações em um pesqueiro. Assim, lá estava Le de volta aos negócios. Dois anos depois, quando deixou o país a caminho dos Estados Unidos (seu maior sonho), Le havia estruturado todo a indústria da pesca filipina.

A caminho dos Estados Unidos, no entanto, sentia-se deprimido e desanimado em relação ao novo recomeço. A esposa conta como o encontrou perto da amurada do navio, prestes a se lançar ao mar.

— Le, se você se jogar, o que vai ser de mim? Estamos juntos há tanto tempo, passamos por tantas coisas. Podemos fazer dar certo — disse ela.

Era todo o estímulo que Le Van Vu precisava.

Quando os dois chegaram a Houston, em 1972, estavam falidos e não falavam inglês. No Vietnã, é tradição as famílias cuidarem umas das outras, então Le e a esposa receberam abrigo no quarto dos fundos da padaria de seu primo no Greenspoint Mall. Nosso futuro salão ficava a sessenta metros de distância.

E agora, como dizem, aqui vai a moral da história:

O primo de Le ofereceu aos dois um emprego na padaria. Deduzidos os impostos, Le levaria para casa 175 dólares por semana, e a esposa, 125. Em outras palavras, a renda anual total do casal seria de 15.600 dólares. Além disso, o primo ofereceu vender a padaria mediante uma entrada de trinta mil dólares. Ele ainda financiaria o restante com uma promissória de noventa mil dólares.

Então eis o que Le e a esposa fizeram:

Mesmo com uma renda semanal de trezentos dólares, os dois resolveram continuar morando no quarto dos fundos. Durante dois anos, higienizavam-se com esponjas na pia do banheiro do shopping. Durante dois anos, sua dieta foi toda baseada em itens da padaria. Durante dois anos, os dois sobreviveram com um total anual de — isso mesmo — 600 dólares, economizando o necessário para dar a entrada no estabelecimento.

Um dia, Le explicou-me seu raciocínio:

— Se nos mudássemos para um apartamento, que poderíamos bancar com os nossos trezentos dólares semanais, teríamos que pagar o aluguel. Então, é claro, teríamos que comprar a mobília. Depois, teríamos que pagar o transporte de ida e volta para o trabalho, e assim teríamos que comprar um carro. Então, viria a gasolina e o seguro. E, provavelmente, sentiríamos vontade de visitar lugares e precisaríamos comprar roupas e artigos de higiene. Assim, eu sabia que, alugando um apartamento, nunca conseguiríamos juntar o dinheiro.

Se você acha que já sabe tudo a respeito de Le, preciso contar outra coisa: depois que o casal economizou trinta mil e comprou a padaria, Le sentou-se novamente com a esposa para uma conversa séria: ainda deviam noventa mil ao primo. Por mais difíceis que tivessem sido os dois últimos anos, eles precisariam continuar morando no quarto dos fundos por mais um ano.

Orgulhosamente, posso contar que, passado este ano, meu amigo e mentor, Le Van Vu, e sua esposa, economizando cada centavo do lucro do negócio, quitaram a dívida. Em apenas três anos, tornaram-se donos de um negócio extremamente lucrativo, sem dever nada a ninguém.

Então, e somente então, os Van Vu se mudaram para seu primeiro apartamento. Até hoje, os dois continuam economizando e vivem com base em um percentual extremamente pequeno da renda que ganham. Ah, e pagam tudo em dinheiro, é claro.

Você acha que Le Van Vu foi milionário algum dia?

Fico feliz em dizer que, até sua morte em 2014, ele foi muito mais do que isso.

John McCormack

Todo mundo tem um sonho

*Ir pulando de pequena oportunidade em pequena oportunidade talvez
nos leve ao sucesso mais rápido do que ficar esperando
por uma das grandes chegar.*
Hugh Allen

Há alguns anos, aceitei um trabalho em uma cidade no sul do país, em um programa assistencial do governo. Minha intenção era demonstrar que qualquer pessoa pode se tornar autossuficiente se essa capacidade for ativada. Pedi à administração pública que selecionasse alguns indivíduos que estivessem sob cuidados assistenciais, integrantes de diferentes raças e pertencentes a diferentes famílias. Assim, eu poderia vê-los em grupo, durante três horas, toda sexta--feira. Pedi também uma pequena soma para cobrir minhas demandas.

A primeira coisa que eu disse depois de cumprimentar todos foi:

— Eu queria saber quais são os sonhos de vocês.

Todo mundo olhou para mim como se eu fosse meio doida.

— Sonhos? A gente não tem sonhos.

Eu disse:

— Bem, e quando eram pequenos? Vocês não sonhavam em fazer alguma coisa?

Uma mulher disse:

— Sonhos não servem para nada. Meus filhos estão sendo comidos pelos ratos.

— Ah, bem, isso é horrível. Eu entendo, você tem esse problema com a qual lidar e... Como você acha que isso poderia ser resolvido?

— Bem, eu poderia instalar uma porta de tela nova, porque a minha está com buracos.

— Alguém aqui sabe consertar porta de tela?

Um dos homens do grupo disse:

— Eu costumava fazer esse tipo de conserto, até começar a sentir muita dor nas costas. Mas posso tentar.

Perguntei se ele poderia ir até a loja comprar um pouco de tela para consertar a porta e ofereci o dinheiro.

— Acha que consegue?

— Vou tentar.

Na semana seguinte, quando o grupo se reuniu, eu disse:

— E aí? E a sua porta de tela?

— Ah, está ótima!

— Então agora podemos começar a sonhar, certo?

Ela deu um sorriso amarelo.

Então falei com o homem que havia feito o trabalho:

— E você, como está se sentindo?

— Olha, é curioso, mas comecei a me sentir bem melhor.

O episódio ajudou o grupo a começar a sonhar. Os sucessos obtidos, aparentemente pequenos, permitiram que aquelas pessoas enxergassem que sonhar não é loucura. Passo a passo, eles começaram a sentir que algo podia acontecer.

Comecei a perguntar ao restante do grupo sobre seus sonhos. Uma mulher contou que sempre quis ser secretária. Fiz a pergunta que sempre faço:

— E o que a impede?

— Eu tenho seis filhos e não tenho alguém para tomar conta deles enquanto eu estiver fora.

— Vejamos. Alguém poderia tomar conta das crianças por um ou dois dias por semana, enquanto nossa amiga faz um curso na faculdade comunitária?

— Eu também sou mãe — disse uma mulher —, mas acho que posso ajudar.

— Mãos à obra, então.

Elaboramos um plano e essa mãe começou a estudar.

A que se ofereceu para tomar conta das crianças, acabou fundando um abrigo. Em doze semanas, todos aqueles indivíduos já não precisavam mais do programa assistencial. E isso é algo que já fiz inúmeras vezes.

Virginia Satir

Corra atrás do seu sonho

Não se baseie em expectativas. Aventure-se e realize algo memorável.
Wendy Wassertein

Monty Roberts, um amigo que é dono de um rancho em San Ysidro, costumava me emprestar o local para realizar eventos beneficentes em prol de programas assistenciais para jovens em situação de risco.

Da última vez em que estive lá, ele me apresentou às pessoas dizendo:

— Vou contar a vocês por que deixo Jack usar minha casa. Isso remonta à história de um jovem rapaz, filho de um profissional itinerante, que vivia de estábulo em estábulo, de pista de corrida em pista de corrida, de fazenda em fazenda e de rancho em rancho, treinando cavalos. Por esse motivo, o ano letivo do filho desse homem, era interrompido o tempo todo. Quando o garoto estava no último ano, um professou pediu que escrevesse sobre o que ele gostaria de ser e fazer quando crescesse.

"Naquela noite, ele escreveu sete páginas sobre sua vontade de um dia ser dono de um rancho de cavalos. Descreveu esse sonho com riqueza de detalhes e até fez o desenho de um rancho de oitenta hectares, mostrando a localização de todas as construções, entre elas o estábulo e a pista. Desenhou, também em detalhes, a planta baixa de uma casa de quatrocentos metros quadrados, que ele construiria nos oitenta hectares do rancho de seus sonhos.

"O garoto fez aquela tarefa com todo o coração e, no dia seguinte, entregou ao professor. Dois dias depois recebeu a folha de volta. Na página da frente havia um grande zero vermelho e uma mensagem que dizia: 'Fale comigo depois da aula.'

"Quando encontrou o mestre, o menino perguntou: 'Por que eu tirei uma nota tão baixa?'

"O professor respondeu: 'Porque esse sonho é irreal para um garoto como você. Você não tem dinheiro, vem de uma família nômade, não tem recursos. Ter um haras requer muito dinheiro. É preciso comprar a terra, depois os primeiros animais e, mais tarde, haverá impostos altíssimos. É impossível que você algum dia realize isso. Se quiser reescrever o trabalho com um objetivo mais realista, posso reconsiderar sua nota.'

"O garoto foi para casa e pensou muito a respeito. Perguntou a seu pai o que fazer.

"O pai disse: 'Olha, filho, você vai ter que decidir isso sozinho. Mas acho que é uma decisão muito importante.'

"Finalmente, depois de olhar para o trabalho durante uma semana, o garoto devolveu o mesmo papel ao professor, sem fazer uma mudança sequer, e disse: 'Pode manter o zero, pois eu vou manter o meu sonho.'"

Monty voltou-se para o grupo e disse:

— Estou contando esta história porque vocês estão sentados na minha casa de quatrocentos metros quadrados, bem no meio de meu haras de oitenta hectares. Esse trabalho escolar está emoldurado em cima da lareira e a melhor parte é que, dois verões atrás, esse mesmo professor trouxe trinta alunos para acampar aqui durante uma semana. Quando estava indo embora, ele me disse: "Olha, Monty, hoje eu posso contar. Naquela época eu era uma espécie de ladrão de sonhos. Roubei um monte de vários alunos. Felizmente você teve bom senso suficiente para não desistir dos seus."

Não deixe que roubem seus sonhos. Siga seu coração, haja o que houver.

Jack Canfield

A caixa

Oportunidades desfilam numa parada. Quando uma chance passa,
a próxima já é o pífano e o tambor ecoando à distância.
Robert Brault

No meu último ano da faculdade, voltei para casa durante o recesso de Natal imaginando que passaria duas semanas muito divertidas com meus dois irmãos. Estávamos tão felizes por estarmos juntos que nos oferecemos para tomar conta da loja, para que nossos pais pudessem tirar o primeiro dia de folga em anos. Um dia antes da viagem deles para Boston, meu pai me puxou discretamente até o quartinho nos fundos da loja. O cômodo era tão pequeno que só cabiam um piano e uma cama embutida. Quando a cama era puxada para fora, ela tomava o quarto quase todo e era possível sentar-se na beirada e tocar o piano. Meu pai estendeu a mão, tirou uma caixa de charutos de trás do piano, abriu-a e pegou uma pilha de recortes de jornal. Eu havia lido tantas histórias de detetive de Nancy Drew que fiquei empolgada e de olhos arregalados quando vi aquilo.

— O que é isso? — perguntei

— São artigos meus que foram publicados — explicou ele, muito sério. — E algumas cartas ao editor.

Notei que ao final de cada matéria, cuidadosamente recortada, havia o nome Walter Chapman.

— Por que você nunca me contou sobre isso? — perguntei.

— Eu não queria que a sua mãe soubesse. Ela sempre me disse que eu não deveria tentar escrever porque não estudei o suficiente. Eu também quis me candidatar a algum cargo público, mas ela disse que eu não deveria tentar. Acho que sua mãe tinha medo de passar vergonha com os meus fracassos, mas eu só queria me divertir, sabe? Então percebi que podia escrever escondido, e foi o que eu fiz. Toda a vez que uma matéria minha era publicada eu recortava e escondia nesta caixa. Eu sabia que algum dia a mostraria a alguém e esse alguém é você.

Meu pai ficou me observando enquanto eu analisava aquilo tudo. Quando levantei a cabeça, notei seus grandes olhos azuis cheios de lágrimas.

— Mas acho que da última vez tentei dar um passo maior do que a perna — acrescentou ele.

— Você escreveu outra matéria?

— Eu mandei algumas sugestões para a revista da igreja sobre como conduzir melhor a seleção para a nomeação do comitê nacional. Já faz três meses. Acho que foi um passo grande demais.

Aquele era um aspecto tão novo do meu pai, um homem que adorava se divertir, que eu quase não soube o que dizer.

— Talvez ainda role alguma coisa — arrisquei.

— Pode ser, mas não crie muita expectativa.

Meu pai deu um sorrisinho e uma piscada, fechou a caixa de charutos e devolveu-a ao seu esconderijo atrás do piano.

Na manhã seguinte, minha mãe e ele partiram no ônibus para Haverhill, onde pegariam um trem para Boston. Jim, Ron e eu ficamos encarregados da loja, mas eu só pensava na caixa.

Eu nunca soubera que meu pai gostava de escrever. Não contei a meus irmãos, era um segredo entre nós dois. O Mistério da Caixa Escondida.

No começo daquela noite, pela janela da loja eu vi minha mãe descendo do ônibus, sozinha. Ela cruzou a praça e atravessou a loja a passos rápidos.

— Cadê meu pai?

— Seu pai morreu — disse ela, sem lágrimas.

Incrédulos, fomos atrás dela até a cozinha, onde minha mãe nos contou tudo. Os dois estavam no meio da multidão na estação de metrô de Park Street, quando meu pai desabara no chão. Uma enfermeira se inclinou sobre ele, olhou para a nossa mãe e disse simplesmente: "Ele está morto."

Mamãe permanecera de pé, desorientada, sem saber o que fazer, enquanto as pessoas passavam por cima do cadáver, com pressa de embarcar. Em um dado momento, um padre que estava lá disse que ia chamar a polícia e desapareceu. Minha mãe ficou ali ao lado do corpo dele por mais ou menos uma hora até que, finalmente, uma ambulância chegou e levou os dois ao único necrotério da cidade. Lá, minha mãe esvaziou os bolsos do meu pai e tirou seu relógio. Então embarcara sozinha no trem, e depois no ônibus até em casa. Toda essa história absurda foi contada sem que ela derramasse uma lágrima sequer. Não demonstrar emoções sempre fora uma questão de disciplina e orgulho para ela. Nós também não choramos e nos revezamos no atendimento aos fregueses.

Um cliente conhecido da loja perguntou:

— Cadê o velho camarada?

— Morreu — respondi.

— Ah, que pena! — respondeu o homem, e foi embora.

Eu nunca pensara no meu pai como velho e fiquei chateada com aquele adjetivo. Mas a verdade é que ele tinha 70 anos e minha mãe apenas 60. Meu pai, que sempre fora um homem saudável, alegre, que tinha cuidado da minha mãe frágil sem reclamar, tinha ido embora. Era o fim dos assobios, de cantar os hinos enquanto abastecia as prateleiras. O "velho" se fora.

Na manhã do enterro, sentei-me à mesa da loja e comecei a abrir os cartões de condolências, que ia colando em um álbum de recortes. Entre a correspondência, notei a revistinha da igreja. Aquele artigo sagrado estava lá.

Levei a revista para o quartinho, fechei a porta e desabei em lágrimas. Eu estava sendo forte, mas ver publicadas as corajosas recomendações do meu pai para a convenção nacional foi demais para mim. Li, chorei, reli. Puxei a caixa de trás do piano e, sob os recortes, encontrei uma carta de duas páginas do sr. Henry Cabot Lodge endereçada ao meu pai, agradecendo as sugestões para a sua campanha.

Não contei sobre a minha caixa a ninguém. Permaneceu um segredo.

Florence Littauer

Estímulo

Nunca é tarde demais para ser quem você deveria ter sido.
George Eliot

Algumas das maiores histórias de sucesso aconteceram após uma palavra de estímulo ou um ato de confiança de uma pessoa amada ou de amigo próximo. Se não fosse por Sophia, uma esposa incentivadora, poderíamos não ter incluído Nathaniel Hawthorne na lista de grandes nomes da literatura. Quando o escritor, de coração partido, voltou para casa para dizer à Sophia que era um fracasso e que havia perdido o emprego na alfândega, ela o surpreendeu com uma declaração alegre e triunfal:

— Agora você pode escrever seu livro!

— Posso — retrucou ele, com prudência —, mas vamos viver do que enquanto eu estiver escrevendo?

Para espanto de Nathaniel, ela abriu uma gaveta e tirou dali uma quantia considerável de dinheiro.

— Onde você conseguiu isso? — perguntou ele, assustado.

— Eu sempre soube que você é um homem genial. Sabia que algum dia você escreveria uma obra-prima. Então, toda semana eu economizo um pouquinho do dinheiro que você me dá para as despesas de casa. Guardei o suficiente para nos mantermos durante um ano.

Dessa confiança surgiu *A letra escarlate*, um dos maiores romances da literatura mundial.

Nido Qubein

Walt Jones

A grande questão é saber se você será capaz de dizer
um sincero sim à aventura da sua vida.
Joseph Campbell

Ninguém é prova maior de que o sucesso é uma jornada — e não um destino — do que quem está em constante evolução, aquele tipo de pessoa que não deixa que a idade impeça suas realizações. Florence Brooks juntou-se ao Corpo da Paz quando tinha 64 anos. Gladys Clappison morou no alojamento da Universidade de Iowa enquanto cursava seu pós-doutorado, aos 82 anos. Ed Stitt, aos 87, trabalhava no programa de cursos universitários comunitários em Nova Jersey. Ele disse que isso evitava que se contaminasse com a doença "da velha guarda" e mantinha seu cérebro ativo.

Em todos esses anos, provavelmente, ninguém despertou mais a minha imaginação do que Walt Jones, de Tacoma, Washington. Walt perdera sua terceira esposa, com quem estava casado há 52 anos. Na ocasião, alguém disse a ele que devia ter sido triste perder uma companheira de tantos anos. Sua resposta foi:

— Bem, é claro que foi, mas talvez tenha sido melhor assim.

— Por quê?

— Não quero ser negativo nem dizer algo que deponha contra a personalidade incrível da minha esposa, mas, na última década, ela estava me consumindo um pouco.

Quando pediram que ele explicasse, acrescentou:

— Ela não queria fazer o que quer que fosse, meio que ficou acomodada. Há dez anos, quando eu tinha 94, eu disse a ela que nunca tínhamos viajado para lugar algum exceto para o belo nordeste do Pacífico. Ela perguntou o que eu tinha em mente, então contei que estava pensando em comprar um motorhome e que, talvez, pudéssemos visitar todos os estados contíguos. "O que você acha?", perguntei a ela. "Acho que você ficou maluco" foi a resposta. "Por quê?", devolvi. "Bem, seríamos assaltados. Morreríamos sem sequer ter direito a um velório. E quem vai dirigir, Walter?", perguntou ela. "Eu, Lambie." "Você vai matar a gente!", disse ela, por fim.

"Eu queria deixar pegadas na areia do tempo antes de sair de cena, mas não se pode deixar pegadas na areia do tempo se continuar com o traseiro sentado... a não ser que a gente queira deixar 'traseiradas' na areia do tempo."

— E agora que ela se foi, Walt, o que você pretende fazer?

— O que eu pretendo fazer? Bem, eu enterrei minha velha garota e comprei o motorhome. Estamos em 1976 e pretendo visitar todos os estados do país para comemorar nosso bicentenário.

Walt foi a 43 estados naquele ano vendendo antiguidades e souvenirs. Quando perguntaram se dava caronas, a resposta foi:

— De jeito nenhum. A maioria das pessoas que pedem carona vão dar uma porrada na sua cabeça por qualquer mixaria ou vão processar você por excesso de velocidade se você se meter em algum acidente.

Ele estava com o motorhome havia pouco tempo e sua esposa havia sido enterrada há apenas seis meses, quando ele foi visto na rua com uma senhora bastante atraente, de 62 anos, ao seu lado.

— Walt? — perguntou alguém.

— Sim?

— Quem era a mulher ao seu lado? Quem é essa amiga nova?

Ao que ele respondeu:

— Sim, ela é.

— Ela é o quê?

— Minha amiga.

— Amiga? Walt, você foi casado três vezes, você tem 104 anos de idade. Essa mulher deve ter quatro décadas a menos que você.

— Bem — respondeu ele —, eu descobri bem rápido que um homem não consegue viver sozinho em um motorhome.

— Entendo, Walt. Provavelmente, você sente falta de alguém com quem conversar depois de tantos anos tendo uma companheira ao seu lado.

Sem hesitar, Walt replicou:

— Eu sinto falta daquilo também.

— Daquilo? Você está insinuando que tem interesses românticos, Walt?

— Bem, eu poderia.

—Walt...

— O quê?

— Bem, chega uma idade na vida em que esse tipo de coisa se torna dispensável.

— Sexo? — perguntou Walt.

— Isso.

— Por quê?

— Bem, porque esse tipo de esforço pode fazer mal à saúde.

Walt ponderou e disse:

— Bem, se ela morrer, morreu.

Em 1978, com uma inflação de dois dígitos esquentando o país, Walt foi um dos principais investidores na construção de um prédio de apartamentos. Ao ser perguntado por que ele estava tirando dinheiro seguro de uma conta bancária para colocá-lo em um empreendimento imobiliário, Walt respondeu:

— Você não sabe? Em tempos de inflação, temos de investir em imóveis para valorizar o dinheiro e fazer com que ele ainda exista anos depois, quando a gente realmente precisar.

Que tal esse pensamento positivo?

Em 1980, Walt vendeu grande parte de suas propriedades nos arredores de Pierce County, em Washington. Muitas pessoas acharam que estivesse batendo as botas, mas ele vendera as propriedades para ter fluxo de caixa.

— Fiz um depósito pequeno e um contrato de trinta anos. Vou receber mil dólares por mês até os 138 anos.

Walt comemorou seu centésimo décimo aniversário no programa de Johnny Carson. Resplandecente, caminhou pelo cenário com sua barba branca e seu chapéu preto, parecendo-se um pouco com o finado Coronel Sanders.

— É muito bom tê-lo aqui conosco, Walt — disse Johnny.

— É bom estar em qualquer lugar quando se tem 110 anos, Johnny.

— 110?

— 110.

— Cento. E. Dez?

— Meu Deus, Carson, está ficando surdo? Foi isso que eu disse. É a minha idade. Qual é o choque?

— O choque é que daqui a três dias você será duas vezes mais velho do que eu.

Isso é de chamar a atenção, não é? Cento e dez anos de idade, um homem em constante evolução. Walt aproveitou a deixa e, rapidamente, retrucou:

— Quantos anos você teria se não soubesse sua data de nascimento e não houvesse um calendário sombrio deixando você deprimido uma vez por ano? Sabe essas pessoas deprimidas por causa de uma data? Ai, meu Deus, estou fazendo 30 anos. Estou dão deprimido, estou descendo a ladeira. Meu Deus, cheguei aos 40. O pessoal do trabalho vestiu preto e mandou um carro fúnebre vir me buscar! Meu Deus, fiz 50 anos, meio século. Recebo um buquê de rosas murchas com teias de aranha... Johnny, quem disse que a pessoa deve se virar de lado e morrer aos 65? Tenho amigos que prosperaram mais depois dos 75. E graças a um pequeno investimento imobiliário que fiz há alguns anos, ganhei mais dinheiro dos 75 para cá do que ao longo de toda a minha vida. Quer saber qual é a minha definição de depressão, Johnny?

— Por favor.

— Deixar passar um aniversário.

Que a história de Walt Jones possa nos inspirar a permanecer em constante evolução todos os dias de nossas vidas.

Bob Moawad

Você é forte o bastante para suportar críticas?

Ninguém pode fazer você se sentir inferior sem o seu consentimento.
Eleanor Roosevelt

Não é o crítico que importa, nem aquele que aponta a falha do forte ou onde o realizador das proezas poderia ter feito melhor. O crédito é da pessoa que de fato está na arena com o rosto sujo de poeira, suor e sangue; de quem luta com valentia; daquele que erra e tenta de novo e de novo, porque não existe esforço sem tentativa e erro; do indivíduo que conhece a verdadeira devoção; daquele que dá tudo de si por uma causa de valor. Por fim, o crédito é de quem sabe que, na melhor das hipóteses, há de experimentar o triunfo de sua realização e, na pior, se falhar, ao menos agirá de modo que seu lugar não seja nunca junto àquelas almas frias e tímidas que não conhecem nem vitória nem derrota.

Theodore Roosevelt

Arriscar

Se você não arrisca, está desperdiçando sua alma.
Drew Barrymore

No solo fértil da primavera, duas sementes descansam lado a lado.

A primeira diz:

— Eu quero crescer! Quero que minhas raízes cheguem às profundezas do solo e que meus brotos irrompam da superfície. Quero abrir meus botões como bandeiras anunciando a chegada da primavera. Quero sentir o calor do sol na face e nas pétalas, a bênção do orvalho da manhã!

E assim ela cresceu.

A segunda diz:

— Tenho medo. Não sei o que posso encontrar na escuridão se minhas raízes forem às profundezas. Se eu rasgar a superfície dura do solo, posso danificar meus brotos, que são tão delicados. E se as lesmas comerem meus botões? E se eu estiver prestes a abrir meus botões e uma criança me arrancar do chão? Não. Acho muito melhor esperar até me sentir segura.

E assim a segunda semente esperou.

Uma galinha ciscando no solo fértil da primavera logo a encontrou e a comeu.

Moral da história:
Quem se recusa a correr riscos e a crescer é engolido pela vida.

Patty Hansen

Tente algo diferente

Caia sete vezes, levante-se oito.
Provérbio japonês

Quando lemos esta história pela primeira vez, tínhamos começado a ministrar um curso chamado "O Fórum do Milhão", que ensinava as pessoas a aumentarem seus ganhos à casa dos milhões ou até mais. Em pouco tempo, notamos que as pessoas ficam presas à rotina de se empenhar muito, mas sem muito uso da inteligência. Tentar mais nem sempre funciona. Às vezes, é preciso fazer algo radicalmente diferente para obter níveis mais elevados de sucesso. Precisamos nos libertar da prisão de nossos paradigmas, dos padrões de comportamento e das zonas de conforto.

***

Estou sentado em um quarto silencioso do Milcroft Inn, um lugar escondido atrás de pinheiros, a cerca de uma hora de Toronto. Acaba de passar do meio-dia, estamos no final de julho, quando escuto sons desesperados de um esforço de vida ou morte a apenas alguns metros de onde estou.

Uma mosquinha está gastando as últimas energias de sua vida curta na tentativa vã de atravessar o vidro da janela. O zumbido das asas conta a pungente história da estratégia do bicho: tente mais.

Só que aquilo não funciona.

O frenesi daquele esforço será em vão. Ironicamente, o esforço é parte da armadilha. É impossível que a mosca se esforce a ponto de quebrar o vidro. Ainda assim, ela está colocando toda a sua vida na busca desse objetivo, com determinação e empenho supremos.

A mosca está condenada. Vai morrer no parapeito da janela.

Do outro lado do cômodo, a dez passos de distância, a porta está aberta. Dez segundos de voo e essa criatura poderia encontrar a liberdade que procura. Com apenas uma fração do esforço que está desperdiçando, ela poderia se ver livre daquela armadilha autoimposta. A possibilidade da ruptura está ali. Seria muito simples.

Por que a mosca não tenta outra abordagem, algo radicalmente diferente? Como é que ficou tão presa à ideia de que essa rota e esse esforço em particular são o melhor curso de ação rumo ao sucesso? Qual é a lógica de perseguir até a morte uma descoberta que trará mais do mesmo?

Sem dúvida, essa abordagem faz sentido para a mosca. Lamentavelmente, irá matá-la.

Tentar mais não é necessariamente a solução para conquistar mais. Pode ser que não ofereça qualquer promessa real de conquistar aquilo que você deseja. Pelo contrário: às vezes, é a parte principal do problema.

Acreditar que o excesso de tentativas é o único caminho para o crescimento pode acabar com a sua chance de sucesso.

Price Pritchett

Sirva sorrindo

A verdade sempre traz uma boa dose de perdão.
R.D. Laing

Um homem escreveu uma carta para um hotel pequeno de uma cidade do Meio-Oeste dos Estados Unidos, onde planejava passar as férias.

Gostaria muito de levar meu cachorro. Ele é bem cuidado e muito educado. Seria possível que ficasse comigo em meu quarto à noite?

O dono do hotel respondeu imediatamente:

Administro este hotel há muitos anos. Durante todo esse tempo, nunca hospedei um cachorro que tivesse roubado as toalhas, as roupas de cama, os talheres ou os quadros das paredes.
Nunca tive que expulsar um cachorro no meio da noite por estar bêbado e causando confusão. E nunca hospedei um cachorro que tivesse fugido sem pagar a conta.
Sendo assim, seu cachorro é bem-vindo em nosso hotel. E, se seu cachorro atestá-lo, o senhor também será bem-vindo aqui.

Karl Albrecht e Ron Zenke
Service America

Superando obstáculos

Obstáculos são aquelas coisas tenebrosas que vemos quando desviamos o olhar do objetivo.

Henry Ford

A página em branco

Seja forte e paciente; esta dor algum dia lhe será útil.
Ovídio

Se você faz uma observação, você tem uma obrigação. Tento levar a minha vida com base neste verso. Esse mantra me levou à parte rural da Pensilvânia para conduzir um workshop de escrita criativa na penitenciária.

Quando estacionei em frente ao prédio — um bloco de concreto sufocado por uma cobertura de tela aramada irregular —, a chuva caía como em um filme antigo. Naquele momento, lembrei de como a minha vida tinha sido transformada em uma página em branco. Lembrei da época em que chegara em Crefeld, uma escola alternativa na Filadélfia, quando eu era um adolescente problemático que havia sido expulso de todas as instituições anteriores. Lembrei de Stacey, a professora de inglês, colocando uma folha em branco diante de mim e dizendo simplesmente:

— Escreva.

— Escrever o quê? — perguntei.

A resposta — "O que você quiser" — mudou a minha vida.

Fiquei ali estático, um oceano branco de possibilidades reluzindo à minha frente. O vazio me implorava para contar uma história; me desafiava a contar a minha.

Mas eu não conseguia. Estava paralisado, morrendo de medo e me sentindo desconfortável. Havia coisas que eu gostaria de dizer, mas a caneta não se movia, as palavras eram como a água presa dentro do bloco de gelo. A sensação que eu tinha era de que dava para medir em anos-luz a distância entre os meus pensamentos e a página.

— A sensação que eu tenho é que existe uma parede.

— Toda parede tem uma porta — disse Stacey. — Não é preciso ser muito bom para começar, mas é preciso começar para ser muito bom.

Stacey estava transformando sua observação sobre mim em uma obrigação da minha parte.

Então, peguei a caneta. Não apenas a minha mão, mas meu corpo inteiro tremia como se eu estivesse morrendo de frio. E aconteceu: recaiu sobre mim um silêncio mais alto do que qualquer música que eu já tinha escutado. Inspirei e soltei o ar, como se tivesse acabado de emergir da água.

Olhei tão intensamente para a página que vi meu reflexo nela. Senti uma coisa que eu jamais havia sentido: propósito. Naquele momento, eu percebi que eu era uma página em branco. Que todos nós somos.

Aquele papel vazio foi o gatilho para o meu senso de propósito, foi o que me ajudou a trocar o status de delinquente juvenil pelo de escritor premiado, cineasta e professor. Eu tinha a esperança de compartilhar o poder e a possibilidade da escrita criativa com os detentos. Ainda me lembro das palavras da minha mentora, Maya Angelou: "Quando tiver, ofereça. Quando aprender, ensine."

Uma vez lá dentro, reuni-me com um grupo de detentos bastante complicado. Eram todos jovens, dispostos a não se deixar intimidar. Depois do workshop, fui levado para conhecer o bloco das celas, onde aqueles indivíduos enfrentavam o peso de seus dias e de suas noites. Quando estava de saída, notei que a cela de Jordan, que demonstrara estar sofrendo de um bloqueio criativo em nossa reunião, era a única cuja cama estava sem colchão.

— Não gosta de colchão? — perguntei, intrigado.

— Eu tenho um, mas não durmo nele.

— E onde você dorme?

— No chão, no estrado de ferro, em qualquer lugar, menos nisso — disse ele, inclinando-se para baixo do beliche e mostrando, brevemente, o colchão muito fino. — Tá vendo? — perguntou, enquanto devolvia o colchão. — Não consigo dormir nessa coisa. É confortável demais, e eu não confio em conforto em um lugar como esse.

Para Jordan, certos luxos o cegavam para a realidade nua e crua daquele lugar. O desconforto era um lembrete de onde ele estava e para onde gostaria de ir. Lembrei do meu próprio desconforto diante da página em branco, do meu bloqueio criativo, e refleti sobre onde eu estava naquele momento. Então pensei nos desafios de Jordan, tanto diante da folha de papel quanto fora dela, e percebi como o incômodo pode trazer um crescimento enorme.

Se você tem uma observação, passa a ter uma obrigação com ela.

Antes de ir embora, entreguei uma folha em branco para ele.

MK Asante

Obstáculos

Onde houver um ser humano, haverá a oportunidade
de praticar a bondade.
Sêneca

Nós, que vivemos em campos de concentração, nos lembramos dos homens que passavam pelas tendas dando apoio às pessoas, oferecendo seu último pedaço de pão. Podem ter sido poucos, mas são suficientes como prova de que é possível tirar tudo de alguém, menos a sua liberdade derradeira: poder escolher seu modo de agir diante de qualquer circunstância. Poder escolher o próprio caminho.

Viktor E. Frankl
Man's Search for Meaning

Tenha em mente

Para mudar uma vida: comece imediatamente.
Faça extraordinariamente. Sem exceções.
William James

Tenha em mente que:

- Após o primeiro teste de Fred Astaire para um papel no cinema, o memorando do diretor da MGM, datado de 1933, dizia: "Não sabe representar! Ligeiramente calvo! Só sabe dançar um pouco!" Astaire pendurou o memorando acima da lareira em sua casa em Beverly Hills.
- Comentário de um especialista sobre Vince Lombardi: "Tem um mínimo conhecimento de futebol. Falta motivação."
- Sócrates foi chamado de "corruptor imoral da juventude".
- Quando Peter J. Daniel estava na quarta série, sua professora, a sra. Phillips, sempre dizia: "Peter J. Daniel, você não presta, é uma maçã podre, nunca chegará a lugar algum." Ele foi analfabeto até os 26 anos. Um dia, um amigo passou a noite em claro com ele, lendo uma cópia de *Pense e enriqueça*. Hoje, Peter é dono das ruas em cujas esquinas costumava brigar, e publicou o livro: *Mrs. Phillips, You Were Wrong!* [Sra. Phillips, você estava errada!, em tradução livre]
- Louisa May Alcott, autora de *Mulherzinhas*, foi aconselhada pela família a procurar um emprego de servente ou costureira.

- Beethoven segurava o violino de um jeito esquisito e preferia tocar as próprias composições em vez de aperfeiçoar sua técnica. Seu professor julgava-o um compositor sem futuro.
- Os pais do famoso cantor de ópera Enrico Caruso queriam que ele fosse engenheiro. O professor de canto disse que o aluno não tinha voz nem a menor capacidade de cantar.
- Charles Darwin, pai da Teoria da Evolução, abandonou a medicina e ouviu de seu pai: "Você não se importa com nada além de tiro, cachorros e caçar camundongos." Em sua autobiografia, Darwin escreveu: "Todos os meus professores e meu pai me consideravam um garoto comum, com uma capacidade intelectual bem abaixo da média."
- Walt Disney foi demitido de um jornal porque tinha poucas ideias. Ele estava falido antes de construir o primeiro parque da Disney.
- Os professores de Thomas Edison disseram que ele era burro demais para aprender qualquer coisa.
- Albert Einstein só aprendeu a falar depois dos 4 anos e não conseguia ler antes dos 7. O professor o descreveu como "mentalmente lento, antissocial e eternamente mergulhado em devaneios". Foi expulso da instituição de ensino em que estudava e teve a admissão recusada na Escola Politécnica de Zurique.
- Louis Pasteur foi um aluno medíocre durante a vida escolar; ocupava o décimo quinto lugar entre os 22 alunos de química.
- Isaac Newton foi um péssimo aluno no ensino fundamental.
- O pai do escultor Rodin disse: "Meu filho é um idiota." Descrito como o pior aluno da escola, o escultor foi reprovado três vezes no exame de admissão da escola de artes. Seu tio chamava-o de "ineducável".
- Leon Tolstói, autor de *Guerra e paz*, foi afastado da escola por incompetência. Foi descrito como "incapaz e sem desejo de aprender".
- O dramaturgo Tennessee Williams ficou com ódio quando sua peça *Me Vasha* não foi escolhida em um concurso da Universidade de Washington, onde ele cursava inglês no século XVI. Williams questionou a seleção dos juízes e sua inteligência.

- Os funcionários de F.W. Woolworth que trabalhavam no depósito diziam que ele não tinha sensibilidade para atender os fregueses.
- Henry Ford faliu cinco vezes antes de ser bem-sucedido.
- O jogador de beisebol Babe Ruth, considerado pelos especialistas o maior atleta de todos os tempos, e famoso por estabelecer o recorde de rebatidas para fora do estádio, também detém o recorde de eliminações.
- Winston Churchill repetiu a sexta série. Só se tornou primeiro-ministro da Inglaterra aos 62 anos e, mesmo assim, depois de muitas derrotas e fracassos. Suas maiores contribuições foram realizadas quando já era idoso.
- Dezoito editores recusaram as dez mil palavras que Richard Bach escrevera sobre a gaivota que gostava de voar, *Fernão Capelo Gaivota*, até que a editora Macmillan finalmente as publicou em 1970. Em 1975, o livro já tinha vendido mais de sete milhões de cópias apenas nos Estados Unidos.
- Richard Hooker trabalhou por sete anos no romance *M*A*S*H*, uma sátira de guerra. Depois de ser recusado por 21 editoras, a Morrow decidiu publicá-lo, e logo se tornou um best-seller, dando origem a um filme de enorme bilheteria e a uma série de televisão muito famosa.

Jack Canfield e Mark Victor Hansen

John Corcoran: o homem que não conseguia ler

Para os ignorantes, uma nota A são apenas três pauzinhos.
A.A. Milne

Por toda sua vida, as palavras zombaram de John Corcoran. As letras trocavam de lugar nas frases, o som das vogais perdia-se em seus ouvidos. Na escola, sentado em sua carteira, bobo e calado como uma pedra, John sabia que seria eternamente diferente dos outros. Tudo o que queria era que alguém tivesse se sentado ao seu lado, colocado o braço em seu ombro e dito "Não precisa ter medo, eu ajudo você".

Mas naquela época ninguém tinha ouvido falar em dislexia. E John, por sua vez, não podia dizer às pessoas que o lado esquerdo do seu cérebro, aquele que o ser humano usa para organizar os símbolos em uma sequência lógica, sempre funcionara mal.

Em vez disso, quando estava na segunda série, John foi colocado na fileira dos "burros". Na terceira série, sempre que ele se recusava a ler ou escrever, uma freira entregava uma régua aos alunos e deixava que cada um desferisse um golpe nas pernas dele. Já na quarta, o professor pedia para John ler, e fazia com que a turma inteira esperasse, minuto após minuto, até que o menino se sentisse prestes a sufocar. Mas ele era aprovado em todas as séries e nunca repetiu uma sequer.

No último ano do ensino médio, foi eleito rei do baile, fez o discurso de formatura com segurança e deu show na equipe de basquete. A mãe deu um beijo no filho na ocasião de sua formatura e começou a falar sobre a universidade. Parecia insano considerar essa possibilidade, mas John acabou optando por ingressar na Universidade do Texas, em El Paso, onde poderia tentar uma vaga na equipe de basquete. John respirou fundo, fechou os olhos e mais uma vez atravessou as linhas inimigas.

No campus, perguntava a cada amigo novo quais professores aplicavam provas dissertativas, e quais usavam múltipla-escolha. Assim que saía da sala de aula, John rasgava as páginas que havia rabiscado no caderno, para não correr o risco de que alguém visse suas anotações. À noite, ficava olhando para os livros enormes de estudo só para que seu colega de quarto não desconfiasse. E então deitava-se na cama, exausto, incapaz de dormir, incapaz de desligar o zumbido em sua cabeça. John fez a promessa de ir à primeira missa todos os dias durante um mês, se Deus o ajudasse a se formar.

E assim Deus o fez. E John foi à missa todos os dias por um mês. Talvez ele estivesse viciado em viver no limite, certo? Talvez aquilo que o deixava mais inseguro — seu intelecto — fosse seu aspecto mais admirável. Talvez tenha sido por isso que, em 1961, John tornou-se professor na Califórnia.

Diariamente, John pedia que um aluno lesse os livros didáticos para a turma. Aplicava testes padronizados que podiam ser corrigidos com um gabarito perfurado colocado em cima das questões corretas e, nos fins de semana, passava horas deitado na cama pela manhã, deprimido.

Certo dia, o professor conheceu Kathy, enfermeira e aluna nota 10, e que, diferentemente dele, não era uma pedra.

— Preciso contar uma coisa, Kathy — disse John, em 1965, antes de se casarem. — Eu não... eu não sei ler.

"Mas ele é professor", pensou Kathy. Talvez estivesse querendo dizer que não lia bem. Kathy não compreendeu totalmente a questão até que, anos depois, viu o marido incapaz de ler uma historinha para a filha de um ano e meio. A esposa preenchia seus formulários, lia para ele, escrevia suas cartas. Por que John não pedia a ela que o ensinasse a ler e escrever? Mas o marido achava que ninguém era capaz de fazê-lo.

Aos 28 anos, ele pegou um empréstimo de 2.500 dólares, comprou um segundo imóvel e, feitas todas as reformas, colocou-o para alugar. Então fez isso com mais um. E com mais outro. O negócio foi crescendo até o ponto em que John precisou contratar uma secretária e um advogado e arranjar um sócio.

Certo dia, o contador disse a John que ele estava milionário. Maravilha. Quem notaria que um milionário sempre puxava as portas onde se lia EMPURRE ou parava em frente aos banheiros para ver de qual lado saíam os homens?

Em 1982, as coisas começaram a degringolar. As propriedades de John começaram a ficar sem inquilinos e ele estava perdendo investidores. Dos envelopes, saltavam ameaças de execução de hipotecas e processos. John parecia passar todo o seu tempo implorando a banqueiros para estenderem prazos de empréstimos, persuadindo empreiteiros a permanecerem nas obras, tentando dar sentido à pilha de papéis. John sabia que, em breve, estaria em um tribunal, diante de um homem vestido de preto que diria "A verdade, John Corcoran. Você ao menos sabe ler?"

Finalmente, no outono de 1986, aos 48 anos, John fez as duas coisas que jurou que jamais faria: hipotecou a própria casa para obter um empréstimo para uma última construção.

E entrou na Biblioteca Pública de Carlsbad e disse à encarregada do programa de ensino: "Eu não sei ler."

E então, chorou.

John teria aulas com uma senhora de 65 anos chamada Eleanor Condit. Dolorosamente, letra por letra, foneticamente, Eleanor começou a ensiná-lo. Em 14 meses, a empresa de John dava a volta por cima e ele estava aprendendo a ler.

O passo seguinte seria confessar. Para se curar, John precisava ser honesto: ele discursaria para duzentos alunos estupefatos em San Diego. Depois desse episódio, John integrou a mesa diretora do Conselho de Alfabetização de San Diego e começou a viajar pelo país dando palestras.

— O analfabetismo é uma forma de escravidão! — bradava. — Não devemos perder tempo culpando ninguém, mas, sim, sermos obsessivos em ensinar as pessoas a ler!

John passou a ler todos os livros e revistas que via por aí. Lia em voz alta todas as placas pela estrada, pelo tempo que Kathy pudesse aguentar. Ler era glorioso, era como cantar. E John agora conseguia dormir.

Até que, um dia, John percebeu que podia fazer mais uma coisa. Havia uma caixa juntando poeira em seu escritório e, dentro dela, uma pilha de papéis presos com um laço. Vinte e cinco anos depois, John Corcoran poderia ler as cartas de amor que recebera de Kathy.

Gary Smith

Não tenha medo de fracassar

Não olhe para o ponto onde caiu, mas para o ponto de onde escorregou.
Provérbio africano

Talvez você não se lembre, mas já fracassou inúmeras vezes.

Você caiu quando tentou andar pela primeira vez. E quase se afogou na primeira vez em que tentou nadar, não é?

Você acertou a rebatida na primeira vez em que segurou o taco? Os rebatedores com maior número de acertos, aqueles que conseguiram colocar mais bolas para fora do estádio, também erram muito.

R.H. Macy fracassou sete vezes até sua loja dar certo em Nova York.

O dramaturgo inglês John Creasey recebeu 753 cartas de rejeição antes de ter 564 livros publicados.

Babe Ruth errou 1.330 vezes, mas também acertou 714 bolas que foram parar fora do estádio.

Não se preocupe com o fracasso.

Preocupe-se com as oportunidades que você perde quanto decide *nem tentar*.

United Technologies Corporation 1981

Abraham Lincoln não desistiu

O dever de continuar está presente em todos nós.
A obrigação de lutar é de todos nós. Eu mesmo senti seu apelo.
Abraham Lincoln

Abraham Lincoln é, provavelmente, o maior exemplo de persistência que já existiu. Se está em busca do exemplo de alguém que nunca desistiu, acaba de encontrar.

Nascido na pobreza, Lincoln foi confrontado com o fracasso ao longo de toda sua vida. Foi derrotado em oito eleições, fracassou duas vezes nos negócios e passou por um episódio de colapso nervoso.

Ele poderia ter desistido inúmeras vezes — mas não o fez e, exatamente por isso, um dia viria a ser um dos maiores presidentes na história dos Estados Unidos.

Lincoln era um vitorioso, jamais se entregou. Eis um resumo do caminho percorrido por ele até a Casa Branca:

1816 — Lincoln e a família são despejados, e ele precisa começar a trabalhar para ajudar no sustento da família.

1818 — Sua mãe morre.

1831 — Seus negócios fracassam.

1832 — Concorre ao cargo de deputado estadual, sem sucesso.

1832 — Perde o emprego. Tenta, sem sucesso, ingressar na escola de Direito.

1833 — Pega dinheiro emprestado com um amigo para começar outro negócio, mas, no fim do ano, está novamente falido. Passa os dezessete anos seguintes de sua vida pagando a dívida.

1834 — Candidata-se mais uma vez a deputado estadual — e vence.

1835 — Fica desolado com a morte da noiva.

1836 — Sofre um colapso nervoso, e fica de cama durante seis meses.

1838 — É indicado para o cargo de porta-voz da Câmara Estadual, mas é derrotado.

1840 — É indicado para o Colégio Eleitoral, mas é derrotado.

1843 — Candidata-se ao Congresso, sem sucesso.

1846 — Candidata-se outra vez ao Congresso. Vence, vai para Washington e faz um bom trabalho.

1848 — Candidata-se à reeleição para o Congresso, mas é derrotado.

1849 — É indicado para o Cartório de Registro de Imóveis em seu estado, mas é rejeitado.

1854 — Candidata-se ao Senado dos Estados Unidos, mas é derrotado.

1856 — Solicita a indicação para vice-presidente de seu partido durante uma convenção nacional, mas obtém menos de cem votos.

1858 — Candidata-se novamente ao Senado, mas é derrotado outra vez.

1860 — É eleito presidente dos Estados Unidos.

O caminho foi difícil e tortuoso. Um dos meus pés vacilou e empurrou o outro para fora da estrada, mas me levantei e disse a mim mesmo: "Foi apenas um deslize, não uma queda."

Abraham Lincoln, depois de ser derrotado nas eleições para o Senado

Fonte desconhecida

Lição de um filho

Se a paixão é o que move você, deixe a razão segurar as rédeas.
Benjamin Franklin

A paixão de Daniel, meu filho, pelo surf começou quando ele tinha 13 anos. Todos os dias, antes e depois da escola, ele vestia a roupa de Neoprene, remava além da arrebentação e aguardava até ser desafiado por suas amigas de dois metros de altura. Em uma tarde fatídica, o amor de Daniel pelo esporte foi posto à prova.

— Seu filho sofreu um acidente — disse o salva-vidas ao meu marido Mike pelo telefone.

— É grave?

— Bastante. Quando ele emergiu depois da onda, a ponta da prancha estava apontada diretamente para o olho dele.

Mike levou Daniel correndo ao pronto-socorro e de lá eles foram encaminhados para um cirurgião plástico. Daniel levou 26 pontos do canto do olho até o topo da ponte do nariz.

Enquanto operavam o olho de Dan, eu estava dentro do avião, voltando de uma palestra. Mike foi direto para o aeroporto quando saíram do hospital. Encontrou comigo no portão de desembarque e disse que nosso filho estava esperando no carro.

— Daniel?

Estranhei aquilo. Lembro de ter pensado que as ondas deviam estar ruins naquele dia.

— Ele se machucou, mas vai ficar tudo bem.

O pior pesadelo de uma mãe viajando a trabalho tinha se tornado realidade. Corri tão rápido que quebrei o salto e quase arrebentei a porta do carro. Meu filho caçula, com um curativo no olho, inclinou-se para frente com os braços abertos para mim e chorou.

— Ah, mãe, que bom que você voltou.

Eu soluçava. Disse o quanto me sentia péssima por não ter estado em casa quando telefonaram dando a notícia.

— Tudo bem, mãe — disse Dan, me consolando. — Seja como for, você nem sabe surfar.

— Oi? — perguntei, confusa diante da sua lógica.

— Eu vou ficar bem. O médico disse que posso voltar para a água daqui a oito dias.

Daniel tinha ficado maluco? Naquele momento, minha vontade foi dizer que ele estava proibido de chegar perto do mar até os 35 anos, mas, em vez disso, mordi a língua e rezei para que ele esquecesse o surf para sempre.

Ao longo da semana seguinte, Dan me pressionou para deixá-lo voltar a subir na prancha. Um dia, depois de eu ter repetido "não" enfaticamente pela centésima vez, ele me venceu usando meu próprio argumento:

— Mãe, você me ensinou a nunca desistir do que a gente ama.

E então me ofereceu um suborno: uma moldura com um poema de Langston Hughes que ele havia comprado "porque o poema me lembrou você".

De mãe para filho

Bem, filho, saiba:
A vida para mim não tem sido uma escadaria de cristal.
Cada degrau tem preguinhos.
e lascas,
e tábuas soltas,
e lugares sem carpete —
desnudos.

Mas tem sido, o tempo todo
Uma escalada,
e várias aterrissagens,
e dobrar de esquinas,
e, às vezes, adentrar a escuridão
onde nunca houve luz.
Então, filho, não desista,
não deixe que os degraus o detenham,
por parecerem difíceis demais para uma criança.
Não desista agora —
porque eu seguirei em frente, querido
seguirei escalando,
E a vida para mim não tem sido uma escadaria de cristal.

Me dei por vencida.

Daniel era só um garoto apaixonado pelo surf. Hoje é um homem com uma responsabilidade. Esteve, inclusive, entre os 25 melhores surfistas profissionais do mundo.

Fui posta à prova em minha própria casa, segundo um princípio importante que ensino às pessoas em cidades distantes: "Quem tem uma paixão abraça o que ama e nunca desiste."

Danielle Kennedy

Fracasso? Nada disso!
Apenas contratempos

Ver as coisas na semente, isso é genial.
Lao-Tsé

Se você pudesse fazer uma visita ao meu escritório na Califórnia, notaria que de um lado há um antigo balcão de mogno, muito bonito, com ladrilhos espanhóis e nove banquetas forradas de couro (do tipo que se costumava ter nas farmácias de antigamente). Estranho? Ok. Mas, se esses banquinhos pudessem falar, contariam a história sobre o dia em que eu quase perdi a esperança e desisti de tudo.

Vivíamos o período de recessão após a Segunda Guerra Mundial, e havia poucas ofertas de emprego. Cowboy Bob, meu marido, comprara uma pequena empresa de lavagem a seco com um dinheiro emprestado. Tínhamos dois bebês lindos, as prestações da casa, um carro e todos os custos rotineiros de uma família. Até que, um belo dia, as coisas começaram a degringolar. Não tínhamos dinheiro para pagar as prestações da casa ou qualquer outra despesa.

Naquele momento, percebi que eu não tinha talento especial algum ou instrução, nada de curso superior (eu não era uma mulher que pensava muito em mim mesma), mas lembrei de alguém que, no passado, vira em mim alguma capacidade: minha professora de inglês na Escola Secundária de Alhambra. Ela vivia dizendo que eu deveria cursar jornalismo, e me nomeou como gerente de propaganda e chefe de reportagem do jornal da escola. Diante disso, pensei: "Se eu escrevesse um guia de compras para o jornal semanal aqui da cidade, talvez conseguisse pagar as prestações da casa."

Eu não tinha mais carro nem babá. Fui empurrando meus dois filhos em um carrinho de bebê frágil, com um travesseiro amarrado atrás. A rodinha vivia caindo, mas eu a colocava de volta batendo com o salto do sapato, e seguia em frente. Estava determinada a não permitir que meus filhos perdessem a casa da mesma maneira que eu perdi quando criança.

Mas não havia vagas no escritório do jornal. Culpa da recessão. Então tive outra ideia: perguntei a eles se eu poderia comprar anúncios por atacado e vendê-los no varejo para uma "Coluna de Compras". Concordaram. Tempos depois eu ficaria sabendo que, entre o pessoal do jornal, corria a aposta de que eu levaria no máximo uma semana empurrando aquele carrinho até desistir. Mas eles estavam errados.

A ideia da coluna funcionou. Consegui dinheiro suficiente para as prestações da casa e para comprar um carro usado e velho que Cowboy Bob encontrara para mim. Depois, contratei uma estudante jovem para tomar conta das crianças entre três e cinco da tarde, todos os dias. Quando o relógio marcava quinze horas, eu pegava minhas amostras de jornal e saía voando para os meus compromissos.

Em uma tarde escura e chuvosa, todos os clientes com os quais eu estava investindo desistiram dos anúncios quando fui buscá-los.

— Por quê? — queria saber.

Segundo os clientes, eles haviam notado que Ruben Ahlman, presidente da Câmara de Comércio e dono da drogaria Rexall, não anunciava comigo. A loja dele era a mais popular da cidade e todos seguiam seu bom-senso.

— Se Ahlman não anuncia com você, tem alguma coisa errada — diziam.

Fiquei desolada. Aqueles quatro anúncios perdidos teriam pagado a prestação da casa. Decidi que tentaria falar com o sr. Ahlman. Todos na cidade gostavam dele e o respeitavam. Certamente, ele ouviria o que eu tinha a dizer. Eu havia tentado encontrá-lo muitas vezes, sem sucesso. Estava sempre "fora" ou "ocupado". Mas eu sabia que se ele anunciasse comigo, os outros lojistas fariam o mesmo.

Naquele dia, quando entrei na drogaria Rexall, ele estava atrás do balcão. Ofereci o meu melhor sorriso e mostrei minha Coluna de Compras cuidadosamente assinalada com o lápis de cera verde das crianças.

— Olá, sr. Ahlman. Sei que todos na cidade respeitam a sua opinião, então gostaria de saber se o senhor poderia dar uma olhada no meu trabalho, para que eu possa dizer aos outros comerciantes o que o senhor acha.

A boca do homem tinha o formato de um "U" de cabeça para baixo. Sem dizer sequer uma palavra, ele fez que não com a cabeça, enfaticamente.

Eu perdi completamente o entusiasmo. Consegui chegar até o balcão de refrigerantes que havia na frente da loja, sentindo que não teria forças para dirigir até em casa. Como não queria me sentar ali sem consumir alguma coisa, peguei meus últimos dez centavos e pedi uma Coca-Cola. Desesperada, eu pensava no que fazer. Será que meus filhos passariam pela experiência do despejo como eu tantas vezes passara na infância? Minha professora de jornalismo estava errada? Talvez o talento que ela via em mim fosse uma farsa. Eu estava com os olhos cheios d'água.

Então uma voz suave vinda do banco ao lado disse:

— O que houve, meu bem?

Olhei para a expressão compreensiva de uma senhora simpática de cabelos brancos. Depois de contar toda a história, eu completei:

— Mas o Sr. Ahlman, a quem todo mundo respeita tanto, não quis ver meu trabalho.

— Deixe-me ver essa Coluna de Compras.

Então, ela pegou meu exemplar assinalado do jornal e leu-o cuidadosamente do começo ao fim. Depois, girou o corpo na banqueta, ficou de pé e olhou para o balcão da farmácia. Em uma voz de comando que deve ter sido ouvida pelo quarteirão inteiro, bradou:

— Ruben Ahlman, venha cá!

Era a Sra. Ahlman!

Ela falou para Ruben comprar meu anúncio. A boca do sr. Ahlman virou aquele U para o sentido certo. Então ela me perguntou os nomes dos comerciantes que haviam se negado a comprar anúncios, pegou o telefone e falou com cada um deles. Depois me deu um abraço, e disse que todos estavam me aguardando para fechar o negócio comigo.

Ruben e Vivien Ahlman tornaram-se grandes amigos meus, além de clientes fixos da coluna. Logo aprendi que ele era um homem amável, que comprava de todo mundo. Mas, como havia prometido a Vivian não comprar mais anúncio algum, estava apenas tentando manter a palavra ao me recusar. Se tivesse perguntado pela cidade, teria ficado sabendo que o certo teria sido procurar a sra. Ahlman desde o começo. Aquela conversa no balcão foi um momento decisivo. Minha carreira na publicidade prosperou, e hoje tenho quatro escritórios, 285 funcionários e 4 mil clientes com contratos fixos.

Anos depois, quando o sr. Ahlman decidiu modernizar sua drogaria e remover o balcão de refrigerantes, meu amado Bob comprou-o e instalou-o em meu escritório. Se você estivesse aqui na Califórnia, poderíamos sentar nas banquetas lado a lado. Eu serviria uma Coca-Cola e diria a você para nunca desistir. Para se lembrar de que a ajuda sempre está mais perto do que imaginamos.

Eu diria também que, se você não estiver conseguindo encontrar um canal de comunicação com determinada pessoa, busque se informar melhor. Tente outra abordagem. Procure alguém que possa fazer essa ponte. Finalmente, eu ofereceria estas palavras iluminadas e inspiradoras de Bill Marriott, da rede de hotéis de mesmo nome:

Fracasso? Nunca enfrentei fracassos.
Só tive alguns contratempos.

Dottie Walters

Para eu ser mais criativo, falta...

*Deveríamos ser ensinados a não esperar pela inspiração
para começar um projeto. Agir sempre resulta em inspiração,
mas inspiração quase nunca resulta em ação.*
Frank Tibolt

1. Inspiração
2. Permissão
3. Reafirmação
4. O café ficar pronto
5. A minha vez
6. Alguém que abra o caminho
7. O resto das regras
8. Alguém para mudar
9. Caminhos mais amplos
10. Vingança
11. Menos riscos
12. Tempo
13. Que um relacionamento importante
    a) melhore
    b) termine
    c) aconteça
14. A pessoa certa
15. Um desastre

16. Estar quase sem tempo
17. Um bode expiatório
18. Que meus filhos vão morar sozinhos
19. Um índice Dow Jones de 1500
20. Que o leão faça amizade com a ovelha
21. Consentimento mútuo
22. Uma época melhor
23. Um horóscopo mais favorável
24. Que a juventude retorne
25. O aviso de dois minutos
26. A reforma da advocacia
27. A reeleição de Richard Nixon
28. Que a idade me garanta o status de excêntrico
29. O amanhã
30. Ter um par de valetes ou mais
31. Meu check-up anual
32. Um círculo de amizades melhor
33. Mais risco
34. O começo do semestre
35. O caminho livre
36. Que o gato pare de arranhar o sofá
37. Não correr risco algum
38. Que o cachorro do vizinho se mude e pare de latir
39. Meu tio voltar do exército
40. Que alguém me descubra
41. Mais garantia
42. Menor imposto sobre ganhos de capital
43. O fim da prescrição
44. Que meus pais morram (brincadeira!)
45. A cura do herpes e do HIV
46. O desaparecimento de tudo que eu não entendo/aprovo
47. A paz mundial
48. Que o meu amor se reacenda
49. Alguém observando
50. Um conjunto de instruções descritas com clareza

51. Um controle de natalidade melhor

52. Que essa era acabe

53. Fim da pobreza, da injustiça, da crueldade, da falsidade, da incompetência, das doenças, dos crimes e das ofensas

54. Um pedido de patente rival expirar

55. O retorno do *Galinho Chicken Little*

56. O amadurecimento dos meus subordinados

57. O aperfeiçoamento do meu ego

58. O bule ferver

59. Um cartão de crédito novo

60. Um afinador de piano

61. Que esta reunião termine

62. Que meu crédito seja liberado

63. Terminar de receber o seguro-desemprego

64. A primavera

65. Meu terno voltar da lavanderia

66. Minha autoestima retornar

67. Um sinal do céu

68. Parar de pagar pensão alimentícia

69. Que as pérolas de sabedoria contidas em meus primeiros esforços desajeitados sejam reconhecidas, aplaudidas e substancialmente recompensadas para que eu possa trabalhar na segunda versão com todo conforto

70. Uma nova versão de *Regras de Ordem de Robert*

71. Que várias dores e sofrimentos cessem

72. Filas menores no banco

73. Que o vento seja mais fresco

74. Que meus filhos sejam reflexivos, organizados, obedientes e autossuficientes

75. A próxima estação

76. Que alguém faça besteira

77. Que alguém diga que a minha vida até aqui foi só um grande ensaio antes da noite de abertura, e que ainda posso fazer mudanças no script

78. Que a lógica prevaleça
79. A próxima oportunidade
80. Que você saia da frente do meu holofote
81. Que meu barco chegue
82. Um desodorante melhor
83. Terminar minha dissertação
84. Um lápis apontado
85. A compensação do cheque
86. Que minha esposa, meu filme e meu bumerangue voltem
87. Que meu médico aprove, que meu pai permita, que meu pastor abençoe ou que meu advogado diga "sim"
88. A próxima manhã
89. Que a Califórnia seja engolida pelo mar
90. Tempos menos turbulentos
91. A Vinda do Homem do Gelo
92. Uma chance de ligar a cobrar
93. Uma queda nos preços
94. Diminuir minha vontade de fumar
95. Que as taxas diminuam
96. Que as taxas aumentem
97. Que as taxas se estabilizem
98. Que a herança do meu avô seja definida
99. A cotação do final de semana
100. Um fichamento
101. Que você comece

David B. Campbell

Todo mundo pode fazer alguma coisa

A diferença básica entre o homem comum e o guerreiro é que o guerreiro toma tudo como desafio, enquanto o homem comum toma tudo como bênção ou castigo.
Don Juan

Roger Crawford tinha tudo o que precisava para jogar tênis — menos as duas mãos e uma perna. Quando seus pais viram o filho pela primeira vez, perceberam um bebê com uma protuberância parecida com um polegar saindo diretamente do antebraço direito e um polegar e um dedo saindo do antebraço esquerdo. Roger não tinha palmas. Seus braços e pernas eram encurtados. O pezinho direito tinha apenas três dedos e a perna esquerda, murcha, mais tarde seria amputada.

O médico disse que Roger sofria de ectrodactilismo, uma má formação congênita rara, que afeta uma a cada noventa mil crianças nascidas nos Estados Unidos. O doutor também falou que ele provavelmente nunca andaria nem seria independente.

Felizmente, seus pais não acreditaram naquele prognóstico.

— Meus pais sempre me disseram que eu só seria deficiente o quanto quisesse ser. Jamais permitiram que eu sentisse pena de mim mesmo ou tirasse vantagem por causa da minha condição. Uma vez a coisa se complicou na escola porque meus deveres estavam sempre atrasados — explicou Roger, que precisava segurar o lápis com ambas as mãos para escrever, e ainda assim muito devagar. — Então pedi ao meu pai para escrever um bilhete para os professores pedindo que meus prazos de entrega tivessem dois dias a mais. Em vez disso, ele me fez começar a fazer os deveres com dois dias de antecedência!

O pai sempre o encorajava a se envolver com esportes e ensinou Roger a receber e a lançar uma bola de vôlei e a jogar futebol americano no quintal, depois da aula. Aos 12 anos, o menino era o destaque no time de futebol americano da escola.

Antes de cada partida, Roger visualizava o sonho de fazer um touchdown. Então, certo dia, teve sua chance. Quando a bola caiu em seus braços, ele correu o mais rápido que pôde — mesmo com a prótese — em direção ao gol, sob os urros do treinador e dos colegas. Porém, um adversário o pegou pelo tornozelo esquerdo. Roger, tentou libertar a prótese, mas ela acabou se soltando.

— Eu ainda estava em pé — relembra. — Não sabia mais o que fazer e então comecei a saltar em uma perna só até o gol. O juiz correu e lançou as mãos para o ar: touchdown! Melhor do que os seis pontos foi ver a cara do garoto que ficou segurando a minha perna!

O amor de Roger pelos esportes cresceu, assim como a sua autoconfiança. Mas nem todos os obstáculos cediam à sua determinação. Almoçar no refeitório, com todo mundo observando a bagunça que ele fazia, era muito doloroso, bem como os fracassos na aula de datilografia.

— Aprendi uma lição importante na aula de datilografia: não se pode fazer *tudo*. Então é melhor a gente se concentrar naquilo que *de fato* podemos fazer.

Uma das coisas que Roger conseguia realizar era segurar uma raquete de tênis. Mas, infelizmente, a empunhadura fraca geralmente a lançava para longe quando o ímpeto era grande. Um dia, por acaso, ele encontrou uma raquete esquisita em uma loja de esportes, e, acidentalmente, enfiou o dedo entre as duas partes do cabo duplo quando tentou empunhá-lo.

Aquele formato permitiu que Roger pudesse rebater, sacar e lançar como um jogador sem deficiência. Ele praticava todos os dias e em pouco tempo começou a disputar partidas — e perdê-las.

Mas Roger persistiu. Praticou e jogou incansavelmente. Uma cirurgia nos dois dedos das mãos esquerda permitiu uma empunhadura melhor da raquete especial e, com isso, ele aperfeiçoou muito sua técnica. Embora não tivesse jogadores de tênis como ele para que pudesse se inspirar, Roger ficou obcecado pelo esporte, e, com o tempo, começou a vencer.

Seguiu jogando na faculdade e terminou a carreira com 22 vitórias e 11 derrotas. Tornou-se o primeiro jogador de tênis com deficiência a ser reconhecido como instrutor pela Associação Profissional de Tênis dos Estados Unidos. Hoje, viaja pelo país dando palestras sobre o que é necessário para ser um vencedor, independentemente de quem você seja.

— A única diferença entre nós é que vocês podem enxergar a minha deficiência. Mas todo mundo tem as suas. Quando me perguntam como fui capaz de superar minhas limitações físicas, sempre respondo que não superei nada. Eu simplesmente aprendi quais são as coisas que eu não posso fazer, como tocar piano ou comer usando hashis, e, mais importante, quais são as que eu posso. São essas as que eu faço com todo o coração e toda a minha alma.

Jack Canfield

Sim, você pode

Experiência não é o que acontece a um homem,
mas o que o homem faz com o que lhe acontece.
Aldous Huxley

O que aconteceria se, aos 46 anos, você sofresse um acidente de moto terrível e as queimaduras fossem graves a ponto de deixá-lo irreconhecível? E se quatro anos depois um acidente aéreo o deixasse paraplégico? Nessas condições, você conseguiria imaginar a possibilidade de enriquecer e de se tornar um orador respeitado, ter um casamento feliz e um negócio bem-sucedido? Conseguiria se imaginar praticando rafting? Paraquedismo? Concorrendo a um cargo político?

Mesmo depois de dois acidentes horríveis que transformaram seu rosto em uma colcha de retalhos, de inúmeros enxertos de pele, de perder os dedos das mãos e de ficar preso a uma cadeira de rodas, W. Mitchell fez tudo isso e muito mais.

As 16 cirurgias que ele enfrentou após o acidente de moto que queimou mais de 65% do seu corpo o impossibilitavam de segurar um garfo, de teclar em um telefone e de ir ao banheiro sozinho. Mas o ex-fuzileiro naval nunca acreditou que estivesse derrotado.

— Eu sou o capitão da minha nave espacial. Sou eu que digo "para cima" ou "para baixo". Eu poderia encarar a minha situação como um retrocesso ou como um ponto de partida.

Seis meses depois do acidente, Mitchell estava pilotando um avião outra vez.

Ele também comprou uma casa em estilo vitoriano no Colorado, além de alguns outros imóveis, um avião e um bar. Depois, juntou-se a dois amigos e os três montaram um negócio de fornos à lenha que viria a ser a segunda maior empresa privada do estado de Vermont.

Quatro anos depois do acidente de moto, o avião que Mitchell pilotava espatifou-se na pista durante a decolagem, esmagando doze de suas vértebras torácicas e deixando-o permanentemente imobilizado da cintura para baixo.

— Eu me perguntava que diabos estava acontecendo comigo? O que eu tinha feito para merecer aquilo?

Destemido, Mitchell trabalhou dia e noite para recuperar o máximo de sua independência. Foi eleito prefeito de Crested Butte, no Colorado, para salvar a cidade da mineração que vinha arruinando o meio-ambiente. Mais tarde concorreu a uma vaga no Congresso, usando slogans que transformavam sua aparência em uma vantagem: "Não sou só um rostinho bonito."

A despeito da aparência a princípio chocante e das limitações físicas, Mitchell começou a praticar rafting, apaixonou-se, casou-se, cursou um mestrado em administração pública e continuou a pilotar, a participar de atividades ligadas ao meio ambiente e a falar em público.

Sua atitude mental inabalável lhe renderia aparições no *Today Show* e no *Good Morning America*, bem como reportagens nas revistas *Parade*, *Time*, no *The New York Times* e em outras publicações.

— Antes de ficar paraplégico, havia dez mil coisas que eu podia fazer — disse Mitchell. — Agora, há nove mil. Minhas opções eram: ficar pensando nas que perdi, ou me concentrar nas que me restavam. Costumo dizer que enfrentei dois grandes solavancos na vida. Se escolhi não usá-los como desculpa para desistir, talvez algumas das dificuldades pelas quais vocês estejam passando possam ser vistas sob uma nova perspectiva. Dê um passo atrás, observe o plano geral. Talvez esteja aí a sua oportunidade de dizer "Bem, talvez as coisas não sejam assim tão ruins".

Lembre-se: "O que importa não é o que acontece, mas como você age em relação a isso."

Jack Canfield e Mark Victor Hansen

Corra, Patti, corra

Siga sua paixão, e o sucesso seguirá você.
Terri Guillemets

Quando ainda era muito jovem, Patti Wilson ouviu de seu médico que era epilética. O pai dela, Jim, costumava correr pela manhã. Um dia, sorrindo com seu aparelho nos dentes, Patti disse:

— Pai, eu queria muito correr com você todos os dias, mas tenho medo de ter uma crise.

— Ora, filha, se você tiver uma crise eu sei como controlar. Vamos tentar!

E assim o fizeram todos os dias. A experiência foi maravilhosa para ambos e Patti não teve uma crise sequer. Depois de algumas semanas, ela disse ao pai:

— Eu queria muito bater o recorde mundial da maior distância corrida por uma mulher.

Seu pai consultou o Guinness e descobriu que o recorde feminino naquela época era de 129 quilômetros. Patti estava no primeiro ano do ensino médio quando declarou que ia correr de Orange County até São Francisco, uma distância de 644 quilômetros. No segundo ano, decidiu que correria até Portland, no Oregon, a mais de 2.400 quilômetros. No terceiro, correria até St. Louis, a cerca de 3.200 quilômetros; e, no quarto, até a Casa Branca, em Washington D.C., a mais de 4.800 quilômetros.

Patti era tão ambiciosa quanto entusiasta e, para ela, a epilepsia era como "uma inconveniência". Patti mantinha o foco não naquilo que havia perdido, mas no que ainda tinha. Naquele ano, completou seu percurso até São Francisco vestindo uma camiseta com os dizeres "Eu amo os epiléticos". Jim correu cada quilômetro ao seu lado, enquanto a mãe, enfermeira, seguia atrás em um motorhome, por segurança.

No segundo ano, os colegas de Patti começaram uma torcida organizada. Fizeram um pôster gigante onde se lia: "Corra, Patti, corra!" Este slogan se tornaria seu lema e o título de sua autobiografia. No segundo desafio, a caminho de Portland, Patti fraturou um osso do pé e ouviu que precisaria parar de correr.

— Vou precisar engessar seu tornozelo para evitar uma lesão permanente — disse o médico.

— Doutor, o senhor não está entendendo — argumentou ela. — Isso aqui não é um capricho, é uma obsessão! Eu não corro por mim, eu corro para quebrar as correntes que aprisionam a mente das pessoas. Não há nada que a gente possa fazer? Eu preciso continuar.

O médico ofereceu uma alternativa: enfaixar o pé em vez de engessá-lo. No entanto, advertiu que aquilo seria extremamente doloroso:

— Você vai ficar com o tornozelo cheio de bolhas.

Com o pé enfaixado, Patti terminou o percurso até Portland, o último quilômetro lado a lado com governador do Oregon. As manchetes diziam: "Supercorredora, Patti Wilson, termina desafio pela epilepsia em seu 17º aniversário!"

Depois de quatro meses de corrida quase contínua para atravessar o país de um extremo ao outro, Patti chegou à Casa Branca para cumprimentar o presidente dos Estados Unidos. Na ocasião, disse a ele:

— Queria que as pessoas soubessem que os epiléticos são seres humanos normais com vidas normais.

Há pouco tempo contei a história de Patti em uma das minhas palestras. Na ocasião, um homem grande veio até mim com os olhos cheios d'água, estendeu a mão enorme e falou:

— Mark, meu nome é Jim Wilson. Você estava falando da minha filha.

O pai me contou que os esforços de Patti arrecadaram dinheiro suficiente para construir 19 centros multimilionários voltados para o atendimento de epiléticos em todo o país.

Se Patti Wilson conseguiu fazer tanto com tão pouco, o que você, que tem a saúde perfeita, poderia fazer para se superar?

Mark Victor Hansen

O poder da determinação

A perseverança não é uma maratona, e sim uma sequência
de corridas curtas, uma após a outra.
Walter Elliott

A pequena escola rural era aquecida por um fogão velho a carvão de ferro arredondado. Um garotinho era encarregado de chegar todos os dias bem cedo para acender o fogo e aquecer a sala antes que a professora e os outros alunos chegassem.

Certa manhã, depararam-se com a escola engolida pelas chamas. Arrastaram o garotinho inconsciente para fora do prédio, mais morto do que vivo. Com queimaduras por toda a metade inferior do corpo, ele foi levado para o hospital do condado.

Em seu leito, com queimaduras horríveis e semiconsciente, o menino ouviu o médico dizer à mãe que com toda certeza ele morreria. E que isso seria até melhor tendo em vista a gravidade dos ferimentos.

Mas o corajoso garotinho não queria morrer. Convenceu a si mesmo de que sobreviveria. E, de algum modo, para o espanto do médico, assim aconteceu. Quando não corria mais risco de morte, ele, mais uma vez, entreouviu a conversa do médico com sua mãe. Ele dissera que teria sido melhor que o menino tivesse morrido: a quantidade de pele e músculo perdida no acidente o deixaria aleijado para sempre, incapaz de mover os membros inferiores.

Então, mais uma vez o garotinho se convenceu de que não seria aleijado, de que voltaria a andar. Só que, infelizmente, havia, sim, perdido a capacidade motora da cintura para baixo. Suas pernas finas balançavam sem vida.

Depois de muito tempo, teve alta do hospital. Todos os dias, a mãe massageava suas pernas, mas ele não sentia o toque, não havia qualquer sinal de movimento, nada. Porém, a determinação de que voltaria a andar permanecia forte como sempre.

Quando estava fora da cama, o garotinho ficava preso à cadeira de rodas. Em um dia de sol, a mãe empurrou a cadeira até o jardim para que ele respirasse um pouco de ar fresco. Mas, em vez de ficar ali sentado, o menino se jogou da cadeira e começou a se arrastar pela grama.

Ele conseguiu chegar até cerca que delimitava o terreno da casa. Com muito esforço, apoiou-se nela e conseguiu ficar de pé. Então, estaca por estaca, foi avançando, decidido a voltar a andar. Fazia isso todos os dias e começou até a amaciar o terreno por onde se arrastava. A coisa que ele mais queria no mundo era devolver a vida às pernas.

No fim das contas, entre massagens diárias, uma persistência de aço e uma determinação inquebrável, o garotinho conseguiu ficar de pé, depois andar meio mancando, depois andar sozinho e, enfim, correr.

Voltou a ir caminhando para a escola, mas logo passou a correr por todo o trajeto pelo simples prazer que aquilo lhe proporcionava. Mais tarde, já na faculdade, entrou para o time de corrida.

Tempos depois, no Madison Square Garden, este jovem que desafiou a morte, que, com certeza, não voltaria a andar e que jamais poderia correr, este jovem, o dr. Glenn Cunningham, tornou-se o corredor de 1,6 quilômetro mais rápido do mundo!

Burt Dubin

Fé

Os problemas e a perplexidade me levaram à oração.
A oração levou embora os problemas e a perplexidade.
Philip Melanchthen

Nós, tetraplégicos, somos uma espécie de humanos fortes. Se não fôssemos, não estaríamos aqui hoje. Sim, somos fortes. Fomos abençoados com uma sabedoria e um gênio que não são comuns a todos. E, se me permitem, digo que nossa recusa em aceitar total e completamente a deficiência tem a ver com uma coisa: fé. Uma fé quase divina.

Na parede da recepção do Instituto de Medicina Física e Reabilitação, localizado em East River, 400, rua 34, Nova York, há uma placa de bronze. Durante o meu tratamento, de duas a três vezes por semana, passei pela recepção muitas e muitas vezes. Mas nunca cheguei a parar um minuto para ler o que estava escrito naquela placa, as palavras, segundo diziam, de um soldado Confederado. Até que em uma tarde, resolvi fazê-lo. Li uma vez, depois mais uma. Quando terminei a segunda leitura, estava a ponto de explodir. Não de desespero, mas com um brilho interno tamanho que todas as minhas forças se concentraram em agarrar os braços da cadeira de rodas. Gostaria de compartilhar com vocês.

Credo aos sofredores

Pedi por força, para ser capaz de conquistar.
Deus me fez fraco, para ser capaz de humildemente obedecer...

Pedi por saúde, para ser capaz de grandes feitos.
Deus me fez enfermo, para ser capaz de feitos melhores...

Pedi por riqueza, para ser capaz de sentir-me feliz.
Deus me fez pobre, para ser capaz de tornar-me sábio...

Pedi por poder, para ser capaz de ter o respeito dos homens.
Deus me fez fraco, para ser capaz de senti-Lo necessário....

Pedi por todas as coisas, para ser capaz de apreciar a vida.
Deus me deu a vida, para ser capaz de apreciar todas as coisas...

Nada do que pedi me foi dado, embora tenha conseguido tudo pelo
qual esperava.
A despeito de mim, Deus ouviu minha prece silenciosa.

Sou, entre os homens, plenamente abençoado!

Roy Campanella

Ela salvou 219 vidas

Todos os dias você pode escolher enxergar uma cicatriz
ou um gesto de bravura.
O esforço é medido pelo modo de encarar.
Dodinsky

Betty Tisdale é uma heroína mundial. Quando as coisas pioraram na Guerra do Vietnã, em abril de 1975, ela soube que precisava ajudar quatrocentos órfãos que estavam prestes a serem jogados nas ruas. Betty já havia adotado cinco meninas vietnamitas com o marido, o ex-pediatra e coronel Patrick Tisdale, um viúvo que já tinha outros cinco filhos.

Como médico da Marinha alocado no Vietnã, Tom Doley ajudou refugiados a fugirem dos comunistas do norte.

— Realmente acho que Tom Doley era um santo. A influência que ele exerceu sobre mim mudou a minha vida para sempre — dizia Betty.

Graças ao livro de Doley, Betty pegou todas as suas economias e foi ao Vietnã 14 vezes durante seus períodos de férias, para trabalhar nos hospitais e orfanatos que ajudara a instituir. Em Saigon, apaixonou-se pelos órfãos do An Lac [Lugar Feliz, na língua local], instituição que estava sob os cuidados de madame Vu Thi Ngai, e que, mais tarde, no dia em que a cidade caiu, seria evacuada por Betty, que voltou à Geórgia levando as crianças para viver com ela e seus dez filhos.

Quando Betty, o tipo de pessoa que resolve os problemas imediatamente, que propõe soluções tão logo a questão se apresente, percebeu o drama daquelas quatrocentas crianças, tomou uma atitude. Telefonou para a madame e disse:

— Vou aí pegar as crianças e dar um jeito de fazer com que todas sejam adotadas.

Ela não fazia ideia de como conseguiria isso. Anos depois, em um filme sobre a evacuação do orfanato, *The Children of An Lac*, Shirley Jones encarnaria o papel da protagonista.

Em pouquíssimo tempo, ela moveu montanhas. Arrecadou o dinheiro necessário usando os métodos mais diferentes, aceitando até selos de recompensa de uma famosa empresa norte-americana. Betty decidiu que faria, e simplesmente fez.

— Eu visualizei todas aquelas crianças crescendo em lares amorosos nos Estados Unidos, longe do comunismo — disse Betty, explicando o que a mantivera motivada.

Partiu em um voo de Fort Benning, na Geórgia, em um domingo, e chegou a Saigon na terça-feira. Milagrosamente, e sem dormir, venceu cada obstáculo no caminho para tirar as quatrocentas crianças do país até o sábado seguinte. Quando estava chegando, no entanto, soube que o chefe do departamento de assistência social vietnamita, dr. Dan, subitamente anunciara que só aprovaria a saída das crianças menores de 10 anos, e que todas deveriam ter certidão de nascimento. Betty sabia que isso era impossível. Muitos daqueles órfãos tinham sorte de estarem vivos.

Ela foi até a ala pediátrica do hospital, conseguiu as certidões e, rapidamente, criou datas, horários e locais de nascimento para os 219 bebês e crianças pequenas que estavam aptos a viajar.

— Não faço ideia de quando e onde nasceram, nem de quem são seus pais. Eu simplesmente fui escrevendo.

As certidões de nascimento eram a única esperança daquelas crianças de saírem do Vietnã com segurança e de terem acesso à liberdade. Era matar ou morrer.

Feito isso, Betty precisava de uma casa para hospedar as crianças depois que saíssem do país. Os militares em Fort Benning ofereceram resistência, mas com sua tenacidade e brilhantismo, Betty persistiu. Mesmo assim, não conseguia falar ao telefone com o general que estava no comando. Então, resolveu telefonar para o escritório do secretário do Exército, Bo Calloway, que também estava decidido a não atender sua ligação, independentemente do quão importante ela fosse para salvar vidas.

Betty não era de se deixar vencer. Tinha chegado longe demais e conquistado muitas coisas para parar naquele momento. Como Bo também era da Geórgia, Betty telefonou para a mãe dele e pediu ajuda. Abrindo o coração, pediu a ela que intercedesse em seu nome. E então, da noite para o dia, o filho daquela senhora respondeu, e disse que arranjaria uma escola em Fort Benning que poderia abrigar, provisoriamente, os órfãos do An Lac.

Contudo, ainda faltava o desafio de tirá-los do país. Quando chegou a Saigon, Betty foi ao encontro do embaixador Graham Martin, e pediu a ele algum transporte para levar as crianças. Ela tentou um avião da Pan Am, mas o Lloyd's of London tinha cobrado um seguro tão alto que foi impossível negociar. O embaixador concordou em ajudá-la se a documentação das crianças fosse aprovada pelo governo vietnamita. Após o dr. Dan assinar o papel final, as crianças embarcaram em dois aviões da Força Aérea dos Estados Unidos.

As meninas e os meninos estavam desnutridos e doentes. A maioria nunca tinha saído do orfanato. Estavam, acima de tudo, assustados. Betty havia recrutado alguns soldados e o pessoal de uma rede de televisão para ajudar a acomodá-los, transportá-los e dar-lhes de comer. É difícil descrever o quão profunda e permanentemente foram tocados os corações das pessoas envolvidas naquela bela manhã de sábado, em que 219 crianças voaram rumo à liberdade. Todos os voluntários choraram de alegria ao ver que tinham contribuído com a operação.

Os voos para o continente americano geraram um enorme burburinho. A dívida de 21 mil dólares com o governo dos Estados Unidos foi paga pelo dr. Tisdale, por puro amor às crianças. O tempo era um fator determinante naquela operação, mas se Betty tivesse tido mais tempo, provavelmente, teria conseguido os aviões de graça!

Todos os órfãos vietnamitas foram adotados um mês após chegarem aos Estados Unidos. A Agência Luterana Tressler, em York, na Pensilvânia, especializada em promover a adoção de crianças deficientes, havia encontrado um lar para cada uma delas.

Betty provou repetidas vezes que é possível fazer qualquer coisa se estivermos dispostos a correr atrás, a não aceitar "não" como resposta, a fazer tudo o que for preciso e perseverar.

Como o dr. Tom Dooley disse: "São necessárias pessoas comuns para fazer coisas extraordinárias."

Jack Canfield e Mark Victor Hansen

Você vai me ajudar?

Esperança é a fé estendendo a mão para nós na escuridão.
George Iles

Em 1989, um terremoto de 8.2 graus na Escala de Richter quase esmagou a Armênia inteira, e matou cerca de trinta mil pessoas em menos de quatro minutos.

Em meio à completa devastação e ao terrível caos, um homem deixou a esposa segura em casa e foi correndo até a escola do filho. Chegando lá, deparou-se com o prédio achatado como uma panqueca.

Passado o choque inicial, lembrou-se da promessa que tinha feito ao filho: "Haja o que houver, eu vou estar sempre ao seu lado!" Seus olhos se encheram de lágrimas. Ao observar os escombros do que minutos antes fora a escola, parecia não haver qualquer esperança, mas, ainda assim, a promessa feita ao filho não saía da sua cabeça.

O homem se concentrou em tentar localizar o trecho por onde os dois passavam todas as manhãs. Lembrou que a sala de aula ficava nos fundos, no canto direito, então foi correndo até lá e começou a procurar dentre os destroços.

Enquanto empreendia sua busca, outros pais começaram a chegar. Desamparados, com a mão no peito, diziam "Meu filho!", "Minha filha!". Outros pais bem-intencionados tentaram tirar o homem de cima do que havia sobrado do prédio, bradando:

— É tarde demais!

— Eles morreram!

— Você não pode fazer nada!

— Vá para casa!

— Encare a realidade! Não há nada que você possa fazer!

— Você só está piorando as coisas!

Para cada uma dessas pessoas, o homem dava a mesma resposta:

— Certo, agora você pode me ajudar?

E então continuava procurando, removendo pedra por pedra.

O chefe do corpo de bombeiros chegou e também tentou retirá-lo de cima dos escombros.

— Estão surgindo focos de incêndio, explosões. Você está correndo risco aqui, deixe que a gente cuida disso. Vá para casa.

E então aquele pai amoroso e preocupado respondia:

— Certo, agora você pode me ajudar?

A polícia também chegou e foi até ele, dizendo:

— Você está com raiva, está perturbado. Já chega. Ficando aqui você coloca outras pessoas em risco. Vá para casa, deixa que a gente cuida disso.

— Certo, agora você pode me ajudar?

Ninguém o ajudou.

Mas ele precisava saber se o filho estava vivo, então seguiu trabalhando sozinho e com toda coragem.

E assim se passaram oito horas, doze, 24, 36... Na trigésima oitava hora, o homem puxou um pedregulho. Quando ouviu a voz do filho, gritou seu nome:

— Armand!

— Sou eu, pai! Eu disse para o pessoal não se preocupar! Disse que se você estivesse vivo, viria me salvar. E que quando viesse me salvar, todo mundo seria salvo também. Porque você prometeu que, haja o que houver, você estaria sempre do meu lado! E agora você chegou!

— O que está acontecendo aí embaixo? Como vocês estão?

— Sobreviveram 14 dos 33, pai. Estamos com medo, com fome e com sede, e felizes por você estar aqui. Quando o prédio desabou o teto criou uma barreira, tipo um triângulo, e ficamos protegidos aqui embaixo.

— Vamos sair daí então, garoto!

— Não, pai! Vamos tirar as outras crianças primeiro. Eu sei que você vai me tirar depois. Haja o que houver, você está sempre do meu lado!

Mark Victor Hansen

Só mais uma vez

Fé é o pássaro que canta quando o amanhecer ainda é escuridão.
Rabindranath Tagore

Em um romance do século XIX ambientado em uma pequena cidade gaulesa, durante os últimos quinhentos anos, em todos os natais a população inteira se reunia na igreja para rezar. Pouco antes da meia-noite, acendiam velas, entoavam cânticos e hinos e percorriam alguns quilômetros em uma trilha de terra até uma cabana de pedra velha e abandonada. Lá, reproduziam a cena do presépio, com manjedoura e tudo. Em um gesto da mais pura devoção, ajoelhavam-se e rezavam. Seus hinos aqueciam o ar frio da noite de dezembro. Todos na cidade que tinham capacidade de andar estavam presentes.

Havia um mito na região que dizia que, se todos os moradores estivessem ali presentes na véspera de Natal, se todos rezassem com toda a fé, o Messias retornaria ao virar a meia-noite. E, durante cinco séculos, as pessoas repetiram a tradição de ir às ruínas. Mas, por todos aqueles anos, haviam sido iludidas.

Alguém então perguntou a um dos personagens principais:

— Você realmente acha que o Messias vai voltar na véspera de Natal, e bem aqui?

— Não — respondeu ele. — Eu não acho.

— Então por que você vem todo o ano?

— Ah — disse ele, sorrindo — e se eu for o único ausente caso ele realmente venha?

Parece um homem de pouca fé, certo? Mas pouca fé é melhor do que nenhuma. Como diz o Novo Testamento, uma fé do tamanho de um grão de mostarda é o suficiente para nos levar ao Reino dos Céus. Quando trabalhamos com crianças traumatizadas, com jovens em condições de risco, com amigos, parentes ou clientes problemáticos, alcoólatras, abusadores, deprimidos e suicidas... é justamente quando se faz necessária uma pequena demonstração de fé como a daquele homem em toda véspera de Natal. Só mais uma vez. Quem sabe na próxima o milagre aconteça...

Às vezes somos chamados para trabalhar com pessoas que não inspiram a confiança de outras pessoas. Talvez a gente ache que não existe mais chance de elas crescerem ou evoluírem. É neste momento que, se encontrarmos esse grãozinho de fé, podemos fazer a curva e conseguir algum resultado, salvar alguém que mereça ser salvo. Então meu amigo, por favor, volte só mais essa vez.

Hanoch McCarthy

A grandeza está ao seu redor — aproveite-a!

Compromisso individual com o esforço coletivo — é isso que faz um time, uma empresa, uma sociedade, uma civilização funcionar.
Vince Lombardi

Existem muitas pessoas por aí que poderiam se tornar campeãs olímpicas. Todas as pessoas que nunca sequer tentaram poderiam. Estimo que umas cinco milhões delas teriam me derrotado no salto com vara em todas as competições que venci. Cinco milhões, *pelo menos*. Homens mais fortes, maiores e mais velozes do que eu poderiam ter conseguido, mas eles nunca praticaram salto com vara, nunca fizeram o menor esforço para tirar os pés do chão e tentar saltar por cima da barra.

A grandeza está em toda parte. É fácil se tornar grandioso porque pessoas grandiosas aparecerão para ajudá-lo. A coisa mais incrível que observo nas convenções de que participo é que os melhores do ramo sempre estão lá, dispostos a compartilhar suas ideias e técnicas e seus métodos com toda aquela gente. Já vi grandes vendedores abrindo seus segredos e contando, em detalhes, para os aspirantes como alcançaram o sucesso. Essas pessoas não guardam para si. No mundo do esporte, não é diferente.

Nunca vou esquecer de quando eu tentava bater o recorde estabelecido por Cornelius "Dutch" Warmerdam. Eu estava cerca de trinta centímetros abaixo da marca dele quando decidi lhe telefonar.

— Dutch, será que você poderia me ajudar? Acho que empaquei. Não consigo saltar mais alto.

— É claro que posso, Bob. Venha me visitar que conto tudo que sei.

Passei três dias ao lado daquele mestre, o maior nome do salto com vara do mundo. Por três dias, Dutch compartilhou comigo tudo que sabia. Corrigiu todas as coisas que eu estava fazendo errado. Resumindo, consegui saltar 16 centímetros acima da marca. Aquele cara incrível havia me oferecido seu melhor. Assim, descobri que, como os heróis, os grandes nomes do esporte fazem isso de coração, só para ajudar outras pessoas a serem grandiosas também.

John Wooden, grande técnico de basquete da Universidade da Califórnia em Los Angeles, segue a filosofia de que, todos os dias, deve ajudar alguém que jamais poderia retribuí-lo. Faz disso um dever.

Na faculdade, enquanto trabalhava em sua tese sobre escotismo e futebol americano defensivo, George Allen produziu uma pesquisa de trinta páginas que enviou aos maiores técnicos de todo o país. O questionário completo foi respondido por 85%.

Pessoas grandiosas compartilham seus conhecimentos, e foi isso que fez de George Allen um dos maiores técnicos de futebol americano de todos os tempos. Procure-as. Faça uma ligação ou compre seus livros. Vá atrás delas, chegue perto, converse. É fácil ser grandioso quando se está perto dos grandes.

Bob Richards, atleta olímpico

Sabedoria eclética

*A vida é um teste.
Apenas um teste.
Se fosse para valer
Você teria recebido
Mais orientações sobre
Onde ir e o que fazer!*

Encontrado em um quadro de avisos

Em uma fração de segundo

Não é o sangue que nos torna pais e filhos: é o coração.
Friedrich von Schiller

Jurei que eu nunca jogaria golfe. O esporte é o oposto de todas as minhas habilidades naturais. Fui abençoado com muitos dons, mas paciência não é um deles. Paciência é um dos tópicos em que preciso trabalhar. Minha paixão é a velocidade — lanchas, carros e resultados velozes. Ao longo das três últimas décadas, tenho ajudado a melhorar a qualidade de vida das pessoas e, para isso, minha mensagem é sempre a mesma: em uma fração de segundo tudo pode mudar. Como? Mudando o foco. Se você muda as histórias que conta a si mesmo, muda o resultado das coisas na sua vida.

A história que sempre contei a mim mesmo a respeito do golfe trata o esporte como lento e chato. Mas meus filhos começaram a praticar e, como eu queria fazer atividades com eles, embarquei junto, mesmo odiando. Mas, naquele momento, pensei: "Já que vou gastar meu tempo com isso, por que não tentar gostar?"

Comecei a focar nos aspectos do golfe que me agradavam. Os campos geralmente ficam nos lugares mais bonitos do mundo, então eu teria uma vista e tanto. Um amigo também observou que eu poderia jogar seguindo as minhas próprias regras. Se eu não quisesse percorrer os 18 buracos, tudo bem, que percorresse seis. Poderia me concentrar só nos melhores, nos mais bonitos. Em pouco tempo, eu já pensava: "Ei, esse negócio é legal!"

Quando a gente muda o foco, fica mais fácil se sentir grato pelo que já temos — e esse é o verdadeiro segredo da felicidade. O maior motivo de gratidão da minha vida é Sage, minha belíssima esposa. A alegria que ela me proporciona supera todas as outras juntas. As únicas pessoas que amo com essa mesma intensidade são meus filhos e meus sogros. Tive quatro figuras paternas, todos já falecidos, e minha mãe também já se foi. Hoje, meus sogros são como se fossem meus pais também.

Então, assim que aprendi a amar o golfe, quis compartilhar aquilo com meu sogro, um sujeito bom, forte, honrado e que passou a vida inteira trabalhando em uma madeireira, não tendo tempo para coisas como praticar esporte. Depois que o apresentei ao golfe, em pouco tempo ele já estava fascinado.

— Tony, vamos jogar! — disse ele, um dia.

Ele mencionou um campo que ficava a umas duas horas de distância e que não era muito bom. Apesar de precisar pegar um voo para Londres na manhã seguinte, percebi que ele queria muito ir. E, como amo demais esse cara, não quis decepcioná-lo. Então lá fomos nós.

Chegando lá, o campo era mais feio do que eu imaginava, e meu desempenho não estava dos melhores. De repente, quando estávamos prestes a bater na primeira bola, três cervos vieram saltando do bosque e pararam bem na nossa frente. Ficaram ali parados, encarando a gente, e nós os encaramos de volta. Foi um momento perfeito, como se o tempo tivesse parado. E aí, da mesma maneira como chegaram, os cervos saíram correndo e desapareceram.

Enquanto voltávamos para o carrinho, lembro de pensar "a gente nunca sabe quanto tempo ainda tem ao lado das pessoas que amamos".

Imediatamente, eu parei de me preocupar com a partida e com o campo ruim, e meu sogro e eu curtirmos uma tarde ainda mais agradável juntos. Quando chegamos ao último buraco, ele pulou para fora do carrinho e disse:

— Eu começo!

Deu dois passos, deu meia-volta e olhou para mim. Então suas órbitas giraram até só o branco estar aparente. Ele despencou como uma grande árvore depois de um corte seco, batendo com a cabeça no chão. Todo o meu mundo se transformou naquele momento incrivelmente rápido.

Eu não sabia o que fazer. Não tinha qualquer noção de primeiros-socorros. Mas eu sabia que ele morreria se eu não fizesse alguma coisa, *qualquer coisa*. Meu sistema nervoso estava funcionando a mil, e lembrei de ter visto em algum lugar que era preciso liberar as vias respiratórias e puxar a língua para fora, para que ele não sufocasse. Mas não adiantou, ele não conseguia puxar o ar. Então comecei a fazer respiração boca a boca, como tinha visto nos filmes. Também não funcionou. Ele estava flácido e sua coloração estava mudando. Gritei por socorro, mas não havia alguém ao alcance do som. Os piores pensamentos passavam pela minha cabeça. "Se não tivéssemos vindo jogar não estaríamos aqui nesse lugar tão afastado! Não posso deixá-lo morrer sozinho comigo, sem a esposa e a filha."

Nesse momento uma coisa pipocou em minha mente, do nada. De um programa que eu tinha visto na CNN anos antes, sem qualquer motivo. Estavam falando sobre pessoas que poderiam ter sido salvas se, em vez de respiração boca a boca, tivessem sido ressuscitadas com compressão torácica. O sangue tem oxigênio e a intensidade das compressões força sua condução até o cérebro, que é o que precisamos manter funcionando em uma situação dessa. Sendo assim, comecei a fazer os movimentos. Em vão. Três minutos se passaram e nada.

Entrei em pânico. Comecei a gritar com ele:

— Você não vai morrer agora! Não do meu lado! Você vai estar com a sua família.

Então rezei e comecei a surrar o tórax dele, colocando uma força absurda nos meus movimentos. Eu bati e bati e bati, e, de repente, ele abriu os olhos. Não conseguia dizer nada, mas eu peguei a mão dele e murmurei:

— Aperta meu braço se estiver entendendo o que eu estou falando.

Ele apertou.

Quando a ambulância enfim chegou, levamos meu sogro para o hospital. Não houve dano cerebral e nunca conseguiram descobrir o que tinha acontecido, nem por quê. Alguma espécie de arritmia acompanhada de parada cardíaca. Em resumo, o coração dele tinha parado e, mesmo assim, ele voltara à vida.

Existem várias formas de contar essa história. Na época, eu quis assumir a culpa por tê-lo ensinado a jogar golfe e por tê-lo levado a um lugar tão ermo. Mas depois pensei: quem eu estava achando que era? Quem tinha me incumbido de decidir o que vai acontecer? Uma abordagem melhor era considerar que o *timing* daquele ataque cardíaco fora um presente. E se não estivéssemos no campo de golfe e ele estivesse dirigindo quando passou mal? E se estivesse sozinho na oficina? Eu não teria estado lá para salvá-lo.

Algumas pessoas, depois que a vida passa diante de seus olhos, inventam a história de "quase morri aquele dia". Outras dizem "caramba, Deus me protegeu naquele dia". A qualidade da vida não se mede pela qualidade dos acontecimentos, mas, sim, pelo significado que damos a eles.

A história que escolhi contar para mim diz que meu sogro está vivo por obra divina. Tive a chance de fazer parte desse processo e fui recompensado com mais tempo ao lado dele. Hoje, muito mais do que antes, cada um desses momentos é valioso para mim. E vamos passar muitos deles jogando golfe.

Tony Robbins

Para conectar, precisamos nos desconectar?

O perigo do passado eram os homens se tornarem escravos.
O perigo do futuro são os homens se tornarem robôs.
Erich Fromm

Como fundador do Centro Espiritual Internacional Agape, uso o Twitter e tenho amigos no Facebook, além de personalidades globais. Também faço uso de outras conveniências como mandar mensagens de texto e telefonar, coisas que me mantêm conectado com a minha equipe e família. Sim, sim. Sou um cara que aprecia os benefícios da tecnologia. Afinal, eu não conseguiria escrever este texto sem ela, nem estar disponível quando estou viajando para dar palestras em conferências e coisas do tipo. Recentemente — e, sendo bem honesto, *não* por escolha — descobri como é chocante a sensação de ficar desconectado, sem aviso prévio, de todos os mecanismos dos quais dependemos hoje em dia para nos comunicar de maneira eficiente.

Aconteceu assim. O site da Agape ficou fora do ar por mais de uma semana. Ao mesmo tempo, meu computador estava danificado e eu não conseguia acessar a internet e, portanto, nem abrir meu e-mail.

"Tudo bem", disse a mim mesmo. "Ainda posso mandar uma mensagem ou ligar." E foi aí que as coisas degringolaram. Mesmo depois de escalar uma equipe de resgate, não conseguimos encontrar meu celular em lugar algum. Eu tive que rir quando percebi a pontada de pânico surgindo por estar desconectado do mundo lá fora. Teria sido uma boa oportunidade para começar a cultivar as habilidades de um iogue experiente: clarividência, telepatia, bilocação. Como não estava nem perto disso, não tive alternativa senão usar o telefone fixo, o que parecia tão antiquado quanto mandar uma mensagem por pombo-correio!

O lado bom daquele dilema era: tendo sido forçado a "pausar", era impossível negar o quanto as redes sociais nos engolem. Quando colocadas sob a lente de um microscópio interno, essas formas de comunicação que pareciam absolutamente naturais, revelavam não apenas seu potencial viciante, como também demonstravam estar criando aquilo que chamo de sociedade "muito digital e pouco pessoal". A comunicação ininterrupta tornou-se o padrão. Experimente sair para jantar e observe como as crianças se ocupam com seus iPads enquanto os pais digitam e falam ao celular. Em geral, as pessoas não conversam nem fazem contato visual.

Neurologistas, sociólogos, psicólogos e outros especialistas estão lançando alertas sobre a Era da Distração em que vivemos. Não estão, contudo, jogando a culpa toda nas redes sociais. Como poderiam, já que é nossa a responsabilidade de decidir como ou quando usá-las? O noticiário fala sobre o acidente de metrô causado pelo condutor que estava digitando; sobre o motorista que machucou — e até matou — uma pessoa porque estava digitando só uma palavrinha. Talvez T.S. Eliot tenha percebido a atemporalidade em suas palavras quando disse: "Somos distraídos da distração pelas distrações."

A mensagem que esse episódio me deixou é a de que existe o momento de se desconectar, de colocar um freio na vontade insaciável de descobrir para onde o próximo clique vai nos levar. Colocando em termos simples, devemos estar igualmente comprometidos a nos conectar com a nossa rede interior. Assim como nos adaptamos às tecnologias sempre em aprimoramento no mundo exterior, precisamos que nossa consciência também esteja em aprimoramento constante. Práticas como a meditação, a oração afirmativa e a visualização nos mantêm centrados, presentes no momento. São movimentos que sincronizam corpo, mente e alma, e que funcionam como um antídoto para o apelo das distrações, da interrupção constante e das multitarefas. Acima de tudo, eles despertam o Eu Essencial, para o qual não existe substituto tecnológico.

Michael Bernard Beckwith

Como abandonar os hábitos ruins

De início, hábitos são como teias de aranhas,
depois, se transformam em cabos.
Provérbio espanhol

Ao longo da vida abandonei muitos hábitos ruins. Recentemente, abri mão do café. Não foi fácil. Na verdade, por mais estranho que pareça, foi até mais difícil do que ficar sóbria, quando oito anos antes abri mão do álcool e das drogas. A cafeína era a última que havia me restado, e, como não estava me matando, eu me permitia continuar ingerindo.

Uma das principais razões pelas quais permanecemos presos a hábitos que sabemos serem ruins é o uso de pensamentos permissivos, como "Uma xícara de café por dia não vai me matar" ou "Eu só bebo no fim de semana". Esse tipo de pensamento nos convence de que nosso comportamento não tem algo de errado, mesmo que lá no fundo a gente saiba que tem.

Muitas vezes usamos os hábitos nocivos para evitar lidar com coisas mais difíceis. Eu, por exemplo, usava o café como uma última droga. Na condição de mulher em processo de se tornar sóbria, eu achava que merecia poder contar com alguma substância que me desse aquele jorro de energia. O hábito parecia inofensivo, mas, se fosse honesta comigo mesma, veria com clareza que o café era como qualquer outra droga. Quando analisei meu comportamento, notei que era hora de parar de me permitir, que era o momento de mudar minha atitude.

Abandonar um hábito ruim pode ser bem difícil no início. Para ajudá-lo nesse processo, destaquei os três passos que funcionaram para mim ao abandonar o café.

Passo 1: Preocupe-se com o agora

Um dos principais tropeços é pensar demais no futuro. Quando comecei a tentar parar de beber café, eu pensava no futuro, em coisas do tipo: "Como vai ser quando eu estiver viajando pela Europa e quiser beber um cappuccino?" O que mais me ajudou a combater esses deslizes futuros foi me preocupar com o presente. "Eu não preciso gastar energia pensando no dia de amanhã. Hoje eu não vou beber café." Viver um dia de cada vez me manteve comprometida.

Passo 2: Mude sua respiração

No momento em que mudamos nosso padrão respiratório, mudamos nossa energia e, com isso, nossas experiências. Sempre que se vir prestes a recair em um hábito ruim, respire longa e profundamente. Transformando sua respiração, você transforma a energia. Isso o deixará mais calmo, e vai focar sua energia, permitindo que você se concentre nas atitudes positivas que previnem o hábito a ser evitado.

Paso 3: Faça disso um motivo de alegria

Abandonar um hábito nocivo não precisa ser uma tortura. Na verdade, deve ser motivo de alegria. Para criar uma mudança verdadeira é preciso mais do que força de vontade: é necessário encontrar alegria e despertar a curiosidade. Abandonar um hábito nada mais é do que criar um novo, e é neste que a alegria reside. No meu caso, em vez de me lamentar pela perda do café, tornei-me uma perita apaixonada em chá. A alegria de um hábito novo nos permite abandonar um ruim sem grande esforço.

Se estiver pronto para abandonar o vício, basta seguir esses três passos. Preocupe-se com o agora, mude sua respiração e faça disso um motivo de alegria.

Gabrielle Bernstein

Uma das expressões mais tristes

Prevenção é melhor do que cura.
Edward Coke

Uma das expressões mais tristes do mundo é "se ao menos...". Sempre vivi comprometida com a ideia de nunca ter de dizer essas palavras. Elas evocam arrependimento, oportunidades perdidas, erros, decepções. E, às vezes, "se ao menos" vem acompanhada de tragédias. Pense em quantas vezes você já ouviu a respeito de algum acontecimento horrível, e em seguida as palavras "se ao menos eu tivesse telefonado para saber se ela estava bem..." ou "se ao menos eu tivesse parado para investigar o que era aquele barulho..." ou "se ao menos tivessem se certificado de ter fechado a porta da área que dava para a piscina...".

Meu padrasto é famoso na família pela frase "Gaste um minutinho a mais para fazer a coisa direito". E penso que ele deve estar fazendo alguma coisa certa, porque, aos 91 anos, ainda parece bastante sensato.

Gosto de viver com base nessa regra do "um minutinho a mais". Às vezes leva apenas segundos para termos certeza de que escrevemos a palavra certa, para fazer uma busca na internet ou para mover um objeto de lugar antes que alguém tropece nele. Quando meus filhos eram pequenos e propensos a se meter em todo tipo de acidente, eu vivia o tempo todo atenta à regra. Eu pensava direto no que fazer para evitar um momento "se ao menos", fosse fazendo algo corriqueiro como mover uma caneca cheia de café quente para longe da beirada da bancada, ou algo que demandasse um pouquinho mais de trabalho, como emborrachar todos as quinas da mesa de centro.

Recentemente, li uma matéria sobre um aprendiz de piloto que foi arremessado do avião depois que sua cobertura se soltou. O instrutor, que estava com cinto de segurança, ficou bem. Já o aluno, sem o cinto, caiu de uma altura enorme e seu corpo foi encontrado em um lugar remoto do Tennessee. Imagine quantas pessoas estão de luto por essa morte e o terror que esse homem sentiu ao saber que estava prestes a morrer. Imagine o coro de "se ao menos" entoado pela família. Se ao menos ele estivesse com o cinto de segurança... Quão simples teria sido salvar aquela vida?

Eu não movo meu carro um centímetro antes de ouvir o clique do cinto de segurança de cada um dos passageiros. Eu tiro o ferro de passar da tomada mesmo que saia de perto dele "só um minutinho". Eu odiaria me distrair, esquecer de voltar até a tábua de passar e, com isso, colocar fogo na casa. Imagine o "se ao menos" que eu diria... Depois de perceber que não podia confiar em mim mesma com um bule — uma vez o deixei no fogo por uma hora —, joguei fora e comprei um elétrico, que desliga automaticamente. Também sou paranoica com as brasas da lareira. Espero umas duas semanas, até elas se apagarem completamente, e as coloco num saco de lixo, que posiciono a uns cinco metros de casa, no meio da rua.

Quanto meu filho adolescente começou a dirigir, minha preocupação era uma só: se eu pressioná-lo em relação ao horário de voltar para casa, ele pode correr demais e sofrer um acidente. Um garoto de uma cidade vizinha morreu assim, pois tentava chegar em casa antes de meia-noite. Nós dois, então, chegamos a um consenso: se ele se atrasasse na hora de voltar para casa, perderia o dobro de tempo na noite seguinte. Dez minutos de atraso em um dia representavam vinte minutos a menos no dia seguinte, um custo não muito alto a ponto de fazê-lo voltar correndo.

Anos atrás eu sofri um acidente de carro e precisei fazer uma cirurgia na coluna. Acabei com algumas sequelas físicas, mas, emocionalmente, consegui lidar bem com o episódio, porque não tinha sido culpa do motorista. Não havia um "se ao menos" naquela situação. Além disso, é muito mais fácil perdoar os outros do que a nós mesmos.

Mas não procuro evitar momentos "se ao menos" apenas em questões relativas à segurança. É igualmente importante evitá-los em nossas relações. Todo mundo conhece alguém que perdeu uma pessoa querida e vive se lamentando pelas oportunidades perdidas de dizer "eu te amo" ou "eu te perdoo". Era uma Sexta-feira Santa quando meu pai disse que estava indo ao oftalmologista do outro lado da rua do meu escritório. Eu disse a ele que tiraria o feriado para me dedicar à *Canja de galinha para a alma* e que eu não estaria por lá. Mas, como meu pai tem 84 anos, pensei que seria uma boa oportunidade para vê-lo. Telefonei e disse que tinha decidido ir trabalhar mesmo no feriado. Quando o querido tio idoso do meu marido ligou para mim várias vezes sem querer de seu novo celular por estar no bolso da calça, implorei ao meu marido que ligasse de volta pensando no "se ao menos". Ele me obedeceu, e o agradeci por isso. Se algo acontecesse, ele não precisaria dizer "se ao menos eu tivesse telefonado para ele naquele dia...".

Eu sei que sempre existirão ocasiões para dizer "se ao menos", mas a minha vida é mais tranquila seguindo essa política de evitar ao máximo as eventualidades. Mesmo que fazer a coisa certa exija um minutinho a mais ou, às vezes, uma ou duas horas tiradas da minha agenda cheia, sei que é a coisa certa a ser feita. Sinto como se estivesse comprando a minha paz de espírito e não existe garantia melhor para o meu bem-estar emocional do que isso.

Amy Newmark

Temos um acordo!

Se o amor não sabe como dar e receber de maneira irrestrita, não é amor,
e, sim, uma transação que sempre trará o estresse das somas e subtrações.
Emma Goldman

Quando Marita tinha 13 anos, era a época do jeans rasgado e da camiseta *tie-dye*. Embora eu tenha crescido durante a Grande Depressão e não tivesse dinheiro para comprar roupas, nunca me vesti mal. Um dia, vi Marita, na entrada de casa, esfregando terra e umas pedras na bainha de uma calça jeans. Fiquei horrorizada de vê--la destruindo uma peça de roupa que eu havia acabado de comprar, e fui correndo para tentar impedi-la. Mas ela continuou seu trabalho enquanto eu recontava a novela das minhas privações na infância. Quando terminei, sem ter conseguido fazê-la chorar de arrependimento, perguntei por que ela estava estragando a calça nova.

— Não posso usar uma calça nova.

— Por que não?

— Simplesmente, não posso. Estou dando uma detonada nela para parecer velha.

Meu Deus, que coisa sem lógica! Como é que pode ser moda estragar uma roupa nova?

Todo dia de manhã quando ela saía para a escola, eu olhava para as roupas e pensava: "Minha filha... Saindo desse jeito..." E ali estava Marita, usando uma camiseta velha do pai, com manchas azuis e listras da pintura em *tie-dye*. Prontinha para fazer uma faxina, eu pensava. E aquela calça jeans de cintura baixíssima... Eu tinha medo de que a calça caísse se ela respirasse fundo. Se bem que, cair como? Era tão justa que mal se movia no corpo. A parte de trás da bainha, desgastada pelas pedras, tinha fios soltos que a seguiam à medida que ela caminhava.

Um dia, depois que ela saiu para a escola, foi como se Deus tivesse me chamado a atenção e dito: "Você já reparou quais são as últimas palavras que você diz à sua filha toda manhã? 'Minha filha... saindo desse jeito...'. Quando ela chega na escola e as amigas começam a falar das mães antiquadas que reclamam o tempo todo, Marita pode oferecer como exemplo os seus comentários. Você por acaso já olhou para as outras garotas da turma dela? Por que não experimenta fazer isso?"

Naquele mesmo dia, fui de carro buscar minha filha no colégio. A maioria das garotas se vestia ainda pior. No caminho de volta, pedi desculpas por ter exagerado em relação ao jeans e fiz uma promessa:

— De hoje em diante, você pode usar o que quiser para ir à escola e sair com os seus amigos. Eu não vou mais reclamar.

— Vai ser um alívio.

— Mas quando a gente for à igreja, fazer compras ou visitar os meus amigos, gostaria que você colocasse alguma coisa que eu gosto sem que eu precise pedir.

Marita pensou a respeito.

Então acrescentei:

— Isso significa que em 95% do tempo você se veste do seu jeito e em 5%, do meu. O que acha?

Vi o brilho em seus olhos quando ela estendeu a mão para me cumprimentar.

— Mãe, temos um acordo!

Dali em diante passei a desejar um bom dia quando ela saía de casa pela manhã, e não reclamei mais das roupas. Quando saíamos juntas, ela colocava roupas diferentes, sem reclamar. Tínhamos um acordo!

Florence Littauer

Tire um momento
para enxergar de verdade

A intuição é uma faculdade espiritual.
Ela não explica, apenas aponta o caminho.
Florence Scovel Shinn

Todos nós já ouvimos a expressão "Lembre-se de parar e sentir o perfume das rosas". Mas com que frequência realmente tiramos um tempinho da nossa vida agitada para perceber o mundo que nos cerca? Normalmente, somos prisioneiros de uma agenda cheia, sempre pensando no próximo compromisso, no trânsito ou na vida em geral, a ponto de sequer perceber que existem pessoas à nossa volta.

Sou tão culpado quanto qualquer um por abafar o mundo dessa forma, especialmente, quando estou dirigindo pelas ruas engarrafadas da Califórnia. Pouco tempo atrás, no entanto, testemunhei uma cena que me mostrou o quanto o fato de estar preso em meu próprio mundinho impede uma consciência mais ampla em relação ao mundo real.

Eu estava a caminho de uma reunião de negócios e, como sempre, planejava mentalmente o que diria. Cheguei a um cruzamento bastante movimentado no momento em que o sinal ficou vermelho.

"Beleza", pensei. "Posso evitar o próximo sinal fechado se acelerar na frente dessa galera."

Minha mente e meu carro estavam no pilo automático, prontos para disparar, quando, de repente, fui despertado do transe por uma visão inesquecível. Um casal jovem, ambos deficientes visuais, caminhava de braços dados por esse cruzamento frenético, mesmo com os carros passando à toda velocidade em várias direções. O homem segurava a mão de um garotinho e a mulher estava com o bebê no *sling*. Os dois estavam com suas bengalas esticadas em busca de pistas que os ajudassem a navegar por aquele caminho.

Fiquei tocado. Aquele casal encarava uma das deficiências que eu mais temia. "Deve ser horrível ser cego", pensei. Meu devaneio foi interrompido pelo horror de perceber que eles não iam em direção à calçada. Caminhando na diagonal, iam direto para o meio da interseção. Sem perceber o perigo que corriam, aqueles quatro se dirigiam para o exato ponto em que os carros entravam à toda no cruzamento. Fiquei preocupado porque eu não sabia se os outros motoristas estavam entendendo a situação.

Na primeira fila de carros parados no sinal (o melhor lugar), um milagre aconteceu bem diante dos meus olhos. *Todos* os carros, vindos de *todas* as direções, pararam ao mesmo tempo. Não ouvi um som sequer de freada, nem buzina. Ninguém gritou "sai da frente!". A cena simplesmente congelou. O tempo pareceu parar por aquela família.

Chocado, olhei para os carros ao redor para me certificar de que estava todo mundo vendo a mesma coisa. Sim, estava. O motorista à minha direita, de repente, reagiu. Colocou a cabeça para fora do carro e gritou:

— Para a direita! Direita!

Outras pessoas se uniram ao coro.

— Para a direita! Vão para a direita!

Sem hesitar, o casal ajustou a rota de acordo com as instruções. Confiando nas bengalas e nos gritos daqueles cidadãos de bem, conseguiram atravessar o cruzamento. Quando chegaram à calçada, um detalhe me chamou atenção: ainda estavam de braços dados.

A expressão inabalada no rosto de ambos me causou espanto. Na minha cabeça, os dois não tinham ideia do que se passava ao redor, mas, ao mesmo tempo, senti os suspiros de alívio de todos que haviam testemunhado a cena.

O motorista no carro à minha direita falou comigo movendo os lábios, sem emitir som:

— Você viu aquilo?

O motorista da esquerda disse:

— Eu não estou acreditando!

Acho que todos estávamos profundamente tocados pelo que havíamos testemunhado. Naquele momento, éramos pessoas saindo das próprias conchas para ajudar o próximo.

Já refleti a respeito desse episódio inúmeras vezes, e tirei dele várias lições poderosas. A primeira delas é "lembre-se de parar e sentir o perfume das rosas" (algo que eu raramente fazia até aquele dia). Tire um tempo para olhar as coisas ao redor e realmente ver o que está acontecendo no presente. Quando fazemos isso, percebemos que o presente é tudo que há; mais importante ainda: que o presente é tudo que temos para fazer a diferença.

A segunda lição mostra que nossos objetivos podem ser alcançados se tivermos fé em nós mesmos e confiarmos nas pessoas, mesmo que os obstáculos pareçam intransponíveis.

O objetivo daquele casal de cegos era simplesmente chegar do outro lado da rua sem se ferir. O obstáculo eram as oito fileiras de carros apontadas em sua direção. Ainda assim, sem pânico, sem hesitar, os dois seguiram caminhando.

Nós também podemos fazer isso rumo aos nossos objetivos, vendando os olhos para as dificuldades que surgirão no caminho. Precisamos confiar em nossa intuição e aceitar a ajuda de quem possa ter uma perspectiva mais clara daquele momento.

Por último, aprendi a dar valor à minha visão, algo que eu não costumava fazer.

Já imaginou como a sua vida seria diferente sem esse sentido? Tente se imaginar em um cruzamento movimentado, de olhos vendados... A gente acaba se esquecendo do quão incríveis são os nossos dons.

Depois de sair daquele cruzamento, busquei levar uma vida mais consciente, ter mais compaixão pelas pessoas. Daquele dia em diante, decidi enxergar a vida de verdade em minhas tarefas cotidianas e usar meus dons para ajudar os menos afortunados.

Faça este favor a si mesmo: desacelere e tire um momento para enxergar *de verdade* a vida. Procure realmente ver o que está acontecendo ao seu redor, esteja onde estiver. Talvez você esteja deixando alguma coisa incrível passar.

Jeffrey Michael Thomas

Se eu pudesse viver minha vida de novo

Corra atrás agora. O futuro não está garantido para quem quer que seja.
Wayne Dyer

Da próxima vez eu ousaria errar mais.

E relaxaria. Seria mais flexível.

Seria ainda mais boba do que fui desta vez.

Levaria as coisas menos a sério.

Arriscaria mais.

Viajaria mais.

Escalaria mais montanhas e mergulharia em mais rios.

Comeria mais sorvete e menos feijão.

Talvez eu teria mais problemas de fato, porém menos problemas inventados.

Eu sou uma dessas pessoas que vive de maneira muito prudente, hora após hora, dia após dia.

Mas eu tive meus momentos. Ah, tive sim. E se tivesse que começar tudo de novo, viveria mais momentos assim. Na verdade, não almejaria ter algo além disso: momentos.

Um após o outro, em vez de passar tantos anos esperando pelo próximo dia.

Sempre fui uma dessas pessoas que não vai a lugar algum sem levar um termômetro, uma garrafa térmica, uma capa de chuva e um paraquedas.

Da próxima vez, eu levaria menos peso.

Se eu pudesse viver minha vida de novo, tiraria os sapatos no começo
da primavera e ficaria descalça até o fim do outono.

Eu dançaria mais.

Subiria mais vezes em um carrossel.

Colheria mais margaridas.

Nadine Stair, 85 anos.

Sachi

*Minha alma ainda é a da criança que não se importa
com nada além das cores lindas do arco-íris.*
Papiha Ghosh

Pouco depois do nascimento do irmão, a pequena Sachi começou a pedir para os pais deixarem-na sozinha com o bebê. Diante de uma menina de 4 anos de idade, naturalmente, eles se preocuparam que ela estivesse com ciúmes e fosse bater ou machucar o irmãozinho. Disseram que não. Mas Sachi não demonstrava sinais de ciúme e tratava o bebê com gentileza. Seus pedidos de ficar a sós com ele tornavam-se mais insistentes, até que os pais enfim permitiram.

Em êxtase, Sachi foi até o quarto do bebê e fechou a porta, deixando uma brechinha suficiente para que os pais curiosos pudessem ver e ouvir. Sachi então foi até o bebê, colocou o rosto perto do dele e perguntou baixinho:

— Neném, como Deus é? Estou começando a esquecer.

Dan Millman

O presente do golfinho

Agradecer é a forma mais elevada do pensamento;
gratidão é felicidade duplicada pela admiração.
G.K. Chesterton

Eu estava a cerca de doze metros de profundidade, sozinha. Sabia que não devia ter mergulhado desacompanhada, mas sou experiente e precisava aproveitar a oportunidade. Não havia muita corrente e a água estava morna, cristalina e sedutora. No momento em que a cólica veio, percebi minha estupidez. Não fiquei alarmada, mas a intensidade das cólicas estava me fazendo envergar. Tentei remover o cinturão de peso, mas eu estava tão dobrada que não conseguia alcançar a fivela. Então comecei a afundar e, aí sim, a ficar assustada. Eu não conseguia me mexer. Olhando para o relógio, percebi que o tanque estava ficando sem oxigênio. Tentei massagear a barriga. Eu não estava usando Neoprene e, mesmo assim, era incapaz de esticar o corpo para fazer a dor muscular parar.

Naquele momento pensei: "Eu não posso morrer assim! Ainda tenho muito o que fazer!". Eu não podia perecer ali, sem que alguém soubesse. Telepaticamente, gritei por socorro. "Por favor, alguém, alguma coisa, socorro!"

Eu não estava preparada para o que aconteceu. De repente, senti alguma coisa me cutucando por trás, na axila. Pensei "Meu Deus, tubarões" e entrei em pânico. Mas alguma coisa estava levantando meu braço e um olho surgiu no meu campo de visão. O olho mais maravilhoso que eu poderia imaginar e que eu posso jurar que sorria para mim: o olho de um golfinho enorme. Quando nos encaramos, eu soube que estava salva.

Consegui me deslocar para frente e colocar meu braço por cima dele, aninhando-me junto à nadadeira dorsal. E então relaxei, inundada de alívio. A sensação era de que o bicho tentava me transmitir segurança. Que, além de me levar de volta a superfície, ele estava me tratando. As cólicas foram cedendo à medida que subíamos. Eu estava segura e tinha certeza absoluta de que também estava curada.

Quando chegamos à superfície, o golfinho me levou até a praia. Fomos até uma parte tão rasa que fiquei com medo de que ele encalhasse. Puxei o bicho um pouco para trás e ele simplesmente ficou ali parado, observando-me, esperando para ver se eu ficaria bem.

Foi como se eu tivesse renascido. Tirei todo o equipamento e, nua, voltei para o mar até o golfinho. Eu experimentava uma sensação de liberdade tão grande, estava tão cheia de vida, que tudo que eu queria era aproveitar aquele sol e aquela água. O golfinho me acompanhou. Percebi que mais ao longe havia vários deles.

Um tempinho depois, ele me levou de volta à praia. Eu estava exausta, então o golfinho se certificou de que eu estava na parte mais rasa antes de ir embora. Então, de repente, virou-se de lado e me olhou com um dos olhos. Ficamos assim por um tempo que pareceu uma eternidade, quase um transe, e eu me lembrei de muitas coisas do passado. Ele emitiu um único guincho, voltou para junto do grupo e todos foram embora.

Elizabeth Gawain

O toque da mão do mestre

Fazer chegar a luz na escuridão do coração dos homens —
eis o dever do artista.
Schumann

Maltratado e danificado como estava, o leiloeiro
Achou que quase não valia a pena
Perder tanto tempo com o violino antigo,
Porém sorriu ao segurá-lo.
"Quanto me oferecem, amigos?"
"Quem dá o primeiro lance?"
"Um dólar, um dólar?" Dois! Apenas dois?
"Dois dólares, e quem dá três?
"Três dólares, dou-lhe uma; três dólares, dou-lhe duas;
Dou-lhe três..."
Mas, não...

Do fundo do salão, veio um homem grisalho
E do leiloeiro tomou o arco;
Então, espanando a poeira do violino antigo,
Afinando suas cordas frouxas,
Tocou uma melodia tão doce e tão pura
Quanto a voz de um anjo cantando.

Quando cessou a música, o leiloeiro,
Com voz calma e suave,

Diz: "Quanto me oferecem pelo violino antigo?"
E segura-o no alto juntamente com o arco.
"Mil dólares, e quem dá dois mil?
Dois mil! Alguém dá três?
Três mil, dou-lhe uma; três mil, dou-lhe duas;
Dou-lhe três, vendido."
As pessoas aplaudem, algumas choram,
Não entendemos direito, dizem.
"O que o fez mudar o valor do instrumento?"
A resposta é imediata:
"O toque da mão do mestre."

Tantas vezes um homem com a vida fora de tom,
Maltratado pelo destino,
É leiloado por nada para a multidão desatenta,
Tal e qual o violino antigo.
Um "prato de sopa", uma taça de vinho;
Um jogo — e ele segue viajando.
"Dá-lhe" uma e "dá-lhe" duas,
"Dá-lhe" três e quando vê "já foi".
Mas quando vem o Mestre, a multidão tola
Nunca entende direito
O valor de uma alma e a mudança operada
Pelo toque da mão do Mestre.

Myra B. Welch

Posfácio

O tema principal deste livro é o pensamento positivo. Você acaba de ler inúmeras histórias de pessoas que usaram essa abordagem para se guiar em momentos difíceis, reorientar suas vidas e aprimorar suas relações pessoais. Todos nós quereremos encarar o mundo de uma forma otimista, mas nem sempre sabemos como fazê-lo.

O objetivo de *Canja de galinha para a alma* é compartilhar histórias positivas que sejam revigorantes e úteis ao leitor. Antes de me tornar editora de *Canja de galinha para a alma*, passei seis meses conhecendo melhor o que havia por trás destas histórias, e li muitas edições antigas. Diante de toda essa imersão e das dezenas de milhares de histórias que recebemos, a coisa que mais me chama atenção é a resiliência humana e é justamente isso que tentamos mostrar a cada lançamento.

As pessoas são muito fortes, independentemente do que aconteça. Li sobre os obstáculos que elas superaram e sobre como seguiram vivendo mesmo depois de acontecimentos horríveis. O trabalho é inspirador. Tenho a oportunidade de conhecer as histórias de indivíduos comuns que fizeram coisas extraordinárias que eu não imaginaria ser capaz. Alguns dos novos pensadores que contribuíram com histórias inéditas para esta edição de *Canja de galinha para a alma* foram pessoas comuns um dia. Transformaram-se em extraordinárias graças aos eventos que superaram usando o pensamento positivo!

Aprendi também que todos somos capazes de lidar com as dificuldades. Nossa habilidade de fazer isso torna-se maior nos momentos que mais precisamos.

Norman Vincent Peale explicou muito bem: "Mude sua forma de pensar e você mudará seu mundo." A frase faz muito sentido, porque as cores que você enxerga provêm da sua forma de ver o mundo. Hoje sou uma pessoa muito mais otimista e pé no chão do que era anos atrás, e acho que isso tem a ver com os bons exemplos que li na série. Gente das mais variadas origens demonstrando tenacidade e resiliência, uma atitude sempre tão positiva, apesar das circunstâncias. São pessoas comuns que se transformaram em *extraordinárias*, e essa capacidade é algo que cada um de nós tem dentro de si.

Reuni ótimos conselhos oferecidos nas histórias que publicamos sobre um estilo de vida mais positivo. Gostaria, então, de compartilhar sete dicas:

1. Corra atrás de, pelo menos, uma das suas paixões. Se você tem um emprego que só paga as contas, tudo bem. Esse pode ser o seu trabalho, mas não precisa ser, necessariamente, o que você *faz*. Encontre algum tempo para praticar aquilo que realmente ama. Uma vez ouvi que é preciso retornar ao que adorávamos fazer quando tínhamos 10 anos. No meu caso, duas coisas: ler e caminhar nas trilhas da floresta que ficava atrás da minha casa. Hoje, é exatamente isso que faço: leio no trabalho, leio por prazer e, quando o tempo está bom, meu marido e eu caminhamos nas trilhas na reserva florestal perto de casa.

2. Faça alguma coisa que tenha significado para você e que lhe dê senso de propósito. Ralph Waldo Emerson afirmou "Se faça necessário para alguém". A gente se eleva quando eleva o outro. Temos centenas de histórias de pessoas que, praticamente, salvaram a própria vida fazendo algum tipo de trabalho voluntário. Oferecer algo em troca e sentir-se importante para alguém, independentemente das circunstâncias, mudou tudo para elas. Fazer o bem é incrivelmente bom.

3. Registre suas bênçãos. Temos mais histórias do que somos capazes de publicar sobre pessoas que transformaram seu modo de viver mantendo um diário. Algumas escrevem só uma coisa boa que aconteceu no dia, mesmo que seja algo bobo como "hoje de manhã não tinha fila na Starbucks". Outras escrevem três coisas boas por dia. Pode parecer ingênuo, mas funciona. Já foi testado e comprovado que quem contabiliza

as coisas boas nesses diários de gratidão leva uma vida mais saudável e produtiva, e melhora seus relacionamentos.

4. Sorria para todo mundo. Independente de como seu dia esteja sendo, sorria. Temos inúmeras histórias de pessoas que tentaram essa abordagem, inclusive de uma mulher que, sem querer, viu-se diante do próprio reflexo no espelho, e se perguntou quem era aquela pessoa carrancuda. Essa epifania a fez começar a sorrir não importasse como estivesse se sentido por dentro. Em pouco tempo, ela recebia sorrisos de volta e as pessoas começaram a tratá-la de outro modo. Então, passou a agir como a pessoa não-carrancuda que de fato era.

5. Aprenda sempre. Já notou como é boa a sensação de descobrir uma coisa nova? É claro que sim, afinal, você está lendo este livro. Meus pais estão na casa dos 80 anos e, ainda assim, continuam lendo obras de história, viajando e assistindo a documentários na televisão. Os dois nunca param de aprender e conversar efusivamente sobre suas descobertas.

6. Veja as coisas a longo prazo. Em vez de enxergar a vida como um dia após o outro, pense no legado que você deixará. Independente do que estiver acontecendo no momento, como você marcará o mundo? Quais são as suas contribuições? A meu ver, esse legado são os filhos, mesmo que meu nome esteja na capa de vários livros. Sei que trabalho muito e que amo muito o que faço, mas, ainda assim, minha conquista mais importante serão sempre as duas criaturas que coloquei no mundo e meus dois enteados. Nossas quatro crianças incríveis, e já crescidas, (seus noivos e suas noivas e até os cachorros) são o que realmente nos faz feliz. Sei que fico reluzente toda vez que alguém me pergunta sobre os meus filhos, não importa como esteja sendo o meu dia.

7. Por fim, tire um tempo para você. Às vezes, chego em casa às 20 horas, cansada, mas antes de entrar pela porta e começar aquilo que eu chamo de segundo turno, fico um tempinho dentro do carro na garagem, escutando o fim de algum programa interessante ou um pouco de

música. Nos fins de semana, saio para dar uma caminhada sem levar os fones de ouvido. Escuto os meus pensamentos em vez de canções. É um tempo só meu. Não importa o quão cansada eu esteja, ou o quão tarde eu vá me deitar, tiro sempre dez ou 15 minutos para ler. Isso também é um tempo só meu. Ao ler este livro, você já conseguiu um tempo só seu. Ao longo dessas histórias, você recarregou as baterias, ampliou seu modo de enxergar as questões que tem enfrentado e se lembrou das coisas pelas quais é grato.

Amy Newmark

Publisher, editora-chefe e coautora de *Canja de galinha para a alma*

Conheça os colaboradores deste livro

MK Asante é autor best-seller e premiado cineasta, chamado pela CNN de "um mestre de contar histórias, uma força criativa monumental". Autor de quatro livros celebrados, Asante ganhou o Prêmio Langston Hughes. Seu livro *Buck,* muito aclamado pela crítica, conta memórias de sua juventude na Filadélfia. É professor de escrita criativa e roteiro na Universidade Morgan State. Mais informações em www.mkasante.com.

Michael Bernard Beckwith é fundador do Centro Espiritual Internacional Agape, em Los Angeles. É autor de *Spiritual Liberation, Life Visioning* e criador da técnica homônima. Já esteve no *The Oprah Show, Larry King Live, Tavis Smiley* e teve um programa especial na PBS chamado *The Answer Is You.*

Gabrielle Bernstein é autora de *May Cause Miracles,* best-seller do *The New York Times,* de *Spirit Junkie* e *Add Morning To Your Life,* entre outros. Apareceu no *Super Soul Sunday* da Oprah como uma das pensadoras mais importantes da nova geração. É fundadora da rede social HerFuture.com, para inspirar, empoderar e conectar mulheres.

Kris Carr é autora best-seller do *The New York Times* e trabalha pela promoção da saúde. Seus livros e filmes incluem a série *Crazy Sex Cancer, Crazy Sex Diet* e *Crazy Sex Kitchen.* Faz palestras regulares em escolas de medicina, hospitais, centros de bem-estar e empresas. Já apareceu no *Good Morning America, CBS Evening News* e no *The Oprah Show.*

Dr. Deepak Chopra é autor de mais de setenta livros, entre eles 21 best-sellers do *The New York Times.* É fundador da Chopra Foundation, cofundador e presidente do conselho do Chopra Center for Wellbeing, é responsável pelo canal The Chopra Well no YouTube, é professor adjunto na Kellogg School of Management, a escola de negócios da Universidade Northwestern, e na Universidade Columbia, além de pesquisador sênior da Gallup.

Lori Deschene é a fundadora do tinybuddha.com, uma comunidade que fala sobre sabedoria, e que possui um milhão de leitores mensais. Segundo Lori, o site é um projeto coletivo, já que somos todos alunos e professores. É autora de *Tiny Buddha: Simple Wisdom for Life's Hard Questions* e *Tinny Buddha's Guide to Self-Love*.

Eric Handler é cofundador e editor do positivelypositive.com, uma plataforma multimídia de conteúdo destinado a inspirar uma vida mais completa e conectada e a despertar a chama interna de cada leitor. O site tem milhões de leitores mensais.

Darren Hardy é um renomado orador, mentor de negócios e ex-editor da *SUCCESS*, revista premiada de capacitação para pequenos empresários e empreendedores. Conheça mais em www.DarrenHardy.com.

Robert Holden produziu trabalhos importantes nas áreas de psicologia e espiritualidade, indicados em programas como *The Oprah Show*, *Good Morning America* e no especial da PBS *Shift Happens!*. Também participou de dois documentários importantes da BBC: *The Happiness Formula* e *How to Be Happy*. É autor de *Ser feliz: Liberte o poder da felicidade em você*, *Happiness NOW!*, *Shift Happens!*, *Authentic Success* e *Loveability*. Robert foi apresentador de um programa de rádio semanal na Hay House Radio. Saiba mais em www.robertholden.com.

Tory Johnson construiu duas empresas multimilionárias — Women For Hire e Spark & Hustle — enquanto era colaboradora no *Good Morning America*. É autora best-seller do *The New York Times* e uma oradora renomada, além de ter sido editora da revista *SUCCESS*.

Mastin Kipp é fundador do TheDailyLove.com, site, newsletter e conta no Twitter que, juntos, oferecem palavras de inspiração para as novas gerações. Quando recebeu Mastin no *Super Soul Sunday*, Oprah o chamou de "líder da próxima geração de pensadores espirituais". É autor do livro *Float: An Achiever's Journey from Crisis to Grace*.

Nick Ortner é autor do best-seller *The Tapping Solution: A Revolutionary System for Stress-Free Living* e do documentário premiado homônimo. Ensina e escreve sobre *tapping*, uma técnica que se mostrou muito eficaz no tratamento da dor emocional, na eliminação de crenças limitantes, na perda de peso, no convívio com medos e fobias e muito mais.

Dr. Mehmet Oz venceu dois Emmys com o seu *The Dr. Oz Show* e, além disso, é professor de cirurgia na Universidade Columbia, diretor do Instituto de Doenças Cardiovasculares e do Programa de Medicina Complementar do New York Presbyterian Hospital, autor de mais de quatrocentas publicações, capítulos de obras e livros de medicina, titular de várias patentes e executa mais de cem cirurgias cardíacas por ano.

Tony Robbins dedicou 35 anos de sua vida a ajudar pessoas de todo o mundo a descobrir e desenvolver suas qualidades únicas. Considerado o principal nome da alta performance nos Estados Unidos e sendo autoridade reconhecida no campo da psicologia e da transformação pessoal e organizacional, é constantemente premiado por sua inteligência estratégica e esforços humanitários.

Don Miguel Ruiz é autor de best-sellers internacionais, como *Os quatro compromissos: O livro da filosofia tolteca*, que figurou por quatro anos na lista de mais vendidos do *The New York Times*, *The Mastery of Love*, *The Voice of Knowledge* e *The Fifth Agreement*. Até hoje segue compartilhando a sabedoria tolteca em suas palestras e em visitas guiadas a lugares sagrados por todo o planeta.

Conheça os colaboradores da série original

Biografias de 1993, ano original de publicação.

Wally "Famous" Amos é fundador do Famous Amos Cookies e autor do livro e do audiolivro *The Power...In You.*

Joe Batten é palestrante profissional e empresário de sucesso, e sabe como inspirar autoconfiança no ambiente empresarial tanto nos momentos prósperos e quanto nos ruins da economia. As décadas de experiência como autor, consultor e orador renderam-lhe o título de Mentor Empresarial. Joe é autor do best-seller *Tough Minded Management.*

Gene Bedley foi diretor da Escola Elementar de El Rancho, em Irvine, Califórnia. Venceu o Prêmio PTA de 1985 como Educador Nacional do Ano e escreveu vários livros sobre como criar um ambiente positivo em sala de aula.

Michele Borba é uma autora prolífica na área do desenvolvimento da autoestima no ambiente escolar. Foi membro do Conselho Nacional pela Autoestima. Entre muitas publicações, é autora do famoso *Onde foi que eu errei?: Como acabar com o mau comportamento de seus filhos.*

Helice Bridges é uma oradora dinâmica e renomada. Viaja por todo o planeta dando treinamentos e workshops em escolas e empresas.

Les Brown é um orador aclamado, presta consultoria para empresas presentes na Fortune 500 e ministra seminários particulares por todo o país. É bastante conhecido do público dos Estados Unidos por seus especiais para a PBS, disponíveis em áudio e vídeo.

Dra. Helen E. Buckley é professora de inglês aposentada da SUNY em Oswego, Nova York, e ex-professora da cadeira de literatura infantil do Departamento de Extensão da Universidade de Syracuse. Autora de diversos livros infantis, entre eles *Grandfather and I*, *Grandmother and I* e *Someday With My Father*.

Dan Clark é orador motivacional e já conduziu milhares de palestras para alunos de ensino médio, pais e empresas.

Alan Cohen é orador e autor de vários livros. Nosso favorito é *The Dragon Doesn't Live Here Anymore*.

Roger Crawford é um orador motivacional dinâmico, autor de *Playing From The Heart*.

Stan Dale, ex-voz do *The Shadow* e apresentador e narrador dos programas de rádio *The Lone Ranger*, *Sgt.Preston* e *The Green Hornet*, foi diretor do Instituto Human Awareness em San Mateo, Califórnia, dedicado a "criar um mundo onde todos sejam vencedores". Conduziu por anos os workshops "Sexo, Intimidade e Amor" ao redor do mundo. É autor de *Fantasies Can Set You Free* e *My Child, My Self: How to Raise The Child You Always Wanted To Be*.

Burt Dubin é o criador do Speaking Sucess System, um poderoso instrumento para ajudar aspirantes a oradores a desenvolverem presença de palco e ferramentas de marketing. Especialista em marketing e posicionamento, Burt transmitiu suas habilidades palestrando para associações e empresas de atacado e varejo.

Charles Faraone foi um dos maiores distribuidores de abraços do mundo. Conduziu workshops e palestras sobre a importância do abraço, espiritualidade e vida de solteiro.

Patricia Fripp é a "oradora para todas as ocasiões". Foi presidente da National Speakers Association e é uma das profissionais mais dinâmicas do mundo.

Bobbie Gee foi considerada como uma das oradoras americanas mais importantes. É autora do livro *Winning the Image Game* e dos audiolivros *Life Doesn't Have To Be A Struggle* e *Image Power*.

Rick Gelinas foi presidente da Lucky Acorns Delphi Foundation em Miami, Flórida. É mestre em educação e dedica sua vida às crianças.

John Goddard foi um explorador e orador motivacional mundialmente reconhecido.

Patty Hansen é diretora administrativa da Look Who's Talking.

Danielle Kennedy é uma vendedora premiada, autora e instrutora de vendas de nível internacional. Possui diploma honorário em humanas da Universidade Clarke e doutorado em redação profissional da Universidade do Sul da Califórnia. Ministrou palestras sobre vendas, marketing e liderança em cem cidades por ano. Seus livros mais vendidos incluem *How To List and Sell Real Estate in The '90s* e *Kennedy On Doubling Your Incorre in Real State Sales*.

Florence Littauer é uma das pessoas mais maravilhosas que conhecemos. É professora e autora de livros inspiradores, dentre os quais nosso favorito é *Little Silver Boxes*.

Rick Little tem trabalhado, ao longo das últimas décadas, em prol de melhores condições econômicas e sociais para crianças e jovens. Em 1975, fundou a Quest International, da qual foi presidente por 15 anos. É coautor de livros ao lado de grandes nomes da área, entre eles o aclamado dr. Charlie W. Shedd. Em 1990, Rick Little fundou a International Youth Foundation, com apoio da Fundação W.K. Kellogg.

Hanoch McCarty foi orador profissional, instrutor e consultor motivacional especializado em produtividade e aperfeiçoamento da autoestima. Hanoch foi um dos mais procurados oradores do país e seu estilo combinava humor, histórias comoventes e habilidades que podem ser colocadas em prática imediatamente. Seus livros e audiolivros incluem *Stress and Energy e SelfEsteem: The Bottom Line.*

Dan Millman é ex-campeão mundial de ginástica, técnico universitário e autor best-seller de oito livros, entre eles *O caminho do guerreiro pacífico, No Ordinary Moments, The Life You Were Born to Live, The Inner Athlete* e *The Laws of Spirit*, que inspiraram milhões de pessoas em todo o mundo. Dan capacitou indivíduos de todas as origens, entre eles profissionais das áreas de saúde e negócios, terapeutas, educadores e demais envolvidos no campo da alta performance de desenvolvimento pessoal.

W. Mitchell foi um dos oradores mais inspiradores que já conhecemos. Criou o curso "It's Not What Happens To You, It's What You Do About It".

Robert Moawad foi presidente e diretor-executivo do Instituto Edge Leaming, com escritórios em Tacoma, Washington, e em Tempe, Arizona. A Edge atua na área de desenvolvimento profissional e se dedica a ajudar empresas a atingirem melhores níveis de produtividade, qualidade e satisfação do cliente. Educador, Bob teve uma capacidade impressionante para inspirar e causar impacto nos espectadores ao misturar ilustrações coloridas a princípios sólidos. Sua abordagem o tornou um dos oradores mais procurados do país. Robert ajudou mais de dois milhões de pessoas, incluindo alguns dos líderes mais respeitados no mundo dos negócios, da educação e da política.

Chick Moorman foi diretor do Institute for Personal Power, consultoria dedicada a promover atividades de desenvolvimento profissional de alta qualidade para pais e educadores. Entre seus livros está *Teacher*

Tal: What it Really Means, que explora a linguagem usada pelos professores, examinando as "mensagens implícitas" que acompanham a palavra falada.

Michael J. Murphy é autor de *Pscicle Fish and Other Fathering Stories*.

Victor H. Nelson foi terapeuta e conselheiro pastoral particular.

Price Pritchett é doutor em psicologia e foi presidente da Dallas Psychological Association. Foi diretor-executivo da Pritchett e Associates, consultoria especializada em transformação organizacional sediada em Dallas. Pritchett é autor de livros sobre aprimoramento individual e organizacional, incluindo *O otimismo atrai o sucesso*.

Bobbie Probstein é escritora e fotógrafa, cujo novo livro, *Healing Now*, foi bastante elogiado. A obra está disponível para qualquer pessoa que tenha sido afetada por uma doença ou esteja se preparando para cirurgia. Seu primeiro livro, uma autobiografia, *Return to Conter,* está na terceira edição.

Bob Proctor é fundador dos Seminários Bob Proctor e do Million Dollar Forum em Ontário, Canadá. É autor de *Penso e acontece*.

Nido Qubein é ex-presidente da Associação Nacional dos Oradores e proeminente orador nas áreas de vendas, gerenciamento e marketing. Entre seus muitos livros, destaca-se o best-seller *Como conquistar tudo o que você quer na vida e alcançar o sucesso*.

Tony Robbins é líder na área de treinamento em desenvolvimento humano, é autor de dois best-sellers, *Unhmited Power* e *Awaken The Giant Within: How to Take Immediate Control of Your Mental, Emotional, Physical e Financial Destiny!* Na última década, ajudou mais de um milhão de pessoas através de seus seminários, videoaulas e livros. Robbins é fundador de nove empresas, consultor de empresas e de governadores nos

Estados Unidos e no exterior, além de filantropo através da Anthony Robbins Foundation.

Pamela Rogers é doutora em educação pela Universidade da Pensilvânia e professora do ensino médio na Reynolds Elementary School na Filadélfia.

Glenna Salsbury é graduada pela Universidade Northwestern em Evanston, Illinois, e obteve seu mestrado pela Universidade da Califórnia em Los Angeles. Em 1980, fundou uma empresa de coaching e de seminários de desenvolvimento pessoal.

Jack Schlatter foi professor e palestrante motivacional.

Lee Shapiro é ex-advogado e juiz, mas deixou de exercer o direito por nunca ter sido aclamado de pé por nenhum júri. Atua como orador e professor especializado em ética e gerência, definição de diretrizes e habilidades pessoais.

Frank Siccone é diretor do Instituto Siccone em São Francisco e consultor de várias escolas e empresas. É autor de diversos livros, entre eles *Responsibility: The Most Basic R* e *101 Ways to Develop Students SelfEsteem And Responsibility* em coautoria com Jack Canfield.

Cindy Spitzer é escritora freelancer, e ajudou nossa equipe a reescrever várias de nossas histórias mais difíceis e importantes.

Jeffrey Michael Thomas foi vice-presidente regional da Van Kampen Merritt, empresa de administração de investimentos e dono da J. Michael Thomas & Associates. Foi membro da Associação Nacional dos Oradores e fala sobre tópicos como administração financeira e arrecadação de fundos para obras de caridade.

Pamela Truax é autora de *Small Business Pitfalls And Bridges*.

Francis Xavier Trujillo é fundador e presidente da Pro Teach Publications, empresa especializada em criação e produção de pôsteres, cartões e material de apoio para aperfeiçoamento da autoestima para estudantes e professores. Seus escritos, inicialmente em formato de cartazes, podem ser vistos enfeitando as paredes de praticamente todas as escolas dos Estados Unidos. Entre seus livros estão *Who Builds The Builders?*, *The Power to Teach*, *A Letter to My Students* e *Giver of a Lifelong Gift*.

Dottie Walters foi presidente da Walters International Speakers Bureau, na Califórnia. Financiou oradores no mundo inteiro e atuou no treinamento desses profissionais. Com sua filha Lilly, foi coautora de *Speak and Grow Rich*, além de fundadora e administradora do International Group of Agents and Bureaus. Dottie também publicou a Sharing Ideas, a maior revista do mundo para oradores profissionais.

Bettie Youngs foi presidente do Instruction & Professional Development, Inc., consultoria que presta serviços para escolas distritais. Foi eleita Professora do Ano em Iowa e atuou como professora na Universidade Estadual de San Diego. É autora de várias obras, incluindo *The Educator's Self-Esteem: It's Criteria #1*, *The 6 Vital Ingrediente of Self- Esteem And How To Develop Them In Students* e *Safeguarding Your Teenager From The Dragons Of Life*.

Conheça os autores

Jack Canfield é cocriador de *Canja de galinha para a alma*, considerado pela revista *Time* "o fenômeno editorial do fim do século XX". Jack também é coautor de diversos outros best-sellers.

É CEO do Canfield Training Group, em Santa Barbara, e fundador da Fundação para Autoestima, em Culver City, California. Conduz seminários intensivos de desenvolvimento pessoal e profissional, em que já falou para mais de um milhão de pessoas em 23 países. Já palestrou para centenas de milhares de funcionários de empresas, universidades, bem como em conferências e convenções sobre o mercado de trabalho, e é conhecido por milhões de pessoas por suas participações em programas de televisão.

Foi laureado com diversos prêmios e títulos, entre eles três doutorados honorários e um recorde registrado no Guinness: sete de seus livros apareceram simultaneamente na lista de mais vendidos do *The New York Times*, na semana do dia 24 de maio de 1998. Saiba mais em www.jackcanfield.com.

Mark Victor Hansen é cofundador de *Canja de galinha para a alma*, ao lado de Jack Canfield. Palestrante aclamado, é autor best-seller e especialista em marketing. Suas importantes mensagens sobre possibilidades, oportunidades e atitude criaram mudanças poderosas em centenas de empresas e milhões de pessoas em todo o mundo.

Hansen tem muitos outros títulos publicados além de *Canja de galinha para a alma*. Conquistou grande influência no campo do desenvolvimento humano, contribuindo com aulas, vídeos, audiolivros e artigos que versam sobre pensar grande, vendas, construção de fortuna, sucesso editorial e desenvolvimento pessoal e profissional. Também é criador da série de seminários MEGA.

Mark já recebeu inúmeros prêmios por seu espírito empreendedor, seus trabalhos filantrópicos e sua perspicácia nos negócios. É membro vitalício da Horatio Alger Association of Distinguished Americans. Saiba mais em www.markvictorhansen.com.

Amy Newmark tornou-se editora de *Canja de galinha para a alma* depois de trinta anos como escritora, oradora, analista financeira e executiva de negócios e telecomunicações. Amy é graduada pela Harvard, onde formou-se em língua portuguesa e francesa. É casada e tem quatro filhos já adultos.

Depois de uma longa trajetória profissional escrevendo sobre telecomunicações e produzindo relatórios financeiros enormes, planos de negócios e releases corporativos, *Canja de galinha para a alma* foi um respiro em sua carreira, que se apaixonou pelas histórias de transformação e pela possibilidade de levá-las ao público. Amy é coautora de mais de cinquenta obras e editou cerca de outras trinta.

Mande suas perguntas e comentários para Amy pelo e-mail webmaster@chickensoupforthesoul.com e siga no Twitter em @chickensoupsoul.

Heidi Krupp é CEO e fundadora da Krupp Kommunications (K2). Experiente, tem 25 anos de carreira em mídia, propaganda e marketing, e transformou a K2 em líder do segmento, criando projetos inovadores de relações públicas, branding e marketing. Sob sua liderança, desenvolveram programas estratégicos para diversos autores e marcas internacionalmente reconhecidas, como Vigilantes do Peso e Everyday Health. A K2 já emplacou 65 títulos na lista de mais vendidos do *The New York Times*, incluindo *The South Beach Diet* e *Your Best Life Now*, ambos número um da lista.

Agradecimentos

Que projeto interessante foi este. Foi muito divertido participar do *Canja de galinha para a alma* e maravilhoso pedir e ouvir um "sim" de todos os pensadores que convidamos a compartilhar histórias.

Gostaríamos de agradecer especialmente à nossa editora Jeanne Blandford, que criou um novo manuscrito da versão original e adicionou as vinte histórias extras. Foi ela quem conduziu o projeto desta edição do começo ao fim. Também somos gratos a Kristiana Pastir por ficar de olho em todo o processo de produção e fazer a preparação do original ao lado da editora Barbara LoMonaco e da editora assistente D'ette Corona. Também é motivo de alegria que nossa vice-presidente de marketing, Joelle Jarvis tenha tido o insight que resultou neste projeto.

A talentosa assistente de Heidi Krupp, Suman Mampilly, manteve todo o processo organizado e em dia, tanto com os colaboradores internos quanto externos. Sobre Heidi, tudo que posso dizer é que ela é a melhor e que, aparentemente, conhece todo mundo. Como ela conseguiu que pessoas tão ocupadas como Tony Robbins, Deepak Chopra e dr. Oz escrevessem para nós, permanece um mistério para mim!

Por fim, agradecemos a Jack e Mark por terem começado tudo, e ao nosso diretor criativo e produtor editorial Brian Taylor, na Pneuma Books, que deu vida a este livro com sua visão inovadora.

Amy Newmark

Este livro foi impresso pela Edigráfica, em 2021, para a HarperCollins Brasil. O papel do miolo é pólen soft 70g/m², e o da capa é cartão 250g/m².